中国经济文库·应用经济学精品系列（二）

张长星◎主　编
郭林涛◎副主编

新时代河南区域协调发展研究

Study on the Coordinated Regional Development of Henan in the New Era

中国经济出版社
CHINA ECONOMIC PUBLISHING HOUSE
北　京

图书在版编目（CIP）数据

新时代河南区域协调发展研究/张长星主编.
—北京：中国经济出版社，2020.5
ISBN 978-7-5136-6135-5

Ⅰ.①新… Ⅱ.①张… Ⅲ.①区域经济发展—协调发展—研究—河南 Ⅳ.①F127.61

中国版本图书馆 CIP 数据核字（2020）第 061053 号

责任编辑　葛　晶　冀　意
责任印制　马小宾
封面设计　任燕飞

出版发行　中国经济出版社
印 刷 者　北京九州迅驰传媒文化有限公司
经 销 者　各地新华书店
开　　本　710mm×1000mm　1/16
印　　张　12.75
字　　数　220 千字
版　　次　2020 年 5 月第 1 版
印　　次　2020 年 5 月第 1 次
定　　价　68.00 元
广告经营许可证　京西工商广字第 8179 号

中国经济出版社 **网址** www.economyph.com **社址** 北京市东城区安定门外大街 58 号 **邮编** 100011
本版图书如存在印装质量问题，请与本社销售中心联系调换（联系电话：010-57512564）

编写委员会

主　编　张长星

副主编　郭林涛

编　委　李守辉　王超亚　张泽民

周　鑫　王　梁　冯书晨

序 言

PREFACE

党的十九大报告在部署中长期发展工作时，将区域协调发展战略同科教兴国、人才强国、创新驱动、乡村振兴、可持续发展、军民融合一起列为我国经济发展七大战略，并将区域政策与财政、货币、产业政策并列为国家重要经济政策，表明区域协调发展已经成为贯彻新发展理念、推动高质量发展、建设现代化经济体系的战略举措。2018年4月以来，习近平总书记先后在武汉、沈阳、北京、南昌、郑州召开推动长江经济带发展、深入推进东北振兴、京津冀协同发展、推动中部地区崛起、黄河流域生态保护和高质量发展座谈会，对新时期区域协调发展工作进行了系统部署。近期，国家印发实施了区域协调发展新机制、培育发展现代化都市圈、建立健全城乡融合发展体制机制等意见政策，将长江三角洲区域一体化、黄河流域生态保护和高质量发展上升到国家战略，启动黄河生态经济带研究，特别是中央财经委员会第五次会议释放了新时期深化实施区域协调发展战略的强烈信号。如何顺应国家推动区域协调发展大势，抓住用好新时期中部崛起战略机遇，提前在“十四五”规划中科学谋篇布局，全面开启河南建设社会主义现代化强省新征程，是当前需要重点考虑的问题。

秉承“不谋万世者不足谋一时、不谋全局者不足谋一域”的理念，本书从国际经贸变局、国内区域协调格局、河南经济社会发展态势三个维度，系统梳理河南区域协调发展现状、预判未来发展趋势导向、查找分析当下河南发展的弱项症结，对今后一段时期河南区域协调发展工作谋划提出了相应的对策建议，具有一定的学术性、前瞻性、指导性和重大现实意义。相信本书的出版对相关决策部门、实践部门、学术界和广大读者将会有所裨益。

编 者

2019年10月

CONTENTS

目 录

第一章

国际发展格局变化趋势

当前，新一轮技术革命与产业革命、全球治理体系变革与大国博弈、投资贸易规则变革与逆全球化思潮泛起，将导致国际政治、经济、贸易、金融、能源格局发生百年未有之大变革。未来 15 年是我国比较优势转换期、实现“第二个百年目标”关键期。科学研判国际形势，对河南省制定中长期发展规划、实现区域协调和经济高质量发展有着重要意义。

一、全球经济重心东移，产业链供应链价值链加速重构

20 世纪以来，全球经济重心先是从大西洋东岸转移到西岸，再从环大西洋地区转移到环太平洋地区，现在正从太平洋东岸转移到西岸。主要体现在以下几个方面。

（一）全球经济“双速增长”的多极化格局更趋明显

1. 经济总量和增长贡献“南”（发展中国家）升“北”（发达国家）降

20 世纪六七十年代，发达国家与发展中国家经济增速差异不大，大多数年份经济增速差异在 0.5 个百分点之内。21 世纪以来，发展中国家整体增速比发达国家快 3~4 个百分点，形成发达经济体低速发展、新兴经济体高速发展的“双速增长”格局。根据国际货币基金组织（IMF）数据，1998—2017 年，发展中国家年均增速达到 5.8%，发达国家仅为 1.3%。发达国家、发展中国家经济总量对比由 1970 年的 4.03∶1，逐步演变至 2003 年的 3.08∶1 和 2013 年的 2.01∶1，2017 年缩小至 1.84∶1（世界银行数据）；对全球经济贡献率由 20 世纪后十年的 72.8∶31.8，缩小至 2011—2018 年的 31.5∶49.6。

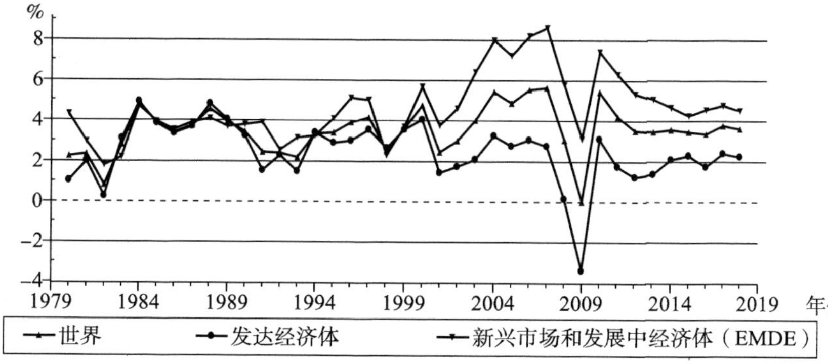

图 1-1 发达国家与发展中国家经济增速对比

数据来源：Wind 资讯。

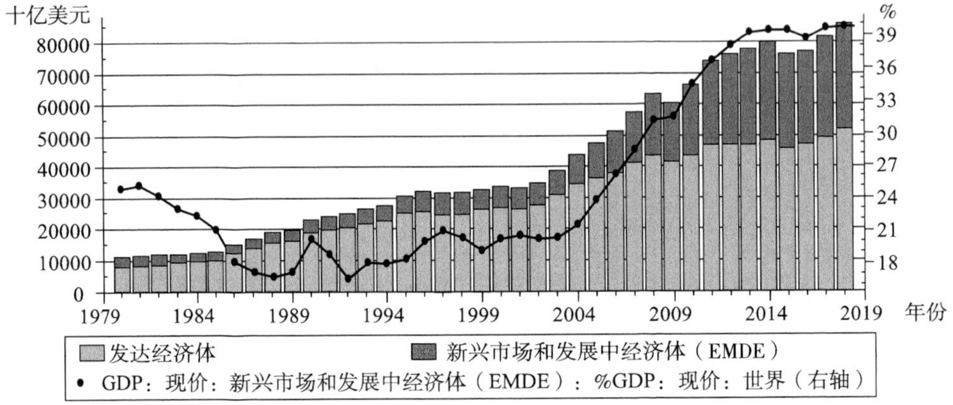

图 1-2　发达国家与发展中国家经济总量对比

数据来源：Wind 资讯。

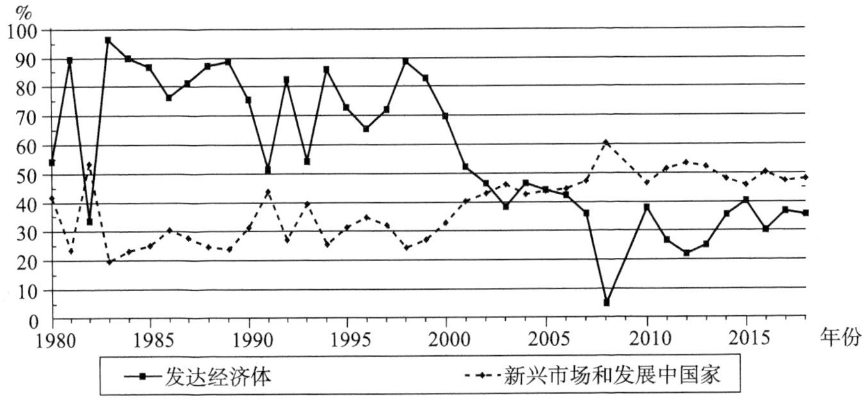

图 1-3　发达国家与发展中国家经济贡献率（汇率法）

注：剔除 2009 年数据。

数据来源：Wind 资讯。

2. 未来较长一个时期全球经济增速趋势性放缓

综合各大国际机构预测，未来 20 年全球经济增速将进一步放缓，增速将低于 3%，与金融危机前 20 年平均增长 3.4%的水平有较大差距。国际货币基金组织 2019 年 4 月预测，2020—2024 年全球经济增速在 3.61%～3.65%，发达经济体增速由 1.73%逐步下降至 1.56%，发展中经济体增速在 4.84%～4.86%。据国务院发展研究中心预测，2020—2035 年，全球经济年均增速为 2.6%，发达经济体和发展中经济体分别约为 1.7%、4.9%；到 2035 年，中国经济总量将超过美国，发展中国家经济总量占全球比重将由 2018 年的 41.2%攀升至 2035 年的

60%。根据联合国《2013年人类发展报告》，到2020年，全世界的中等收入群体将超过32亿人，2030年将达到48亿人；从地域分布来看，2013年一半中产阶层集中在欧美发达经济体，而到2030年三分之二将会集中在亚太地区，预计会超过32亿人。

（二）新一轮技术革命和产业变革将重塑全球产业分工格局

1. 第五轮国际产业转移启动

过去的100多年，在科技革命引发产业变革、资源环境承载能力、要素成本三个因素的驱动下，全球先后发生了4次大规模的国际产业转移。19世纪开始，英国将部分过剩产能向美国转移，美国取代英国成为全球制造中心；20世纪50年代末，美国将钢铁、纺织等传统产业向日、德转移；20世纪60—70年代，日德将轻工、纺织等劳动密集型产业向“亚洲四小龙”（中国香港、中国台湾、新加坡和韩国）和部分拉美国家转移；20世纪80年代至21世纪初期，欧美日等发达国家和“亚洲四小龙”，将劳动密集型和低技术、高消耗产业向发展中国家转移，中国成为最主要的承接地和最大受益者，并于2010年一跃成为全球第二大经济体。由于劳动力、土地、资源环境成本逐步上升，2012年开始，我国一些地区的制造业，特别是纺织、服装、鞋帽、箱包等劳动密集型产业开始向东南亚、南亚、非洲、南美等地区转移，第5次国际产业转移逐步启动。

2. 新一轮技术革命将对生产方式和国际经济格局产生重大影响

纵观人类历史上经历的三次产业革命，以蒸汽机为标志的第一次革命使英国成为“日不落帝国”，以电力、铁路为代表的第二次革命使德美取代英法成为世界强国，以电子、计算机、信息网络为标志的第三次革命让美国成为超级大国。当前，物联网、云计算、大数据、3D打印等基于信息通信技术的数字技术加快向各领域渗透，基因、仿生、生物医药、生物工程等新生物技术，光伏、氢能、核聚变等新能源技术，石墨烯、生物材料等新材料技术提速发展，呈现出群体突破、加速迭代态势。未来15~20年，新一轮技术革命将大致遵循“主导技术群落更替→新关键生产要素形成→生产方式变革→新国际经济格局形成”的路径，对生产方式和国际经济格局产生重大影响。

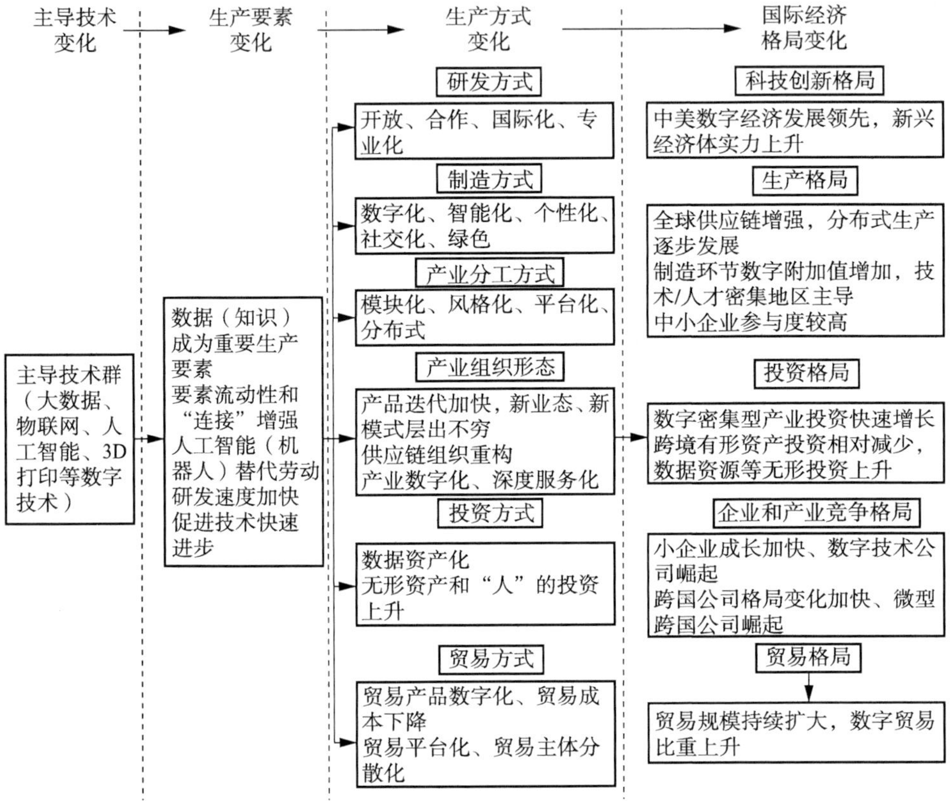

图 1-4　新一轮技术革命对生产方式及国际经济格局影响示意

资料来源：国务院发展研究中心《全球技术变革对国际经济格局的影响》。

（三）经济增长动力将更多地依靠人口质量红利和城镇化

1. 全球人口增速趋势性放缓

全球人口增速由20世纪60年代的2%下降到七八十年代的1.7%；90年代后迅速下降，到2018年达到1.11%。联合国人口司2017年预计，2020—2035年和2035—2050年全球人口平均增长速度将分别下降至0.88%和0.63%左右；2019年预计，到2100年增速将降至0。从人口规模来看，全球人口由1960年的30.3亿逐步上升到2018年的75.9亿，预计到2050年达到97亿，到2100年达到110亿。从地域分布来看，欠发达国家人口增速明显高于其他国家。联合国预测，未来30年全球新增人口半数集中在印度、尼日利亚、巴基斯坦、刚果（金）、埃塞俄比亚、坦桑尼亚、印度尼西亚、埃及、美国等 9 个国家。预计到 2027 年前后，印度人口将超越中国并在 2060 年达到 16 亿人口峰值；中国人口到 2100 年将降至 10.65 亿；美国人口持续缓慢增长，到 2050 年、2100 年分别达到 3.6 亿、4.3 亿；印度、中国、尼日利亚、美国、巴基斯坦将成为全球人口最多的前五大国家。

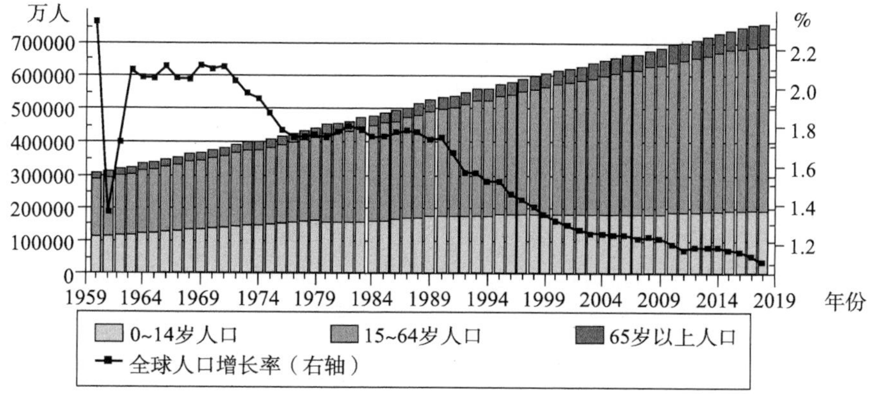

图 1-5　全球人口增速及年龄结构

数据来源：Wind 资讯。

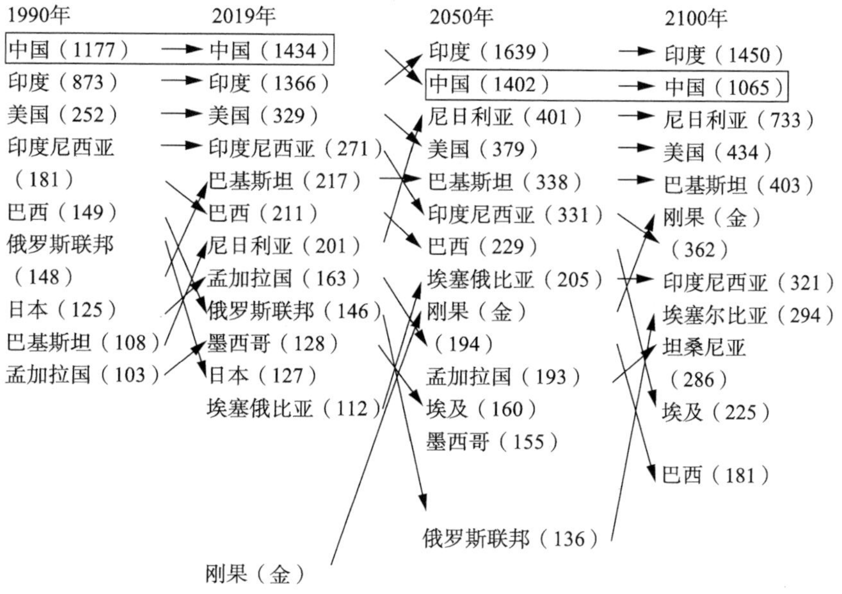

图 1-6　世界人口十强国家预测（单位：百万人）

资料来源：联合国《2019 年世界人口展望》。

2. 生育率下降、预期寿命增加，人口老龄化程度加剧

全球人口粗出生率由1963年平均千人出生36.1人的峰值下降到2018年的18.7人。2019年联合国预计，全球总和生育率（每个妇女平均生育子女数）由1990年的3.2下降到2019年的2.5，到2050年将降至2.2。其中，撒哈拉以南非洲（4.6）、北非西亚（2.9）、中亚南亚（2.4）等地区总和生育率高于2.1个孩子的世代更替水平。全球人均预期寿命从1960年的52.6岁增加到2017年的72.2岁（世界银行数据），预计到2050年可能增加到77.1岁（联合国测算）。全球65岁以上人口比重于2002年突破7%，进入老龄化社会，2018年达到8.9%（世界银行数据），预计到2035年、2050年将达到13.0%、15.8%。人口增速放缓和老龄化程度加剧将成为拖累全球经济增长的重要因素。

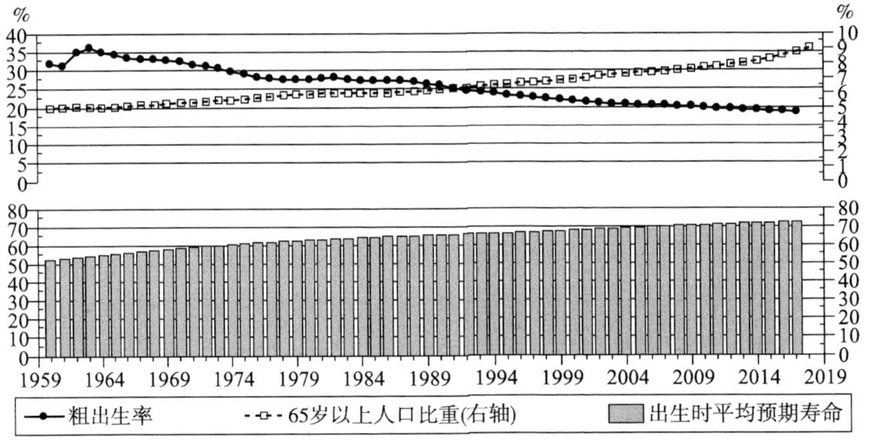

图 1-7 全球人口规模及出生率

数据来源：Wind资讯。

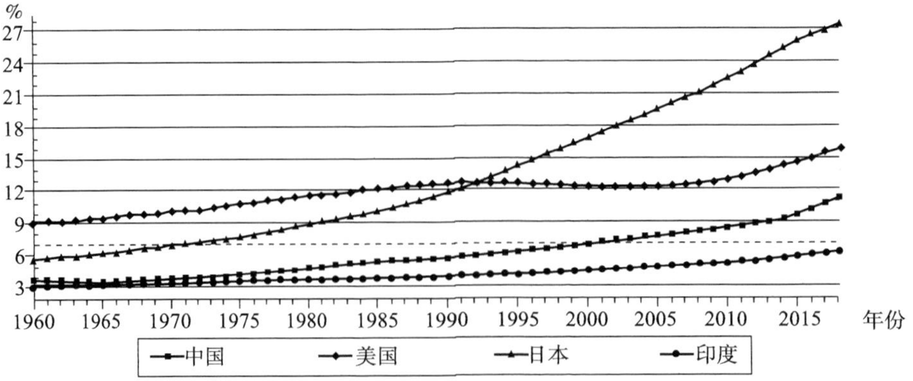

图 1-8 中、美、日、印四国 65 岁以上人口比重

数据来源：Wind资讯。

目前，全球进入老龄化的国家已达到100多个，美欧等发达地区于1950年、日本于1971年进入老龄化社会，2017年老龄化最严重的国家分别为日本（27%）、意大利（23%）、德国（21%）、法国（20%）、英国（19%）、加拿大（17%）、澳大利亚（16%）、美国（15%）、俄罗斯（14%）、中国（11%）。我国"未富先老"，正在并将经历人口快速老龄化、急速老龄化、深度老龄化和重度老龄化阶段。

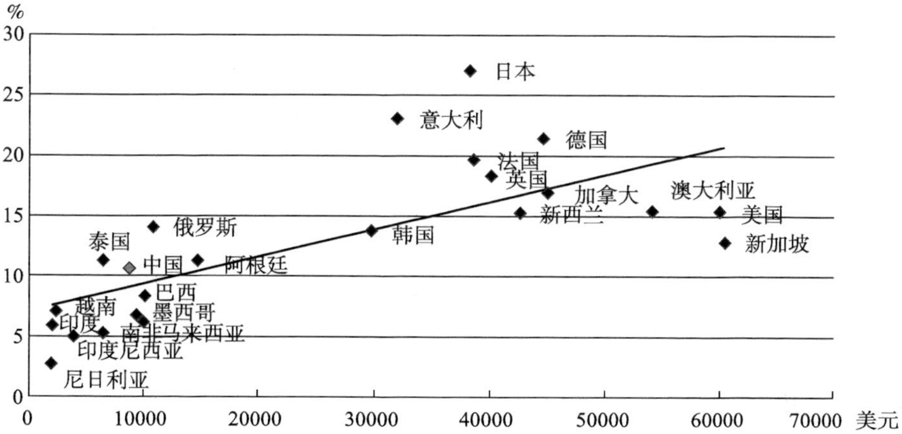

图1-9　2017年部分国家人均GDP及老龄化程度

数据来源：Wind资讯。

表1-1　联合国预测2050年各国人口年龄分布

国别	0~14岁人口占比（%）	15~59岁人口占比（%）	60岁以上人口占比（%）
日本	12.4	45.1	42.5
德国	12.4	48.3	39.3
中国	13.5	50.0	36.5
巴西	15.0	55.7	29.3
伊朗	14.9	53.9	31.2
英国	16.6	52.7	30.7
瑞典	17.4	53.0	29.6
美国	17.5	54.7	27.9
俄罗斯	17.7	53.5	28.8
沙特阿拉伯	18.7	60.4	20.9
印度	19.1	61.5	19.4
阿富汗	24.9	66.1	9.0
乌干达	36	58.0	6.0

数据来源：联合国《2019年世界人口展望》。

联合国《2019年世界人口展望》预计，2050年我国人口年龄中位数将高达49.6岁，接近日本53.3岁的水平，60周岁以上人口比例将高达36.5%，仅低于日本的42.5%。众多国家进入老龄化社会，急速老龄化与社会保障福利能力不足的矛盾凸显，北欧国家原来从“摇篮到坟墓”的高社会福利制度遭到严峻挑战。

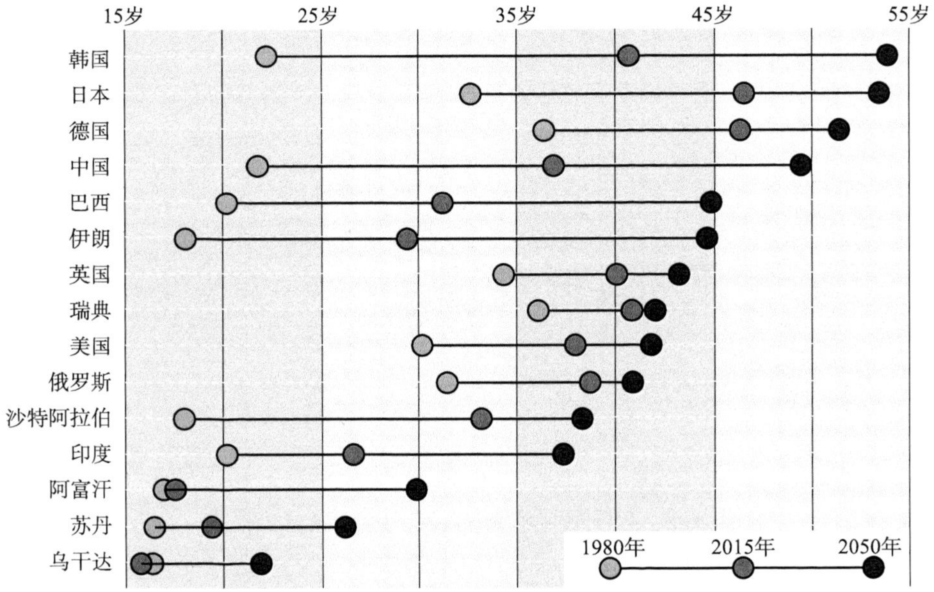

图1-10 联合国预计各国人口中位数变化趋势

数据来源：联合国《2019年世界人口展望》。

3. 城市化将继续作为未来一个时期发展中国家经济发展的重要动力

全球城镇化率由1960年的33.6%逐步上升到2018年的55.3%，联合国预计，到2035年将达到61.7%、2050年将达到66.4%。未来30年，亚洲和非洲城市化速度将明显高于其他地区，在全球新增的20亿人口中，预计37%来自中国、印度、尼日利亚三国，分别增加4.0亿人、2.9亿人、2.1亿人。据有关机构预测，我国城镇化率2035年将达到70%~75%的水平。

4. 全球人口迁移呈现两大特点

一方面，在跨国层面，从中等、低收入国家向高收入国家迁移，未来大规模跨国人口流动仍将持续。根据联合国《世界人口展望》（2017年修订版），1960—2015年，高收入经济体人口净流入规模累计达1.2亿，其中来自

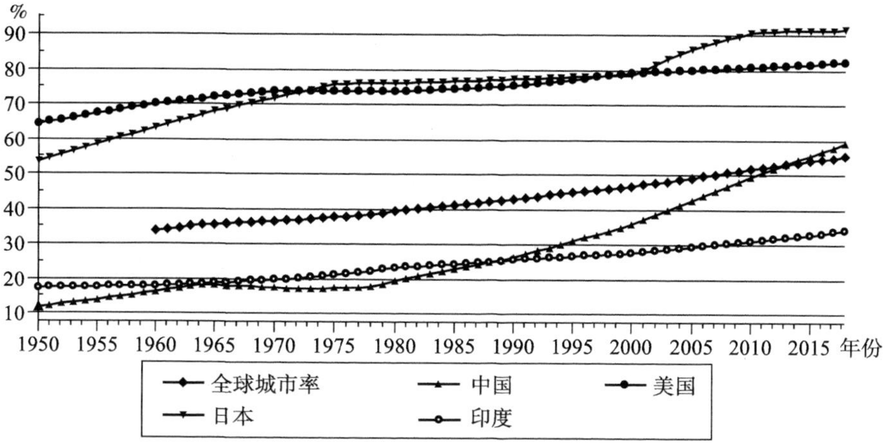

图 1-11　全球及中、美、日、印四国城市化率

数据来源：Wind 资讯。

中高收入、中低收入、低收入经济体的比例分别为 23.9%、59.5%、16.6%。从国别来看，人口主要是从东亚（中国、菲律宾、印度尼西亚、越南等）、南亚（孟加拉国、印度、巴基斯坦）、拉美（墨西哥）、非洲、中东欧，向北美、西欧、中东石油富国（阿拉伯联合酋长国、沙特阿拉伯）、澳大利亚、俄罗斯等迁移。联合国 2019 年预计，2010—2020 年，欧洲、北美、北非、西亚、澳大利亚和新西兰是国际人口迁移的净迁入地区，而其他地区是净迁出地区；预计有 14 个国家或地区接收的移民超过了 100 万，净迁出超过 100 万的国家达到 10 个。

另一方面，在城乡层面，随着全球城市化进程进入中后期，不同规模城市人口增长将从过去的齐增转为分化，人口从乡村和中小城市向一二线大都市圈迁移，而中小城市人口增长将面临停滞甚至净迁出。1950—2015 年，全球城市化率从 29.6%增至 53.9%，该时期 1000 万人以上城市人口占全球总人口比重从 0.9% 增至 6.3%，30 万人以下小城市人口占比从 17.8% 升至 22.9%。根据联合国预测，到 2035 年大城市和大都市圈人口继续快速集聚，但 50 万人以下城市人口年均增速将降至 1%、略高于 0.9%的自然增长水平。随着我国城镇化进入成熟期，人口流动方向不再是农村向城镇纵向迁移占绝对主导地位，而是以不同等级城市间横向迁移为主、城乡纵向迁移为辅的格局。

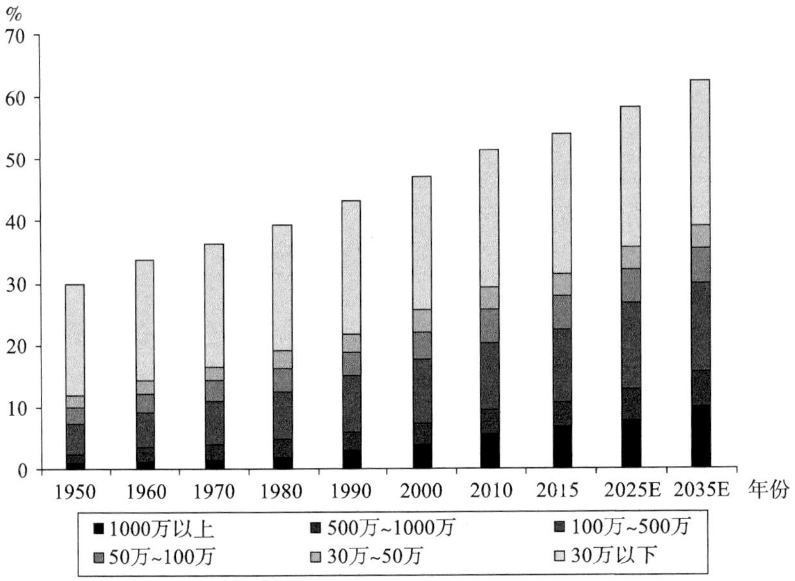

图 1-12　全球不同规模城市人口占比

数据来源：参见任泽平、熊柴的《中国人口大迁移》。

二、全球治理体系加速变革，大国关系向竞争博弈、合纵连横演进

随着经济全球化深入发展，全球经贸格局面临百年巨变，各种利益诉求相互交织、博弈，各方对全球治理体系的要求日益迫切，全球治理体系进入快速、深刻变革期。

（一）全球治理体系的代表性、公平性、包容性、有效性面临国际承诺恶化、单边主义、保护主义的严峻挑战

1. 代表性和公平性不足，发展中国家基本没有话语权

“一战”前的世界尚无治理体系，各国信奉“丛林法则”、弱肉强食的理念。1920 年成立了由英、法两国操纵的国际联盟（League of Nations），其主要作用是防止武装冲突，加强普遍和平与安全，实施对德国等同盟国的经济、军事制裁。由于缺乏执行决议的强制力，未能发挥其应有的作用，“二战”后被联合国取代。当前的全球治理体系是由以美国为首的西方国家主导建立的，主要载体平台包括联合国、国际货币基金组织、世界银行和关税及贸易总协定

(GATT)。根据128个缔约方在乌拉圭回合多边贸易谈判达成的协议，1995年起世界贸易组织（WTO）取代关贸总协定。2018年发展中国家经济总量比重达到39.7%（见图1-2），到2035年将达到60%；2011—2018年对全球经济贡献率平均达到49.6%，高出发达国家18.1个百分点（见图1-3）。从当前全球治理体系的主要平台、机构、规则来看，其主要代表和维护的是发达国家利益，发展中国家的话语权较小，在国际投资贸易规则中基本没有制定权和主导权，这与发展中国家越来越大的经济体量和对全经济增长不断提升的贡献率不相匹配。

2. 包容性不够，导致贫富分化加剧、发展水平与差异诉求得不到有效满足

从人均GDP发展趋势看，1968—2018年，高等收入国家与中等收入国家人均GDP绝对差距由2164美元扩大到3.9万美元，名义扩大18.1倍；高等收入国家与低收入国家人均GDP绝对差距由2230美元扩大到4.4万美元，名义扩大19.7倍。从WTO成员方构成看，高收入国家占35%，中低等收入国家占65%。而美国正在联合其他发达国家，以当前发展中国家无统一衡量标准，某些"领先"发展中国家仍在享受特殊待遇和差别待遇，损害其利益为由，提出绝对的"对等原则"，推动以所谓"公平贸易"导向的WTO改革，希冀让"领先"的发展中国家承担更多的责任和义务，否定发展中国家与发达国家的差距。从贫富差距来看，英国《卫报》2018年4月7日报道，2008年以来世界最富有的1%人的财富，以每年6%的增速增长，预计到2030年将掌握世界2/3的财富，绝对量将由140万亿美元增长到305万亿美元。

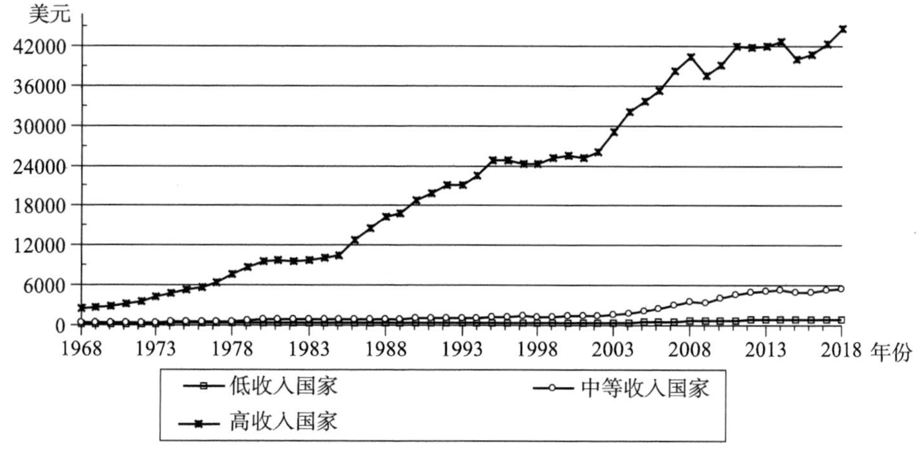

图1-13　不同类型国家人均GDP发展趋势

数据来源：Wind资讯。

3. 有效性不强，国际承诺恶化风险加大

在 WTO 的贸易争端解决机制、贸易谈判机制、贸易政策审议机制三项基本职能中，贸易争端解决机制的权威性不断削弱，2017 年 10 月至 2018 年 10 月，WTO 成员方新增贸易限制政策达到 137 项，对不合规成员缺乏有力有效约束；贸易谈判机制囿于必须所有成员达成共同一致意见，多哈回合谈判无疾而终。特朗普上台后，美国在国际上四处“退群”“砌墙”“搅局”，先后退出《太平洋伙伴关系协定》（2017 年 1 月）、《巴黎协定》（2017 年 6 月）、联合国教科文组织（2017 年 10 月）、移民问题全球契约（联合国尚未签署，2017 年 12 月）、伊朗核问题全面协定（2018 年 5 月）、联合国人权理事会（2018 年 6 月）、维也纳外交关系公约中涉及国际法院管辖问题任择议定书（2018 年 10 月）、《中导条约》（2019 年 2 月）等多项国际组织和国际协约，造成的负面效应和深远影响正在扩散蔓延。

（二）全球治理体系发展呈现治理主体多极化、治理平台多元化、治理机制碎片化、治理规则制定权竞争白热化趋势

1. 守成大国与新兴大国间的竞争博弈加剧

当前，国际格局已由美苏两级对峙、一超多强向 G20 共治、世界多极化演进，这将对全球治理体系变革产生巨大影响。经过 40 多年的改革开放，我国经济年均增长 9.5%，经济总量占世界的比重由 1.8% 提高到 2019 年的 15.9%，对世界经济增长的贡献率 2006 年以来稳居世界第一，2017 年达到 26.7%，超过美国 15.3%、日本 4.3%的贡献率之和，经济总量也达到美国的 62.4%，2018 年提升到 66.4%，突破了有些学者说的守成大国和新兴大国平衡关系的临界值。随着我国国际地位和国际影响力快速提升，与发达国家的互补关系逐步转向竞争。

美国为维护其世界领导地位，在 2017 年 12 月发布的《国家安全战略报告》中，将我国定义为“战略竞争对手”，既想分享我国发展机遇，又极力在贸易、投资、金融、科技、安全等领域采取措施全方位围堵遏制我国发展和快速追赶。总的来看，中美间竞争、合作、博弈将会长期存在，且具有长期性、复杂性、反复性。

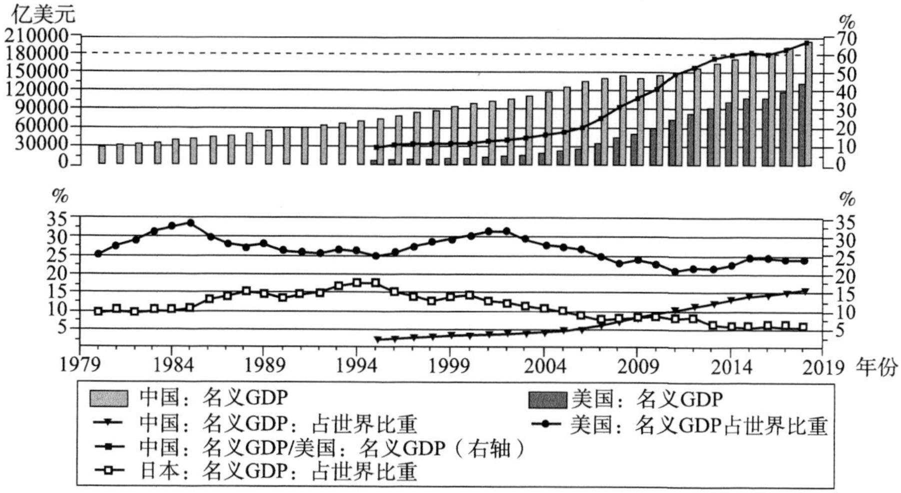

图 1-14　中美日三国 GDP 及占世界经济总量比重

数据来源：Wind 资讯。

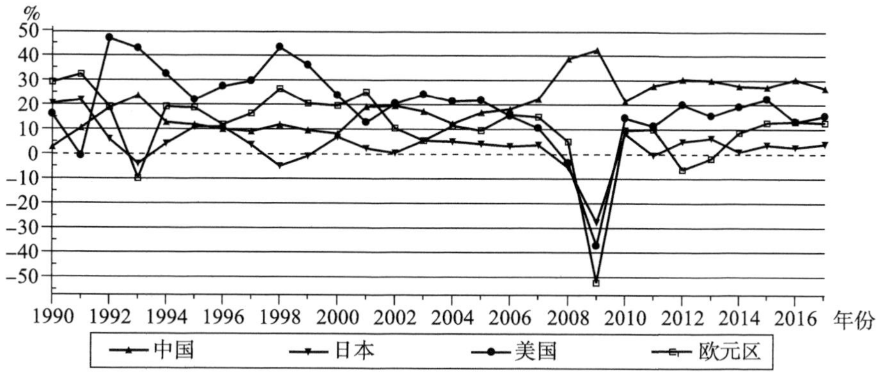

图 1-15　中美欧日经济体对世界经济增长的贡献率

数据来源：Wind 资讯。

2. 区域贸易协定和双边自由化协议快速发展

随着新兴经济体、发展中国家在世界经济发展中的地位和话语权不断提升，多边贸易谈判停滞不前，各方加强区域一体化合作意愿明显增强，新的国际治理倡议、机制机构不断涌现，WTO 多边贸易体系面临巨大的挑战。当前，一些超大型区域贸易协定取得突破性进展，正在积极构建更加注重议题广泛性、规则高标准、便利化自由化的投资贸易规则体系。在贸易协定方面，全面与进步跨太平洋伙伴关系协定（CPTPP，由日本、加拿大、澳大利亚、智利、新西兰、新加坡、文莱、马来西亚、越南、墨西哥、秘鲁 11 个成员国构成，人口和经济总量分别占全球的7%、13%）已于2018年12月30日生效，区域全面经济伙伴关系协定（RCEP，由东盟10国和中国、日本、韩国、印度、澳大利亚、新西兰16方参加，人口和贸易量分别约占全球的1/2、1/3）在核心领域已进入实质性谈判阶段，欧盟、加拿大于2016年10月签署综合经济与贸易协定（CETA）等。同时，美国也正在通过双边而非多边展开贸易谈判，极限施压、各个突破，以期重构以美国利益为核心的贸易规则和制度安排。例如，美国与加拿大、墨西哥、日本、韩国、印度等分别进行贸易谈判。在国际治理机构方面，“金砖五国”“二十国集团（G20）”“上合组织”和亚洲基础设施投资银行等机制或组织在全球治理体系中发挥着越来越重要的作用。

3. 世界大国间关系进入合纵连横阶段

目前，世界经济形成了美国超级大国和欧盟、日本、中国、俄罗斯、印度、东盟等多个经济体的“一超多级”格局，也进入了“政治强人”时代。大国关系调整结束了全球发展“各人自扫门前雪，休管他人瓦上霜”的独善其身时代，也结束了传统盟友的捆绑关系，世界更加多元、多极、多样、多边，大国之间更像是我国春秋战国时期的“合纵连横”。各国均不再采取跟随策略，不会在大国之间绝对“选边站队”，而是政策内顾、做强自身，并争相加入和发起新的国际经济秩序安排，为本国利益不惜牺牲他国甚至是盟友利益，面对面的直接斗争正在向贸易战、科技战、金融战、网络战、法律战、舆论战等多形式多领域演进。例如，美国对内采取“美国优先”的经济政策，通过财政刺激、大幅减税、扩大基建投资、放松金融监管等手段，推动制造业回流；对外采取“全球收缩”的贸易保护策略；军事上实施“重返亚太”战略，优先保障亚太和欧洲的兵力需求。欧盟加快与英国协商脱欧事宜，德法积极推动更加统一的欧盟财政政策和更加内顾的贸易政策；英国加快与加拿大、新西兰商建政治经济高度一体、劳动力自由流动、贸易投资便利的统一市场，等等。这场竞争博弈的核心和实质，就在于一个国家的硬实力、硬科技，以及软硬结合、持续提升发展质量效益和体量规模的顶层战略设计。

（三）国际“三角经济循环”受到冲击

经济全球化上半段，全球资本的主要目标是资源开发和运输等基础设施建设，形成发达国家出口工业制成品、发展中国家出口初级产品的国际分工格局。21世纪初，“9·11”恐怖事件发生，美国无力他顾，经济全球化快速发展，美国等发达经济体向外转移制造业，由“生产性”向“非生产性”蜕变，形成了以美国等发达经济体为主要市场、以中国等新兴市场经济体为生产制造中心、以资源富集国为资源供给地的“三角循环”。2008 年国际金融危机后，各国对实体经济的重视程度显著提升，都在争取“制造业回流”“制造业留下”，但由于受生产性下降、制造业萎缩、产业空心化、地区经济竞争力下降、高福利模式弊端（欧）、过度消费（美）等弊病的长期侵蚀，以美国为代表的西方国家陷入“虚拟搞不成、实体回不去”的窘境。在市场机制和产业链、供应链黏性驱动的作用下，高端产业加快向创新能力强的地方集聚，中低端产业向资源密集地方集聚，产品装备集成向消费市场周边地方集聚，再加上新一轮技术革命、产业变革和中国等新兴国家的崛起，全球产业链、供应链、价值链将重新布局，原有的“三角循环”将发生颠覆性变化。

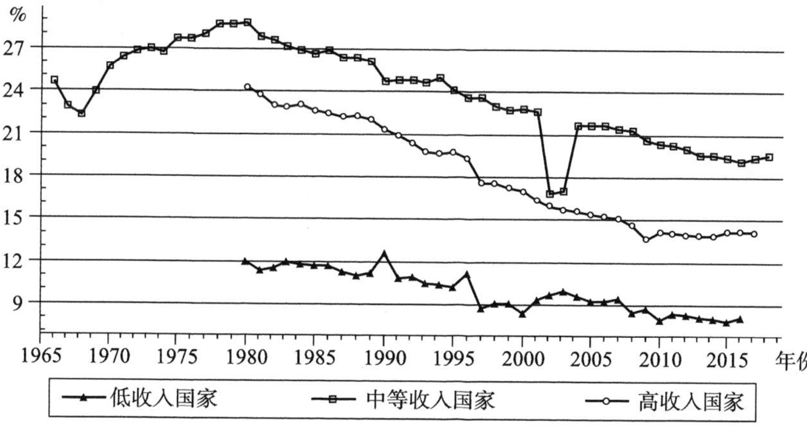

图 1-16　不同类型国家制造业占 GDP 的比重

数据来源：Wind 资讯。

三、经济全球化持续深入推进，国际贸易格局将发生深刻调整

新一代通信技术和物联网、人工智能、3D 打印、区块链等数字技术不仅促进了全球价值链扩展、投资贸易便利、交易成本降低，还将深刻改变贸易模式、贸易主体和贸易对象结构，冲击各国对国际投资贸易的传统认知。今后 10~15 年，国际投资贸易将呈现出以下几大趋势。

（一）全球贸易继续保持平稳较快增长

根据 WTO 的《2018 年世界贸易报告》，2017 年全球商品贸易量增长

4.7%，为6年来最高；商品贸易额增长11%，除中东以外，所有地区的商品贸易量都出现增长；其中，亚洲贸易量增长8.1%，增幅最大。该报告预计，到2030年全球贸易量将年均增长1.8%～2%，15年累计增幅达31%～34%，其中发展中国家贸易占比将由2015年的46%增至2030年的57%。

（二）国际服务贸易占比进一步提升

根据2016年麦肯锡全球研究院《数字全球化：全球流动的新时代》的报告，1980—2014年，全球投资贸易快速发展，商品、服务、金融跨境流动规模占全球GDP比重于2007年达到53%的峰值，随后商品贸易经过3年调整恢复并保持较低速增长，服务贸易保持稳定且较高速增长，金融流动规模下降。随着新一代信息技术、数字技术创新发展和应用扩散，服务时空不能分离的局限不断突破，跨境服务的可贸易化程度逐步提升，新业态新模式层出不穷，全球服务贸易全面复苏。2017年全球服务贸易出口增长8%、进口增长6%，排名前3的美国、英国、德国出口总额约1400亿美元，发展中经济体服务贸易规模增长迅速，新加坡、中国分别增长36%和28%。预计到2030年，全球服务贸易占比将由2017年的21%增至25%。

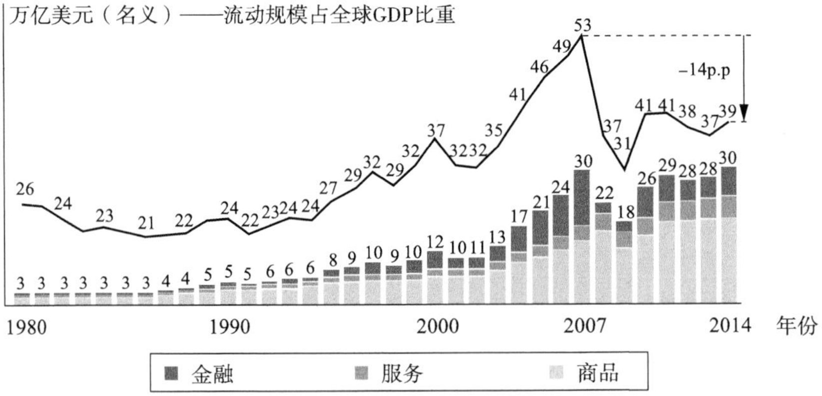

图1-17　1980—2014年全球货物贸易、服务贸易、国际投资流动规模

数据来源：麦肯锡全球研究院《数字全球化：全球流动的新时代》。

（三）国际贸易成本快速下降

1996—2014年，国际贸易总成本下降了15%，其中“南北”“北北”“南南”间（“南”指发展中国家、“北”指发达国家）分别下降了12%、15%、17%，对中小微企业和发展中国家特别有利。从成本构成看，货物贸易中运输成本、库存配送成本、通关成本、信息与交易成本、贸易政策壁垒分别占

37%、11%、5%~6%、30%、11%，而服务贸易则分别占 17%、11%、5%~6%、30%、15%。未来国际贸易规则变化对服务贸易产生的影响将更大。

（四）商品贸易结构和贸易方式将发生深刻变化

1. 传统国际贸易时空界限日渐模糊

随着经济全球化深入推进，全球贸易流动呈现出跨国界、多边化、多元化、多样化和网络化的链接状态，单一分散的生产商、供应商、中间商和消费者通过产业链、供应链不断汇聚重组，贸易规模、贸易流量、贸易方向不断发展变化，传统国际贸易和制造业时空界限日渐模糊。

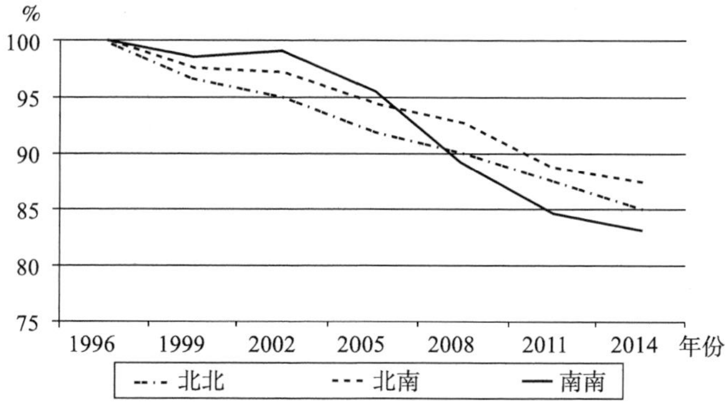

图 1-18　1996—2014 年国际贸易成本变化趋势

数据来源：WTO《2018 年世界贸易报告》。

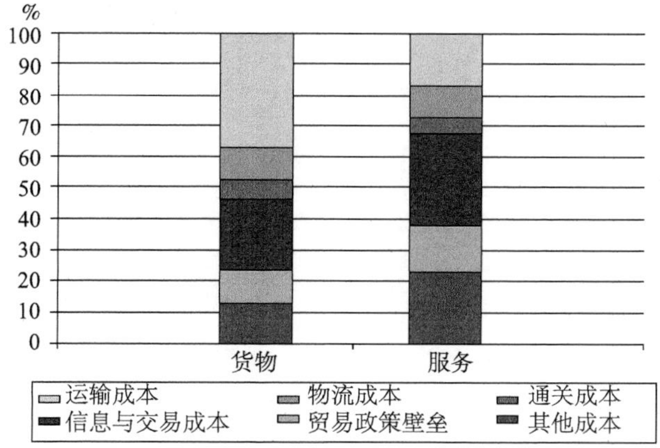

图 1-19　国际货物贸易和服务贸易成本构成

数据来源：WTO《2018 年世界贸易报告》。

2. 国际贸易中间品比重提高

数字技术将生产活动转移至发展中国家，区块链将促进小企业开展国际贸易，3D 打印将通过降低准入门槛推动先进制造业发展。目前大多数国际贸易品，往往是几十个国家、几百家企业生产的上千个零部件逐级组合而成，一个部件往往需要几次反复进出口。据有关研究成果显示，近年来国际贸易品中产成品的比重逐步下降，零部件、原材料的中间品占比由 2010 年的 60%上升到 2018 年的 70%左右。

3. 巨型跨境电商平台迅速崛起

随着互联网、物联网的快速发展，除一般贸易、加工贸易、小额边境贸易方式外，跨境电子商务、E 国际贸易正在快速崛起，推动国际贸易由传统跨国企业主导的大宗贸易模式向平台型企业主导的分散化、平台化、数字化模式转变，中小微企业通过跨境电商平台参与国际贸易的门槛逐步降低。据联合国贸易和发展会议估算，2015 年全球电子商务交易额达到 25 万亿美元，比 2013 年增长 56%。

4. 跨境投资中价值链高端领域比重加大

未来，推动跨境投资自由化、便利化将是全球治理体系的重点，企业社会责任、争端解决机制、投资开放领域、国家安全审查等方面的要求和标准逐步提升。从发展趋势来看，跨境有形投资占比相对降低，数据、知识产权等无形资产投资占比上升；制造业投资占比相对降低，服务业投资占比上升。

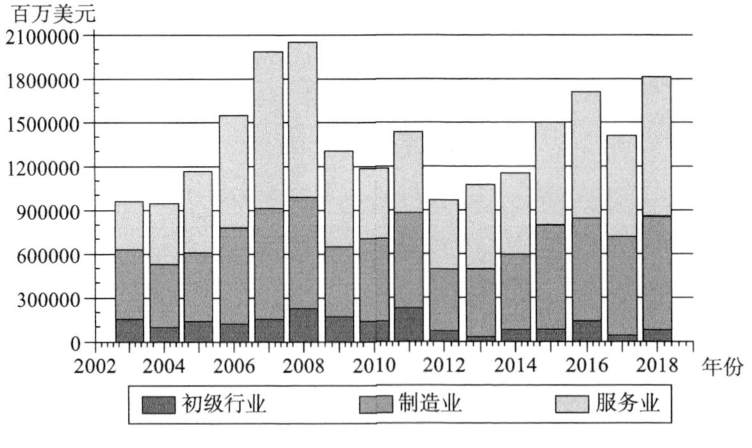

图 1-20 分行业跨国并购与绿地投资汇总金额

数据来源：Wind 资讯。

跨国公司仍然是全球跨境投资和价值链布局的中坚力量，依靠互联网平台、电子商务、数字解决方案和数字内容提供商等数字基础设施进行生产经营活动的数字型跨国公司迅速发展，并倾向于在发展中国家寻求市场和资源，在发达国家中汲取品牌、技术、研发、管理运营等无形生产要素。

四、以美元为基准的国际货币体系饱受质疑，多元化金融体系正在酝酿

1944 年，以美元和黄金为基础的金汇兑本位制“布雷顿森林体系”得以确立，即美元与黄金挂钩（35 美元兑换一盎司黄金）、国际货币基金会员国货币与美元保持固定汇率。保持美元币值稳定要求美国国际收支必须保持顺差，各国要获得充足的外汇储备要求美国保持国际收支逆差，这两者不可调和的矛盾（“特里芬难题”）导致布雷顿森林体系于 20 世纪 70 年代瓦解。1971 年，美国单方面宣布美元与黄金脱钩，创造了美国发行美元、其他国家向美国输入资源与商品、其他国家再用美元购买美国债券的循环模式，并且沿用至今。

（一）构建多元化货币秩序正在成为新趋势

特朗普政府贸易保护主义措施、美债收益率走高和反转预示巨大的系统性风险和经济衰退，同时美元升值导致国际资本频繁流动等，给相关国家带来了很大的压力。为规避美元风险，世界各国正在逐步减持美债、增持黄金和其他货币，甚至很多发达经济体也倾向于“去美元化”，希望发展出完全独立于美国的金融工具。新兴经济体积极推动外汇储备多元化，竭力摆脱对美元体系的依赖。

（二）美元“一家独大”的国际货币体系短时期内难以撼动

从储备货币这一衡量一国货币综合竞争力的核心指标看，美国次贷危机的爆发并没有重创美元首要国际储备货币的地位，甚至还有所加强。根据 IMF 数据，2018 年第四季度末全球各国央行持有外汇储备中，美元占 61.94%，欧元占 20.69%，日元占 5.20%，英镑占 4.43%，加拿大元占 1.84%，人民币占 1.89%，澳大利亚元占 1.62%。根据环球同业银行金融电信协会（SWIFT）数据，2019 年 5 月美元充当国际结算货币的占比达到 40.0%，欧元占 34.42%、英镑占 6.66%、日元占 3.18%、人民币占 1.95%。

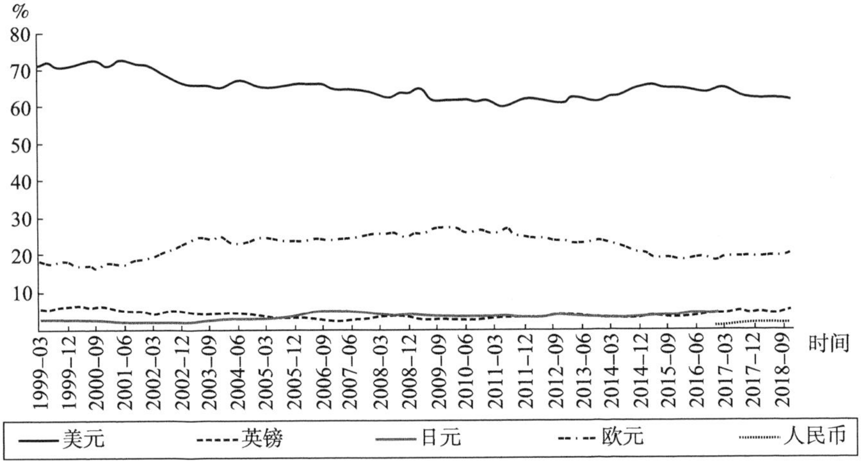

图 1-21 IMF 全球主要储备货币市场份额占比

数据来源：张明等《人民币国际化依然任重道远》，平安证券。

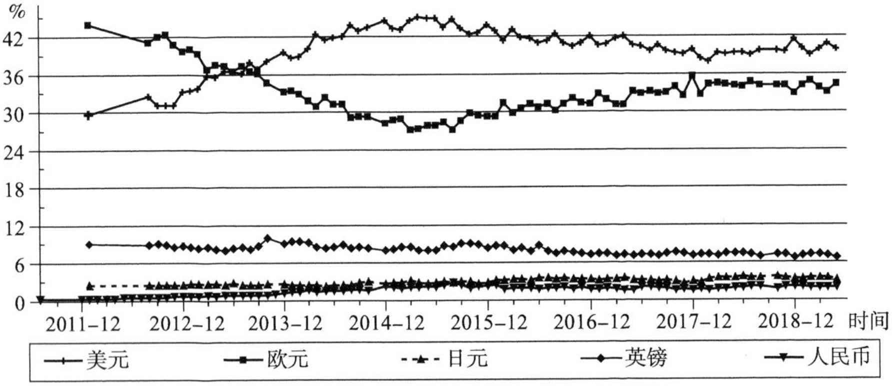

图 1-22 SWIFT 国际支付主要货币市场份额

（三）人民币国际化依然任重道远

我国于 2009 年开展跨境贸易人民币结算试点，2015 年倡议成立亚洲基础设施投资银行（目前成员 93 个），2016 年 10 月正式被纳入 IMF 特别提款权货币篮（占比 10.92%，超过日元、英镑，位列第 3），2018 年在上海证券交易所推出首个以人民币计价的原油期货。随着“一带一路”建设的全面推进，人民币国际化进程不断加快，在跨境贸易和投资支付中的占比不断提升，巴基斯坦、哈萨克斯坦、阿尔及利亚等 28 个国家（地区）宣布使用人民币进行贸易结算，伊朗、俄罗斯、沙特阿拉伯和委内瑞拉都准备接受用人民币和本国货币来结算石油交易，俄罗斯、欧洲央行持有人民币资产的比重逐步提升。但总的来看，人民币与美元、欧元的地位作用仍然不可同日而语，需要在人民币汇率形成机制改革、发展以计价和结算的大宗商品市场、扩大金融市场向国外机构投资者开放、拓展“一带一路”沿线国家人民币使用范围等方面积极稳妥推进。

五、国际能源体系进入关键转折期，供需结构和地域分布发生巨变

当前，非常规油气开采、高效率能源存储、新能源开发利用、智能电网、能源互联网等技术密集突破并逐步进入大规模应用，气候变化和环境污染对全球经济增长的约束性增强，全球能源结构、空间分布、供需主体发展重大调整，传统化石能源开始面对诸如碳排放过高、环境污染日趋严重、能源利用效率亟待提升等一系列问题，将逐步被新能源替代。

（一）全球能源消费总量增速趋缓

一次能源需求总量随着经济体量和人口增长而不断增加，但需求增速明显放缓，有可能会出现供给大于需求的状况。1965—2017 年，全球一次能源消费复合增速 2.5%，与 GDP 增速基本保持一致。近年来，全球一次能源消费增速明显低于 GDP 增速，2012—2017 年一次能源消费年均增长 1.4%，低于 GDP 年均增速 1.3 个百分点。

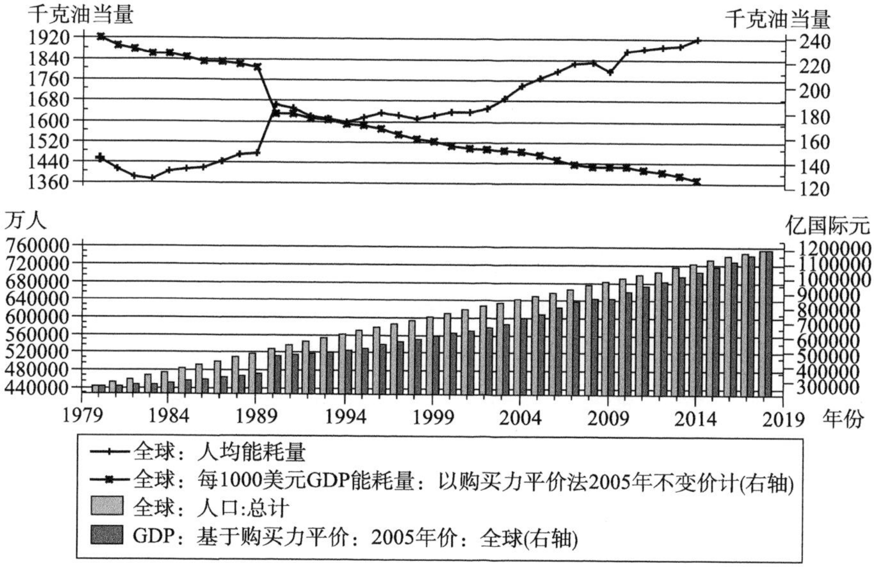

图 1-23　全球人均耗能量与单位 GDP 能耗

数据来源：Wind 资讯。

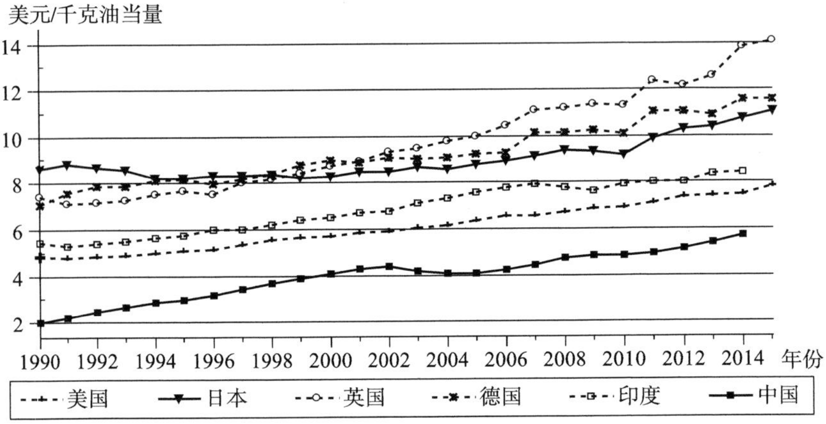

图 1-24　主要国家单位能耗 GDP 产出（购买力平价法 2011 年不变价）

数据来源：Wind 资讯。

英国石油公司（BP）预计到 2040 年，全球 GDP 年均增长 3.25%（基于购买力评价），人口增加约 17 亿、接近 92 亿人，人均能源消费水平显著提升，能源需求增长大部分被单位 GDP 能耗下降抵消，能源需求年均增速约 1.2%，大幅低于过去 20 年 2%以上的水平，消费总量增加约 1/3。国际能源署（IEA）预计，2040 年全球能源需求将比 2016 年增加 30%，相当于中国和印度的能源消费总量；到 2025 年，美国会产生全球石油供应增量的 80%。

（二）全球一次能源消费结构呈现“石油降、煤炭稳、清洁能源快速发展”的态势

全球能源结构不断朝多元、低碳、清洁、高效、安全的方向演进，过去 10 年煤炭满足了全球能源增量的 1/2，石油替代煤炭成为世界主要能源已经历了几十年，煤炭、石油的一次能源份额正在被快速发展的天然气等清洁能源和可再生能源替代或部分替代。1977—2017 年，石油消费占一次能源比例由 49%下降至 34%，煤炭消费占比稳定在 26%～28%，天然气消费占比由 18%提高至 23%，其他能源（核能、水能、风能、热能、太阳能、生物质能等）占比由 7%提高至 15%。2017 年，石油、天然气、煤炭及其他能源“四分天下”，全球石油、天然气、煤炭消费占比分别为 34%、23%、28%，核能、水能、其他可再生能源分别占比 4%、7%、4%。分地区看，中东油气资源丰富，98%的能源消费依赖石油、天然气，能源结构单一；北美、中南美、非洲地区以油气资源为主，其他能源为辅；亚太地区煤炭资源丰富，煤炭消

费占比较大；欧洲能源结构相对最为均衡。

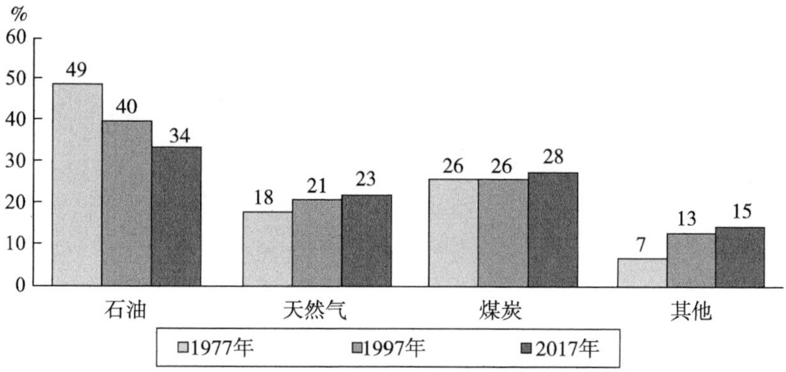

图 1-25　1997—2017 年全球一次能源消费结构变化

数据来源：前瞻产业研究院《2018—2023 年中国可再生能源产业市场前瞻与投资战略规划分析报告》。

未来 20~30 年，天然气、可再生能源等清洁能源占比将大幅提升。IEA 预测，煤炭将是全球消费增长最慢的能源，年均增长 0.6%；2030 年天然气将取代煤炭成为仅次于石油的第二大能源；2050 年煤炭、油气和非化石能源将出现“三分天下”的局面，能源需求增量的 90% 为清洁能源。BP 预测到 2040 年，低碳能源在能源结构中的份额将翻番，达到 40%。其中，天然气年均增长 1.7%，到 2040 年增长近 50%，占全球能源需求份额达到 1/4；风能、太阳能发电分别增长 5 倍和 10 倍，两者为全球电力市场贡献大体相当的新增发电量；核能年均增长 1.1%，与过去 20 年的发展趋势基本一致；水电年均增长 1.3%，较过去 20 年的增速大大降低，中国仍是最大的增长来源。

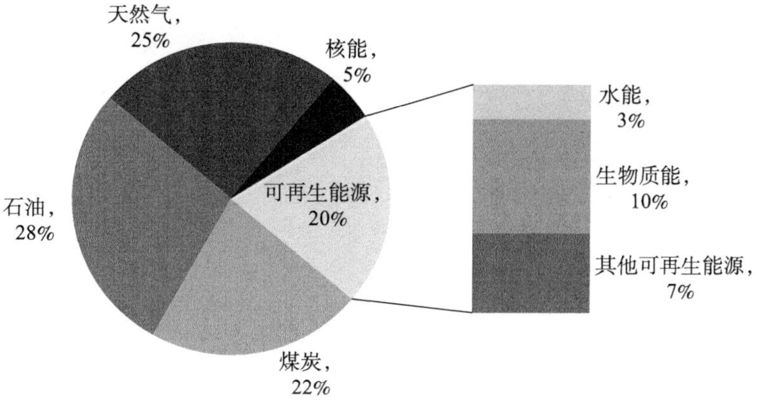

图 1-26　IEA 预测 2040 年全球能源消费结构

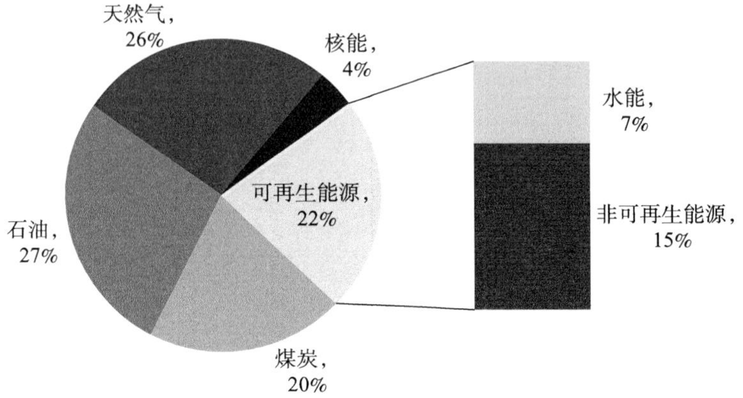

图 1-27 BP 预测 2040 年全球能源消费结构

（三）能源地域格局呈现“供给西移、需求东移”的颠覆性变化

2008—2017 年，亚太地区一次能源消费快速增长，年均复合增速达到 3.2%，远超 1.5%的全球平均水平，贡献全球的主要增量。2017 年全球一次能源消费量 135 亿吨油当量，主要分布在亚太、北美、欧洲地区，分别约占 42%、21%、15%，而独联体国家、中东、中南美、非洲分别约占 7%、7%、5%、3%。根据《BP 世界能源展望 2018》，全球能源需求增速放缓，到 2040 年增长约 1/3，中国、印度及其他亚洲新兴国家贡献能源消费增量的 2/3。IEA 预计，到 2040 年，中国、美国、印度将成为全球最大的能源消费国，2000 年全球需求欧洲和北美占 40%、亚洲发展中国家占 20%的结构将发生逆转。

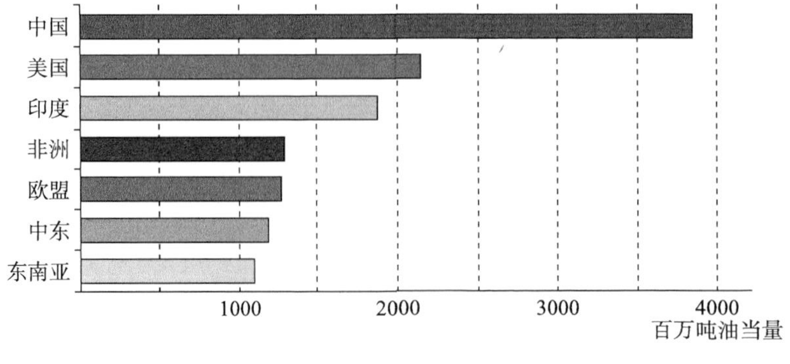

图 1-28 2040 年主要国家能源需求预计

数据来源：国际能源署（IEA）《世界能源展望 2018》。

从一次能源供给来看，随着美国掀起页岩气革命，美国、加拿大、巴西、委内瑞拉等美洲国家将成为非常规油气开发的输出地区，2019 年美国成为油气最大的生产国，还将在近年成为世界上最大的石油输出国。据 IEA《世界能源展望 2018》，到 2025 年，美国在全球石油产量增长中的比重将达到近 75%，届时全球近 1/5 的石油将产自美国。BP 预测，到 2040 年，美国和中东（卡塔尔和伊朗）的天然气增幅加在一起几乎占全球天然气产量增幅的 50%。

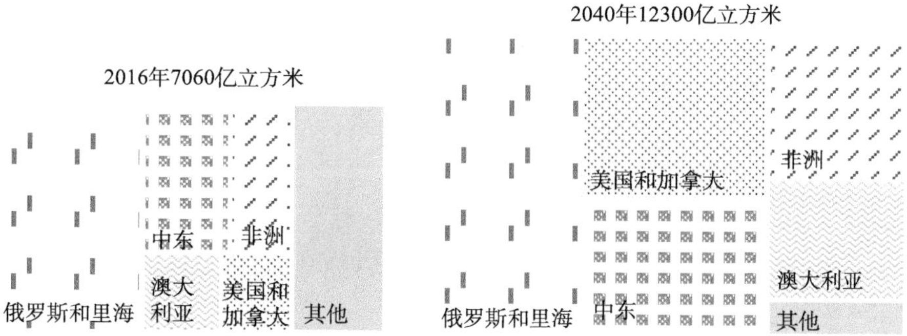

图 1-29　2016 年与 2040 年天然气出口国/地区预测（IEA）

资料来源：国际能源署《世界能源展望 2017》。

从消费和交易中心布局看，到 2035 年亚太地区将成为全球石油、天然气的消费中心和贸易中心。2018 年中国推出人民币石油期货，石油期货交易可以用人民币结算，与黄金挂钩。欧洲布伦特期货市场份额从全球 60%下降到 2018 年末的 52%，美国纽约石油期货从 38%下降到 32%，人民币石油期货占比达到 14%，新加坡、迪拜等石油交易所经过几十年发展，目前仅占 2%。

（四）中国能源需求增速放缓、结构进一步优化

综合各大机构的预测数据，预计未来 20 年，我国一次能源需求年均增长 1%左右，将明显低于 1995—2017 年 5.9%的增速，也低于同期全球 1.2%的增速；到 2040 年，我国能源需求将占全球总量的 22%左右，约为印度的 2 倍。

1. 能源结构中清洁、低碳燃料比重提升

非化石能源（核能、水能和非可再生能源）增长速度将超过能源需求的整体增速。BP 预测，我国未来石油需求增速将放缓，天然气需求持续保持快速增长，进口依赖度在 2040 年前将升至 40%以上，进口量中约一半是来自俄

罗斯和其他独联体国家的管道天然气，其余是液化天然气；煤炭占比将从2017年的60%下降到2040年的35%左右。IEA预测，未来10年间我国核电装机将大幅增加，2030年前核电发电量将超过美国和欧盟。

2. 能源强度将继续稳步下降

1990—2015年，中国能源强度下降幅度超过55%，而同期美国能源强度下降36%。IEA预测，随着我国经济结构优化和发展质量效益提升，2015—2040年，我国能源强度将下降60%，下降速度快于经合组织国家。

第二章

新时代区域协调发展格局分析

我国作为国土面积960万平方千米、人口14亿、地理空间横跨三级台阶的大国，区域发展不平衡不充分始终是基本国情。新中国成立以来，党中央高度重视区域协调发展，始终把握“抓两头、促中间”的工作思路，统筹形成政府“推”和市场“拉”的合力，先后经历了均衡、不均衡、再均衡、协调发展四个阶段，构建形成了新时代区域协调发展的战略格局。

一、我国区域协调发展的理念目标

纵观世界发达国家的发展历程，凡是国土面积较大的国家，在推进工业化、城镇化、现代化的过程中，都不可避免地经历了由非均衡发展到协调发展的过程。19世纪末20世纪初美国的“西进运动”，通过税收优惠、组建开发区、建设交通运输等基础设施、引导私人企业投资、促进人口流动、保护生态环境等开发西部地区。德国先后出台空间布局法、改善区域结构共同任务法、财政平衡法等法律法规，明确划分“促进地区”，强化财政补贴手段，扶持中小企业发展，加快区域协调进程。日本先后制订了5次全面综合开发计划，采取“据点”开发战略、建设“定居圈”“技术集成城市”等措施，加快北海道等欠发达地区的发展。

（一）我国区域协调发展的战略导向

我国的区域协调发展战略，主要是结合不同区域特点和开发综合分析，分区域确定开发方式、发展任务、重点区域、重大项目等一系列规划布局和推进举措，从而缩小区域间的经济发展差距，消除区域壁垒，实现共同富裕。区域协调发展目标是缩小区域差距，这既是经济问题，又是政治问题，更关系着现代化建设的全局、社会稳定和国家长治久安。总的来看，区域协调发展主要解决四个问题：一是发展问题，即充分发挥各地资源禀赋比较优势，探索合理分工、优化发展的路径，促进各类要素合理流动和高效集聚，增强创新发展动力，加快构建高质量发展的动力系统。二是平衡问题，即增强中心城市和城市群等经济发展优势区域的经济和人口承载能力，促进欠发达地区的发展，保障民生底线，推进基本公共服务均等化，在发展中营造平衡。三是效率问题，即充分发挥市场在资源配置中起决定性作用和更好地发挥政府作用，形成全国统一开放竞争有序的商品和要素市场，深化区域合作机制，健全市场一体化发展机制，将大国体制优势和市场优势转化为发展优势。四是安全问题，即增强中心城市和城市群之外的“其他地区”在保障粮食安全、生态安全、边疆安全等方面的功能，保障国家经济、社会和国防安全。

（二）我国区域协调发展的基本路径

根据2018年《中共中央、国务院关于建立更加有效的区域协调发展新机制意见》，我国区域协调发展战略的基本路线图可概括为三点：一是发达地区带动欠发达地区。主要体现在“引领”和“补短板”。“引领”是指推动东部沿海等发达地区改革创新、新旧动能转换和区域一体化发展，支持中西部条件较好地区加快发展，鼓励国家级新区、自由贸易试验区、国家级开发区等各类平台大胆创新。“补短板”侧重于建立健全推动欠发达地区发展的长效普惠扶持机制和精准有效的差别化支持机制，加快补齐基础设施、公共服务、生态环境、产业发展等短板。同时，推动欠发达地区与发达地区共建产业合作基地和资源深加工基地，完善区域联动机制，以先富带后富，促进共同发展。二是不让资源输出地“吃亏”。主要通过“看得见的手”统筹推动、“看不见的手”对资源配置的决定性作用，建立健全区际利益补偿、纵向生态补偿机制、市场一体化发展机制和财政转移支付制度。三是促进基本公共服务均等化。主要通过提高基本公共服务保障能力、基本公共服务统筹层次以及推动城乡间、区域间基本公共服务衔接等举措，实现基本公共服务均等化、基础设施通达比较均衡、人民生活水平大体相当。

区域协调发展目标可细化为五个方面：区域比较优势充分发挥；城乡居民收入差距控制在合理范围；区际区内基本公共服务基本实现均等化；一体化市场基本形成；资源有效利用、环境生态得到保护和改善。其中，区域收入差距合理和基本公共服务均等化占主导地位，其他三个目标为宏观经济指标，起支撑作用。

（三）我国区域协调发展的核心理念

我国区域协调发展的目标导向是“重人轻物”，不是单纯地缩小区域间经济总量差距，而是通过促进人口由农村、不适宜生存、经济欠发达地区向城市、适宜生存、经济发达地区转移，产业由饱和待转型地区向发展中地区转移，各种生产要素由低效率地区向高效率地区有序集聚。通过科学发挥市场与政府两种力量，逐步缩小区域间人均经济总量和人均收入、公共服务、生活水平的差距，最终实现人口数量占比与经济总量占比基本持平，人口总量、产业规模与区域资源环境承载能力基本匹配。

总的来看，我国区域协调发展的理念不断丰富，发展战略和政策体系不断完善，促进区域协调发展格局发生了历史性变化、取得了历史性成就。据我们测算，改革开放以来，我国区域协调发展系数总体呈现先升后降趋势，先由1978年的1.17上升到1995年的1.88，1997年迅速下降到1.62，之后又上升到2003年的1.83，2012年以后稳定在1.35~1.36[①]。

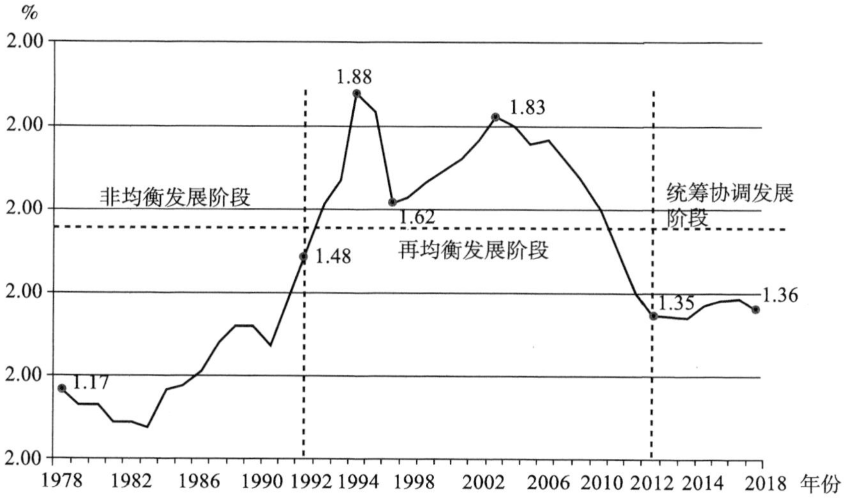

图 2-1 我国区域协调发展系数变化趋势

二、我国区域协调发展格局的历史演进

党中央历来高度关注区域协调发展问题，始终结合形势变化，及时调整战略导向，先后经历了均衡发展、非均衡发展、再均衡发展、统筹协调发展四个阶段，有力有效地推进了区域公平、效率提升、协调发展。在促进区域协调发展的政策措施上，大体可分为两类：一类是在经济发展初期或经济发展速度放慢时，一般会采取向条件比较好、经济相对发达地区倾斜的政策，主要体现在先行先试试验区、示范区等战略平台的布局上，以期促进经济回暖或加快发展；另一类是在经济发展过热时，通常会采取向条件欠佳、经济

---

① 我国区域协调发展系数是指各省（市、区）GDP 占全国 GDP 比重减各省（市、区）常住人口占全国人口比重的绝对值，乘以各省（市、区）常住人口占全国人口比重的加总。该系数数值越高表明区域发展越不平衡。需要说明的是，由于各省（市、区）数据加总数据大于全国相应数据，在计算 GDP、人口及后文中投资等相关数据时，为提升计算精确度，全国相应数据采用各省（市、区）数据加总数据。

相对欠发达地区倾斜的政策，主要体现在资金和项目上，力图缩小区域差距，厚植发展潜力。通过这两种措施的交替使用，推动区域经济“非均衡—均衡—非均衡”螺旋式上升，不断提升区域协调发展的质量和效益。

（一）均衡发展阶段（1949—1978年）

面对旧中国70%的工业设施在沿海，有限的内地工业集中在少数几个城市，占国土面积70%的西北地区工业产值仅占2%的极端不均衡现状，党中央通过加大国家重点投资，推动工业由沿海集中向内陆有序转移，力图消除沿海与内陆的区域性差异，实现资源的科学有效配置。该阶段主要经历了四个时期：

1.“156项重点工程”建设时期（1949—1957年）

“一五”时期（1953—1957年），我国与苏联及东欧国家合作引进了以重工业为主的156项重点工矿业基建项目，布局主要集中在东北地区，初步建起新中国的工业经济体系。经过8年的有效调整，以及900多个大中型配套项目建设，初步改变我国工业偏隅一方或集中于沿海的空间布局。这一时期，内地与沿海地区的国家投资占比分别为53.3%、46.7%，156项重点工程中有80%分布在内地、20%分布在沿海地区。在河南布局了洛阳拖拉机厂、洛阳滚珠轴承厂、洛阳矿山机械厂、焦作中马村矿、洛阳热电站、郑州第二热电站等9个重点工程。

2. 地方经济格局建立时期（1958—1964年）

1958年，我国确立东北、华北、华东、华中、华南、西南、西北七大经济协作区格局①，着力打造若干农业、轻工业、重工业协调发展的工业体系。在“大跃进”影响下，这一时期我国自成体系、各自为政的地方工业体系快速发展，初步形成了“大而全”的封闭式区域经济格局。

3.“三线”转移时期（1965—1971年）

为应对外部军事威胁，按照设想的军事地理区划，将全国划分为一、二、三线地区②，并投入大量资金在“三线地区”建设了1100多个大中型工矿企

---

① 东北经济协作区包括辽宁、吉林、黑龙江，华北经济协作区包括北京、天津、河北、山西、内蒙古，华东经济协作区包括上海、江苏、浙江、安徽、福建、江西、山东，华中地区包括湖北、湖南、河南、江西，华南地区包括广东、广西、海南，西南经济协作区包括四川、贵州、云南、西藏，西北经济协作区包括陕西、甘肃、青海、宁夏、新疆。1961年又把华中地区与华南地区合并，形成中南地区。

② “三线”是指当时经济相对发达且处于国防前线的沿边沿海地区向内地收缩划分的三道线。一线地区指位于沿边沿海的前线地区，二线地区指一线地区与京广铁路之间的安徽、江西及河北、河南、湖北、湖南四省的东半部，三线地区指长城以南、广东韶关以北、京广铁路以西、甘肃乌鞘岭以东的广大地区。

业、科研单位和大专院校。其中，攀枝花钢铁、第二汽车制造厂等项目为中西部地区工业化奠定了坚实基础。特别是在“三五”期间，内地投资额达611.5亿元，而沿海地区仅为282.9亿元。

4. 大型项目东移时期（1972—1978年）

这一时期虽仍在加快“三线”建设，但建设重点开始转向豫西、鄂西、湘西“三西”地区，布局建设了一批重点项目。同时把全国划分为西南、西北、中原、华南、华东、华北、东北、山东、闽赣和新疆10个经济协作区。随着中美关系改善，1972年国家提出加快沿海地区发展，并把大部分项目布局在沿海和长江沿线地带，1975年沿海地区国家基本建设投资占比大幅回升至41.5%，沿海地区经济快速发展开始启动。

总的来看，这一阶段空间布局均衡的战略导向改善了内地基础设施水平，改变了旧中国经济布局极不平衡的状况。但由于缺乏有效市场机制、忽视东中西资源差异，虽然缩小了沿海与内地的绝对差距，但这仅是低水平、行政化的均衡发展。

（二）非均衡发展阶段（1978—1992年）

这一阶段的战略导向主要体现在邓小平提出的“两个大局”① 和“先富”“共富”理论，生产力布局开始向沿海地区倾斜。1979年国家率先赋予广东、福建两省实行“特殊政策、灵活实施”的权限，先后开辟5个经济特区②、开放了14个沿海港口城市③，并将长江三角洲、珠江三角洲和闽南厦漳泉三角地区以及辽东半岛、胶东半岛开辟为沿海经济开放区。在“七五”计划中，提出东、中、西部三大地带的战略布局④，改变了传统内陆和沿海的划分，并明确了“先东再中后西”的开发顺序。另外，在“先富”“共富”战略思想的指导下，开展“老少边穷”地区国家扶贫开发，1986年成立贫困地区经济

---

① 邓小平在1988年提出了“两个大局”的思想。一个大局就是东部沿海地区加快对外开放，使之先发展起来，中西部地区要顾全这个大局；另一个大局就是当发展到一定时期，比如20世纪末全国达到小康水平时，就要拿出更多力量帮助中西部地区加快发展，东部沿海地区也要服从这个大局。

② 1979年7月，国家在深圳、珠海、汕头、厦门四市试办出口特区。1980年5月，将这四个出口特区改称为经济特区。1988年4月，设立海南经济特区。

③ 1984年5月，国家将大连、秦皇岛、天津、烟台、青岛、连云港、南通、上海、宁波、温州、福州、广州、湛江、北海等14个城市定为沿海开放城市。

④ 东部经济地带包括沿海辽宁、河北、北京、天津、山东、江苏、上海、浙江、福建、广东、广西、海南12个沿海的省级行政单位，中部经济地带包括黑龙江、吉林、内蒙古、山西、河南、湖南、江西、湖北、江西9个省级行政区，西部经济地带包括甘肃、青海、宁夏、陕西、新疆、四川、重庆、贵州、云南、西藏10个省级行政区。

开发领导小组，加大对少数民族地区的扶持力度。

该阶段经济效率优先导向的非均衡发展，促使了东部地区迅速崛起，带动了中西部地区发展。同时，效率优先导向也不可避免地加速了中西部资源、人口、资金的大规模流出，拉大了东中西区域间的差距。1978—1992 年，我国区域发展不平衡程度提升，区域协调发展系数由 1. 17 上升到 1. 48。

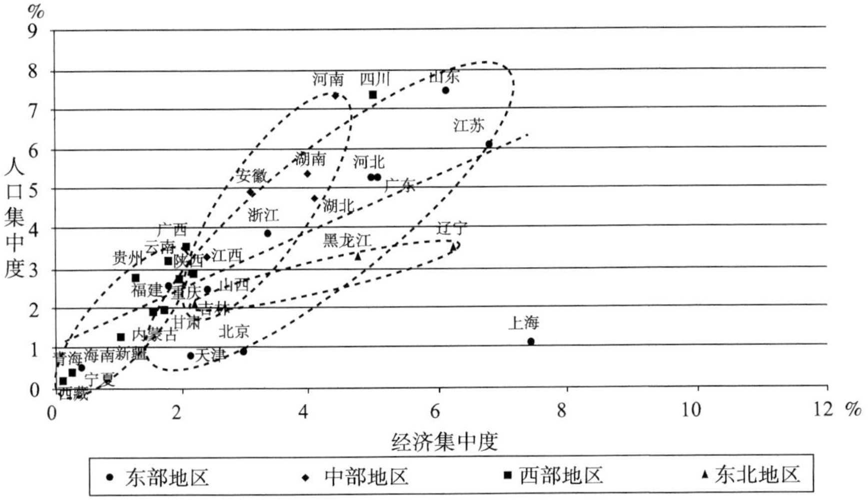

图 2-2　1978 年各省市经济—人口集中度分布

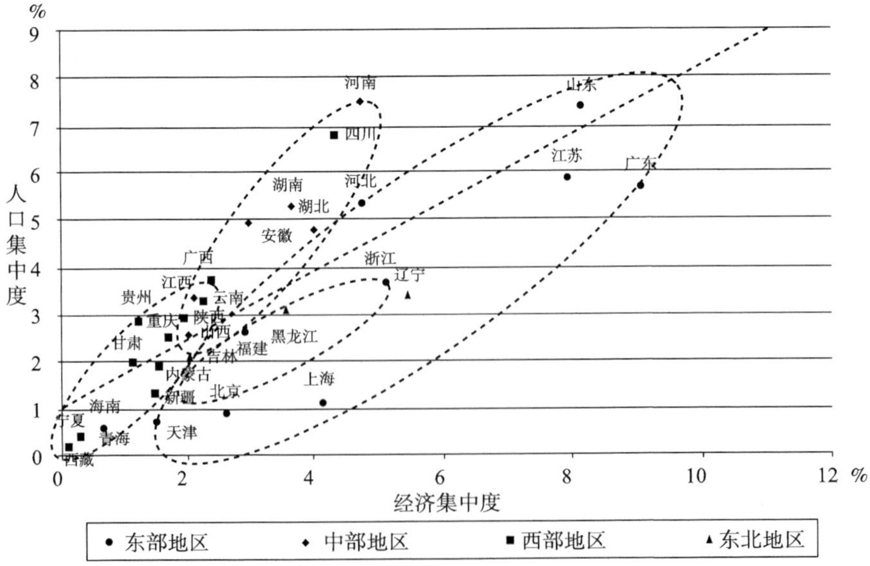

图 2-3　1992 年各省市经济—人口集中度分布

分区域看，东部沿海省市差距扩大，广东、山东、江苏崛起，上海经济体量跌入第二梯队；中部地区相对差距收窄；东北地区发展速度下降，逐步向西部地区靠近。

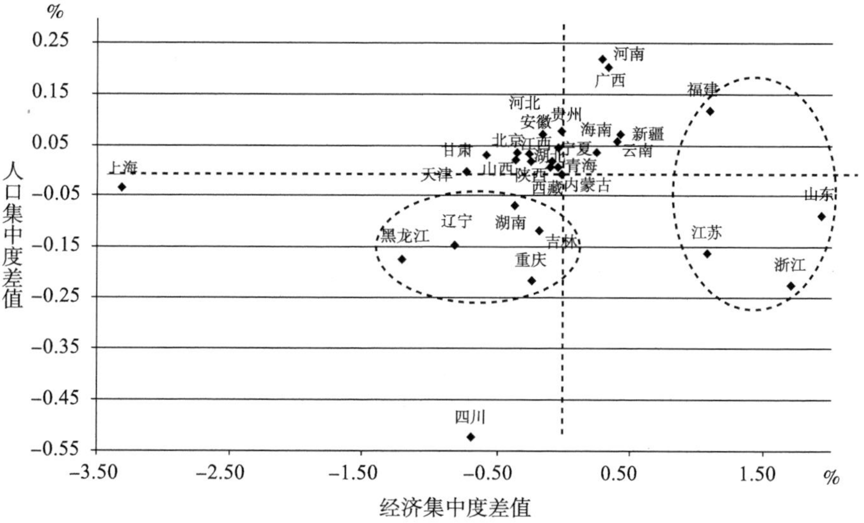

图 2-4　1978—1992 年各省市经济—人口集中度差异变化

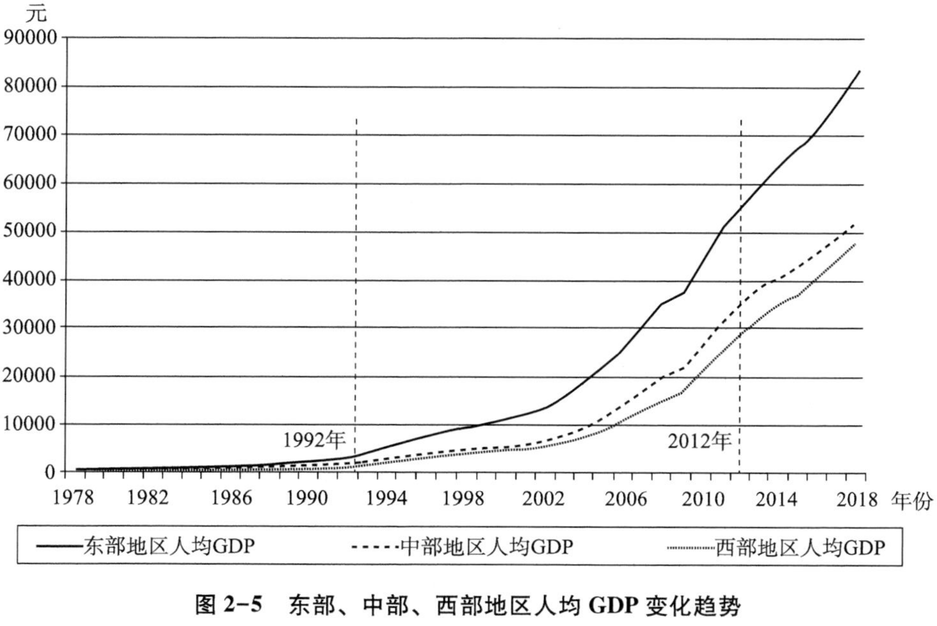

图 2-5　东部、中部、西部地区人均 GDP 变化趋势

分省市看，山东、浙江、福建、江苏4省沿海省份GDP比重14年分别增加了1.95个、1.7个、1.08个、1.08个百分点，而上海、黑龙江、辽宁、天津、四川5省市GDP比重分别降低了3.32个、1.22个、0.81个、0.74个、0.69个百分点；四川、重庆、黑龙江、辽宁、吉林人口大量流出，人口占比分别下降了0.53个、0.22个、0.17个、0.15个、0.12个百分点。

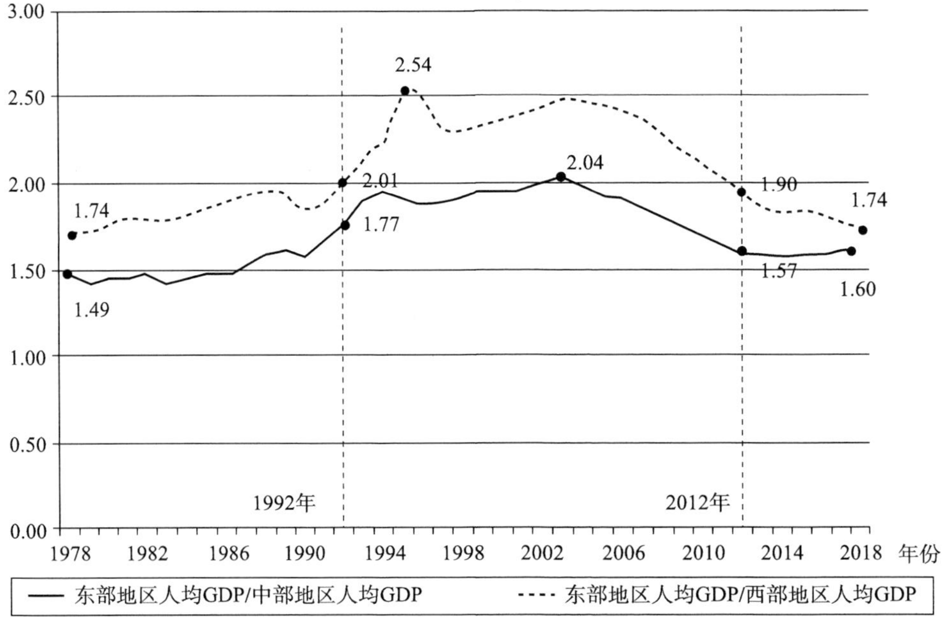

图2-6　东部、中部、西部地区人均GDP相对差距变化趋势

从东、中、西三大地区看，1978年东部地区人均GDP分别是中部、西部地区的1.49倍和1.74倍，上升至1992年的1.77倍和2.01倍，与中部地区的比值于2003年达到历史峰值2.03倍，与西部地区的比值于1995年达到历史峰值2.54倍，后分别下降至2018年的1.60倍和1.74倍。虽然东部、中部、西部地区相对差距逐步缩小，但绝对差距却显著扩大，东—西地区人均GDP差距由2012的2.61万元扩大至2018年的3.55万元，东—中地区人均GDP差距由2012的2.01万元扩大至2018年的3.12万元。

（三）再均衡发展阶段（1992—2012年）

随着我国经济体制加快向中国特色社会主义市场经济转型，区域经济发展开始进入非均衡态势下的统筹协调发展阶段。1992年开放长江沿岸28个城市、8 个地区、13 个边境城市和内陆省会城市，形成了“经济特区—沿海开放城市—沿海经济开放区—沿江经济开放区—内地中心城市—铁路沿线和沿江地带”的梯次开放格局。同时，为应对东西差距过大，在鼓励东部率先发展的基础上，于 1999 年开始推出西部大开发战略，2003 年推出东北地区等老工业基地振兴战略，2006 年推出促进中部地区崛起战略、鼓励东部率先发展等，初步形成了东中西互动、优势互补、相互促进、共同发展的四大板块格局①。为了推进国土有效开发，2011 年又推出主体功能区战略，将国土空间划分为优化开发、重点开发、限制开发和禁止开发四类，确定主体功能定位，明确开发方向，控制开发强度，规范开发秩序，完善开发政策，逐步形成人口、经济、资源环境相协调的空间开发格局。同时，为加快区域经济一体化进程，2009 年以来陆续推出珠江三角洲、江苏沿海地区、长江三角洲、黄河三角洲等 50 多个促进区域协调发展的规划、指导性文件和相关工作方案，加强了区域间、区域内经济发展规划的统筹和协调，坚持“全国一盘棋”的思路，力图打破“一亩三分地”的思维定式，培育全国统一的大市场。

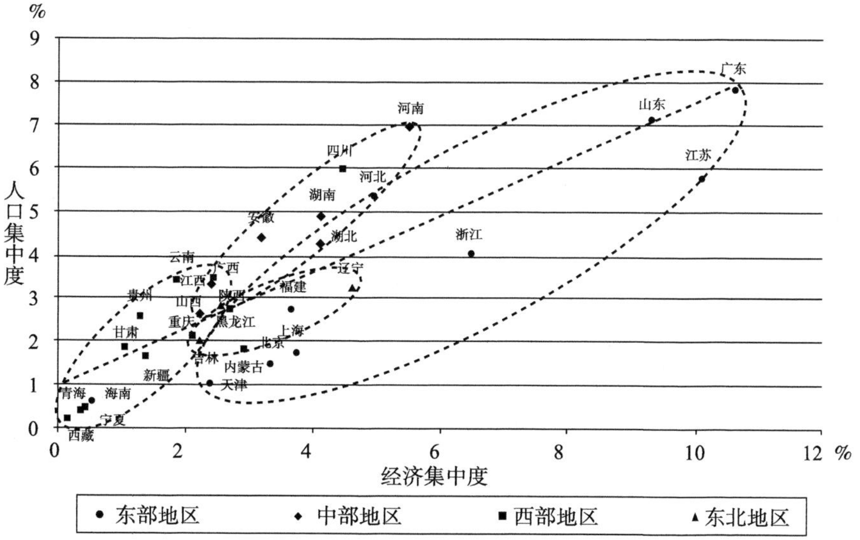

图 2-7　2012 年各省市经济—人口集中度分布

① 东北振兴地区包括辽宁、吉林、黑龙江和内蒙古自治区的呼伦贝尔市、兴安盟、通辽市、赤峰市和锡林郭勒盟等蒙东地区；中部崛起地区包括河南、湖北、湖南、江西、安徽和山西 6 省；东部率先发展地区包括河北、北京、天津、山东、江苏、上海、浙江、福建、广东、海南 10 省市。需要特别说明的是，本报告中对东北地区数据采取简化处理，仅汇总黑、吉、辽 3 省数据。

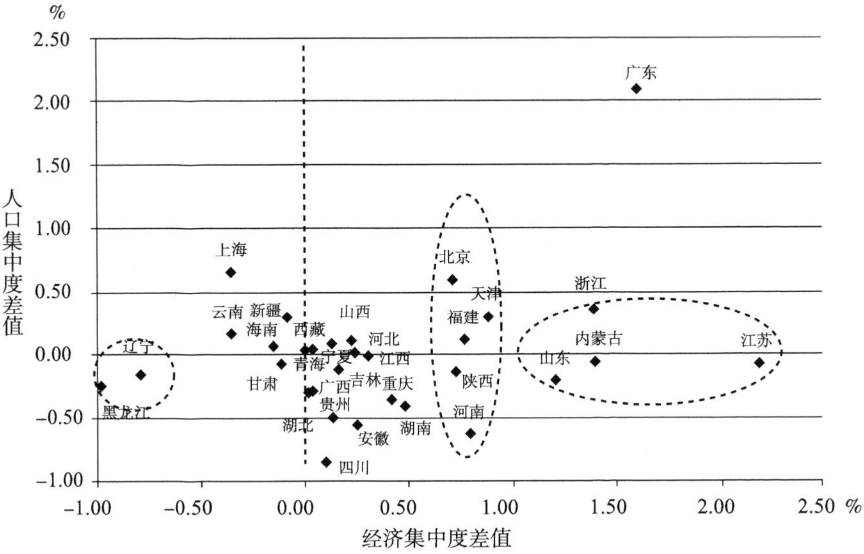

图 2-8　1992—2012 年经济—人口集中度差异变化

该阶段是我国区域协调发展战略形成的关键时期，在地理空间上形成了东中西兼顾的四大板块发展格局，突破了原有据点式开发为主、点线结合的开发模式，初步构建了网络化开发模式和各具特色的经济带、经济区，为形成和完善中国特色区域协调发展战略奠定了实践基础。1992—2012 年，我国区域发展的不平衡程度高位运行，协调发展系数于 1995 年达到 1.88 的历史峰值，随后波浪式降至 1.35。

分区域看，东部沿海省市发展继续分化，广东、山东、江苏三省与后面追兵的差距进一步拉大；中部地区相对差距持续收窄；东北地区出现颓势苗头，逐步向西部地区靠近。

分省市看，广东抓住对外开放和加入 WTO 的机遇，大力发展外向型经济，一骑绝尘，实现经济、人口比重双提升，20 年分别提升了 1.6 个和 2.1 个百分点；江苏、内蒙古、浙江、山东成为增速第二梯队，经济比重分别提高了 2.18 个、1.40 个、1.38 个、1.21 个百分点；四川、河南、安徽、湖北人口大量流出，人口占比分别下降了 0.86 个、0.62 个、0.54 个、0.49 个百分点；黑龙江、辽宁两省经济、人口比重双下降，经济比重分别下降 0.99 个、0.80 个百分点，人口比重分别下降 0.25 个、0.14 个百分点。

（四）统筹协调发展阶段（2012年至今）

进入新时代，习近平总书记准确把脉我国发展环境、基础条件、社会主要矛盾发生的深刻变化，透析纷纭复杂局面，先后提出“三期叠加”阶段判断、“经济新常态”大逻辑、创新协调绿色开放共享新发展理念、供给侧结构性改革、经济高质量发展、供给侧结构性改革“巩固增强提升畅通”八字方针。同时，高度重视区域协调发展战略的精细化、全面化、特色化，多次强调区域政策和区域规划要完善、创新，特别是要缩小政策单元，重视跨区域、次区域规划，提高区域政策的精准性，围绕实现基本公共服务均等化、基础设施通达程度比较均衡、人民生活保障水平大体相当，持续创新完善区域协调发展机制，推动区域协调发展迈向更高质量、更高水平。

在四大板块发展导向上，党的十九大提出要强化举措推进西部大开发形成新格局，深化改革加快东北等老工业基地振兴，发挥优势推动中部地区崛起，创新引领率先实现东部地区优化发展。在国内外协调上，全面推进“一带一路”建设，布局建设“1+3+7+1+6”自由贸易试验区①，分步骤、分阶段探索建设海南中国特色自由贸易港；在跨区域发展上，推动实施京津冀协同发展、长江经济带发展②、粤港澳大湾区③建设、长江三角洲一体化发展④，高起点规划、高标准建设雄安新区战略；在城镇化发展上，构建“19+2”城市群格局，建立以中心城市引领城市群发展、城市群带动区域发展新模式⑤，推动区域板块之间融合互动发展，加快农业转移人口市民化进程；在国土开发上，提出陆海统筹，加快海洋强国建设，构建形成北部、东部、南部三大

---

① 2013年以来，国务院分5批批复了上海、广东、天津、福建、辽宁、浙江、河南、湖北、重庆、四川、陕西、海南、山东、江苏、广西、河北、云南、黑龙江等18个自由贸易试验区。

② 根据《长江经济带发展规划纲要》，长江经济带覆盖上海市、江苏省、浙江省、安徽省、江西省、湖北省、湖南省、重庆市、四川省、云南省、贵州省等11个省市。

③ 根据《粤港澳大湾区发展规划纲要》，大湾区由香港、澳门两个特别行政区和广东省广州、深圳、珠海、佛山、惠州、东莞、中山、江门、肇庆9个地市组成，总面积5.6万平方千米，涉及三个关税区、三种货币、三种法律制度。2018年末总人口已达7000万人。

④ 根据《长江三角洲区域一体化发展规划纲要》，该区域包括上海、江苏、浙江、安徽“三省一市”。

⑤ 根据《国民经济和社会发展第十三个五年规划纲要》，“十三五”期间要加快构建以陆桥通道、沿长江通道为横轴，以沿海、京哈京广、包昆通道为纵轴的“两横三纵”城市化战略格局，建设长三角、京津冀、珠三角、成渝地区4个国际级城市群，辽中南、长江中游、山东半岛、海峡西岸、中原、关中平原6个国家级城市群，哈长、山西中部、呼包鄂榆、宁夏沿黄、兰州西宁、黔中、滇中、北部湾、天山北坡9个区域级城市群，外加拉萨和喀什两个城市圈。

各具特色的海洋经济区，海洋经济总量占比近 9.3%；在城乡互动发展上，实施乡村“振兴战略”，城乡协调发展导向由城乡土地、户籍、公共服务二元向党的十六大提出的“推动城乡统筹发展”、党的十八大提出的“城乡发展一体化”、十九大提出的“城乡融合发展”逐步提升，农业农村优先发展理念得到深入贯彻落实；在重点地区上，把革命老区、民族地区、边疆地区、贫困地区等“老少边穷”地区发展摆在更加重要的位置，全面实施精准脱贫攻坚战，加快补齐欠发达地区短板。

总的来看，该阶段探索形成了中国特色区域协调发展战略的顶层设计，“一带一路”引领、“四大板块”支撑和经济区、城市群、都市圈、特殊功能区、试验示范区为骨干的多层次、多元化区域协调发展体系，实现了经济社会全面协调、当前利益与长远利益兼顾、经济发展与生态环境保护有机融合，可持续协调发展政策措施体系和载体平台体系基本完善。2012 年以来，我国协调发展系数保持在 1.35~1.36，区域发展的不平衡程度有所缓解，但出现了一些新的苗头性变化。

分区域看，东部、中部地区板块内部的经济人口集聚度发展态势分化，在经济—人口集中度分布图中，东北地区基本与西部地区融为一体。在东西差距基础上，南北差距呈现扩大态势，广东、福建、贵州、湖北、江苏、安徽等南方省份经济比重提升，而东北三省和内蒙古、河北、山东等北方省份的经济比重下降。

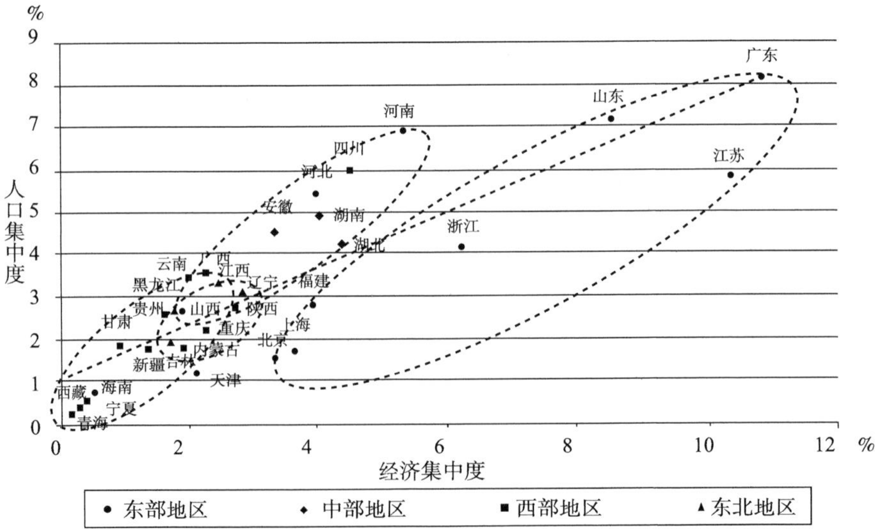

图 2-9　2018 年各省市经济—人口集中度分布

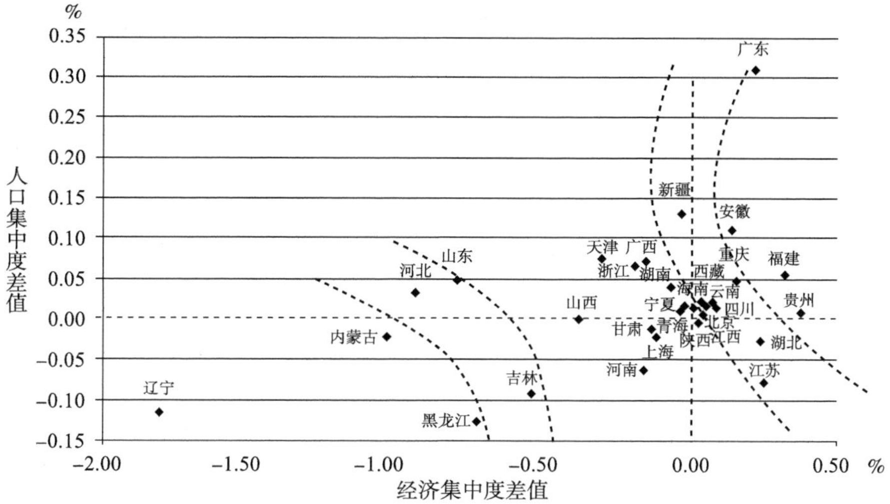

图 2-10　2012—2018 年经济—人口集中度差异变化

分省市看，2012—2018 年，贵州、福建、江苏、湖北、广东 5 省经济比重分别提高了 0. 37 个、0. 32 个、0. 25 个、0. 24 个、0. 21 个百分点，而辽宁、内蒙古、河北、山东、黑龙江、吉林等 6 省区经济比重分别降低了 1. 80 个、1. 03 个、0. 93 个、0. 79 个、0. 13 个、0. 09 个百分点；广东人口大量流入，人口占比提高了 0. 31 个百分点；东北地区人口大量流出，黑龙江、辽宁、吉林、江苏、河南 5 省人口占比分别下降了 0. 13 个、0. 12 个、0. 09 个、0. 08 个、0. 06 个百分点。

三、我国区域协调发展的总体框架

进入新时代，我国区域协调发展理念不断创新提升，以促进可持续发展、区域城乡协调和高质量发展为目标导向，统筹东中西、协调南北方，进一步缩小政策单元，高度重视跨区域、次区域规划，注重增强区域发展的协同性、联动性、整体性和区域政策精准性，促进经济要素在更大范围、更高层次、更广空间顺畅流动与合理配置，形成统筹协调、城乡融合、点线面联动的区域协调发展体系，区域间区域内互动合作和发展协调性持续增强。初步归纳，我国区域协调发展顶层设计框架可概括为："一带一路"引领，两个轴带贯穿，四大板块支撑，四个龙头牵引，若干大都市圈和中小城市圈带动，市场一体化发展、区域合作互助、基本公共服务均等、区际利益补偿、纵向生态补偿机制、财政转移支付等一系列创新机制助推，支持“老少边穷”地区加快发展，彻底打破行政区划，强化流域空间、沿海湾区、国际国内战略通道等协同联动，进一步缩小区域划分的空间尺度和政策措施的针对性、精准性和差别化，细化落地主体功能区规划，促进生产、生活、生态在不同尺度空间内的科学布局，加快产业基础高级化、产业链现代化进程，构建形成优势互补、高质量发展的区域经济布局。

（一）“一带一路”引领

2013年，习近平总书记提出了共建“一带一路”倡议，以国际经济合作走廊为主骨架，加强重大基础设施互联互通，助推沿海、内陆、沿边地区协同开放，构建统筹国内国际、协调国内东中西和南北方的区域发展新格局。“丝绸之路经济带”的重点是“以点带面，从线到片，逐步形成区域大合作”；“21世纪海上丝绸之路”致力于推动与沿线国家建立“全方位、多层次、宽领域的蓝色伙伴关系”，实现“人海和谐、共同发展”。

进入新时代，我国开放理念加快由商品要素流动型开放向制度型开放转变，开放布局由“沿海开放”“向东开放”向陆海内外联动、东西双向互济的大开放格局转变，开放重点由注重对发达国家开放向扩大与“一带一路”沿线发展中国家开放转变，开放方式由扩大出口向进出口并重转变，开放贸易由偏重货物贸易向商品贸易与服务贸易并重转变，加快推进新疆丝绸之路经济带核心区、福建21世纪海上丝绸之路核心区、郑州“空中丝绸之路”核心区和“一带一路”倡议支点、开放门户及对外大通道建设，完善自由贸易港、自贸试验区、国家级开发区、边境经济合作区、跨境经济合作区等开放平台，不断深化与亚欧非大陆及附近海域的互联互通，全力将开放前沿由沿海沿边地区向中西部内陆地区推进，以“一带一路”建设为纽带扩大区域协调发展的空间和潜力。

（二）轴带通道贯穿

两个轴带即长江经济带和正在研究谋划的黄河生态经济带，并在工作中注重处理好整体推进与重点突破、生态环境保护和经济高质量发展、总体谋划与久久为功、破除旧动能和培育新动能、自身发展与一体化协同的关系。同时，进一步强化新亚欧大陆桥、长江通道和西部新陆海通道“π”形格局，创新“物流+贸易+产业”模式，促进产业合理布局、转型升级和协同发展。

1. 长江经济带

重在长江三角洲的龙头引领，以共抓大保护、不搞大开发为导向，依托长江黄金水道，率先突破产业转移协作、现代综合交通体系共建共用、生态保护修复协同治理，促进发展机会共享、利益横向补偿和区域优势互补，稳妥腾退化解旧动能，科学处理对内对外产业转移，强化对西部大开发的带动作用、中部地区崛起的战略支撑作用和东部地区的龙头引领作用，实现上中下游协同、东中西板块联动，有助于构建“东西双向、海陆统筹的对外开放新格局”，促进城市群互动发展，打造高质量发展经济带。

2. 黄河生态带

重在郑州、济南的龙身带动，以黄河流经的9省区①为主体，聚焦黄河流域生态保护和高质量发展，共同抓好大保护、协同推进大治理，坚持生态优先、绿色发展导向，统筹上下游、干支流、左右岸，推动上游地区重点强化生态涵养功能、改善人民群众的生产生活条件，中游地区重点加强水土保持和生态修复、促进资源节约集约利用，下游地区重点加强防洪减淤，以水定“城地人产”，探索出一条富有地域特色的绿色发展、高质量发展的新路子。

（三）四大板块支撑

四大板块即西部大开发、东北振兴、中部崛起、东部率先发展，重点是秉持问题导向思维，解决“落后病”“萧条病”“膨胀病”等深层次问题，推动产业转型、动力转型、社会转型、生态转型和政府职能转型，加快建立资源节约、环境友好、可持续发展绿色经济体系的战略支撑。

1. 西部大开发

主要是针对人均生产总值和城乡居民人均可支配收入低、贫困地区和贫困人口多的“两低两多”状况，通过政策、资金、项目扶持及其他地区政府和企业的共同参与，完善基础设施网络，提升基本公共服务水平，强化生态环境保护，促进生产要素集聚，着力培育新的经济增长点和增长极，缩小区域间发展差距。

2. 东北振兴

主要是针对市场化程度低、发展活力不足、所有制结构单一、产业结构偏

① 黄河流经青海、四川、甘肃、宁夏、内蒙古、陕西、山西、河南、山东等9省区。

重、企业设备技术老化和历史包袱沉重、就业矛盾突出等问题，深化重点领域改革，加大技术设备改造，推进产业结构升级，支持资源型产业接续，培育壮大新动能。虽然东北振兴取得了阶段性成效，但体制改革仍然相对滞后、自主创新能力不强、就业与社会保障压力加大、人才与资金外流、营商环境不优等深层次问题尚未得到根本性解决。2019 年 8 月 26 日，习近平总书记在中央财经委员会第五次会议上强调，东北地区要主动调整经济结构，推进产业多元化发展，加快国有企业改革，实施产业基础再造工程，增强自主能力。

3. 中部崛起

主要是针对经济增速相对落后，强化东中西合作互动，完善综合交通运输体系，有序承接产业转移，加快新型工业化、城镇化进程，培育壮大城市群，着力推动制造业产业集聚和转型升级。目前，中部地区仍然面临着地级市规模较小、县乡自我发展能力弱、城镇化水平偏低、产业同质同构、合作不足而竞争有余等瓶颈制约，区位、交通、资源优势还未有效转化为经济优势。

4. 东部率先发展

主要是针对东部沿海地区开放早、经济比较发达、人口相对密集、开发强度较高、资源环境矛盾突出等问题，加快创新驱动发展，建立全方位开放型经济体系，参与更高层次的国际合作与竞争，促进产业迈向全球价值链中高端，培育世界级先进制造业集群，打造具有国际影响力的城市群。

（四）四个龙头牵引

四个龙头即京津冀协同发展、长江三角洲区域一体化发展、粤港澳大湾区发展、海南全面深化改革开放试验区，基本覆盖了东部率先发展区域。需要注意的是，这四个龙头在原东部率先发展区域的基础上将香港、澳门两个特别行政区纳入其中，山东、福建两省和广东 12 个地级市仍未纳入，而原来不属于东部率先发展的安徽则被列入长江三角洲区域一体化发展范围。

1. 京津冀协同发展

侧重于优化调整区域经济结构和空间结构，探索“大城市病”的治理途径，疏解北京的非首都功能，高起点规划、高标准建设雄安新区，通过将北京的原始创新能力、天津的研发转化能力与河北的科技成果应用能力有机融合，实现三地优势互补，带动环渤海地区协同发展。

2. 长江三角洲区域一体化发展

侧重于探索“行政区经济”向“城市群经济”转型的体制机制，特别是探索全面对接的政府协商机制、市场一体化的经贸合作机制、规范市场运行秩序的区域协同治理机制、区域共享发展的资源共享机制，进一步发挥上海的龙头带动作用，推动苏浙皖三省各扬所长，深化和创新合作模式，推进更高起点的深化改革和更高层次的对外开放，引领带动长江经济带发展。

3. 粤港澳大湾区发展

侧重于深化“一国两制”实践，善用两种制度、三个关税区、三种货币之利，支持香港、澳门融入国家发展大局，探索规则衔接和促进港澳与内地协调发展的新机制，通过人员交流、城市间优势互补、产业分工、技术合作开发等方式，最大限度地优化资源配置、提高经济运行质量，打造国际一流湾区和世界级城市群，带动珠江—西江经济带创新绿色发展。

4. 海南全面深化改革开放试验区

侧重于探索内外贸、投融资、财政税务、金融创新、出入境等更加灵活的政策体系、监管模式和管理体制，能源、航运、大宗商品、产权、股权、碳排放权等国际交易规则，深化国际人才管理改革、离岸创新创业示范、离岛免税购物等试点，分步骤、分阶段建立自由贸易港政策体系，积极对接粤港澳大湾区建设。

（五）若干都市圈带动

针对城市群规划范围过大、主导产业同构、要素流动不畅和中心城市辐射距离过远、“小马拉大车”等问题，国家调整过去抑制大城市发展、强调中小城市均匀分布的政策取向，突破行政边界束缚、缩小区域政策单元、提高区域政策精准度，放大城市群的核心城市辐射力，探索以中心城市引领城市群发展、城市群带动区域发展、促进区域板块间融合互动的新模式。根据国家发展改革委《关于培育发展现代化都市圈的指导意见》，都市圈是以城市群内部超大特大城市或辐射带动作用强的大城市为中心，以 1 小时通勤圈为基本范围，以功能定产业、以产业引人口、以时间换空间，注重疏解中心城市非核心功能、增强中小城市产业功能、小城镇公共服务和居住功能，通过基础设施一体、产业分工协作、市场统一开放、公共服务共建共享、生态环境共保共治、城乡融合发展等措施，进一步完善成本分担机制、利益共享机制和绩效考核机制，打造区域经济、城市群发展的“强核”，形成“功能—产业—人口—空间—公共服务”全方位协调、大中小城市一体化建设和网络化发展的格局。同时，注重提升区域中心城市的辐射带动力，培育一批中小城市圈，改变人口与产业不匹配、大城市过大、小城镇过弱、中等城市发育不良的空间结构不合理状况。预计此轮都市圈建设将触发生产力布局重新洗牌，也将形成未来我国城市格局和经济增长中心格局。

（六）一系列机制推动

在建立区域战略统筹机制、区域政策调控机制、区域发展保障机制的基础上，进一步完善市场一体化发展、区域合作互助、基本公共服务均等化、区际利益补偿等机制，有效遏制区域分化，规范区域开发秩序，推动区域一体化发展。

1. 市场一体化发展机制

以打破地域分割和行业垄断、清除市场壁垒为重点，加快清理废除妨碍市场统一和公平竞争的各种规定和做法，加快人力资源市场、技术市场、金融服务一体化和市场准入标准统一，营造规则统一开放、标准互认、要素自由流动的市场环境。

2. 区域合作互助机制

在“强扶弱”“好帮差”“东部带中西部”等对口支援、结对帮扶和扶贫协作的基础上，创新“蛙跳式对口合作”“新型飞地经济合作”“托管式合作”等模式，重视晋陕豫黄河金三角、粤桂、湘赣、川渝等省际交界地区合作发展，注重以市场化方式强化地区间经济联系和分工合作。如新型飞地经济合作模式突破通过传统飞地园区作为双方开展产业、技术合作的平台，注重引导欠发达地区在发达地区设置孵化器、研究院等研发机构，主动吸收新技术、承接产业转移，提升自身创新动能；深（圳）汕（尾）特别合作区采取深圳托管、GDP与财税等利益双方共享分成的模式，推动资源要素在空间上优化配置。

3. 基本公共服务均等化机制

以养老、医疗、教育等民生需求领域为重点，顺应城镇化发展方向和人口流动趋势，完善企业职工基本养老保险基金中央调剂制度，不断提高基本医疗保险统筹层级，增加中央财政对义务教育转移支付规模，建立医疗卫生、劳动就业等基本公共服务跨城乡跨区域流转衔接制度，研究制定跨省转移接续具体办法和配套措施，加大对“三区三州”等深度贫困地区和集中连片特困地区的支持力度，强化跨区域基本公共服务统筹合作。

4. 区际利益补偿机制

以多元化横向生态补偿、粮食主产区与主销区之间利益补偿、资源输出地与输入地之间利益平衡、碳排放权和排污权及水权等资源权属交易等机制为重点，在补偿主体、补偿标准、补偿方式及相关价格改革等配套条件方面统筹推进和探索试验，不断完善区域协调发展的长效机制。重点鼓励生态受益地区与生态保护地区、流域下游与流域上游通过资金补偿、对口协作等方式建立横向补偿关系，粮食主销区通过在主产区建设加工园区、优质商品粮基地和创新产销区储备合作机制等方式开展产销协作，完善煤炭、石油、天然气、水能、风能等资源集约节约利用和可持续发展的资源价格形成机制，促进经济空间布局不断优化，推动“精明增长”和绿色发展。

四、区域协调发展面临的形势分析

国际金融危机以来，随着我国发展进入增速换挡、结构优化、动力转换的经济新常态，在市场配置资源机制的作用下，经济增速出现“换道超车”省市的轮动领先，四大板块间、板块内部间、南北方间出现较为明显的分化现象。

（一）四大板块发展分化

近年我国四大板块发展的突出特点是：东北陷入低速增长，西部速度领先优势弱化，东部地区增速放缓，中部增速维持较高水平。改革开放以来，东部地区一直是全国经济增长的“火车头”，2007 年后率先进入转型期，经济增速放缓，随着中美贸易摩擦不确定性增加，有可能面临再次减速的风险。2008—2012 年，中西部和东北地区经济增速连续 5 年超过东部地区，显示出强劲增长势头，到 2013 年东北经济明显回落，这一追赶态势终结。2017 年以来，西部的内蒙古、甘肃、新疆、宁夏等北方省份增速下滑，重庆退出领跑全国的第一方阵，西部地区的增速优势不断弱化。东北的辽宁企稳回升迹象增多，吉林底部仍未探明，黑龙江则面临二次衰退的风险。中部六省自 2013

年以来，经济增速一直保持在 8.0%左右，2018 年增长 7.8%①，增速跃居四大板块之首，四大板块之间已经形成了迥异的增长格局。

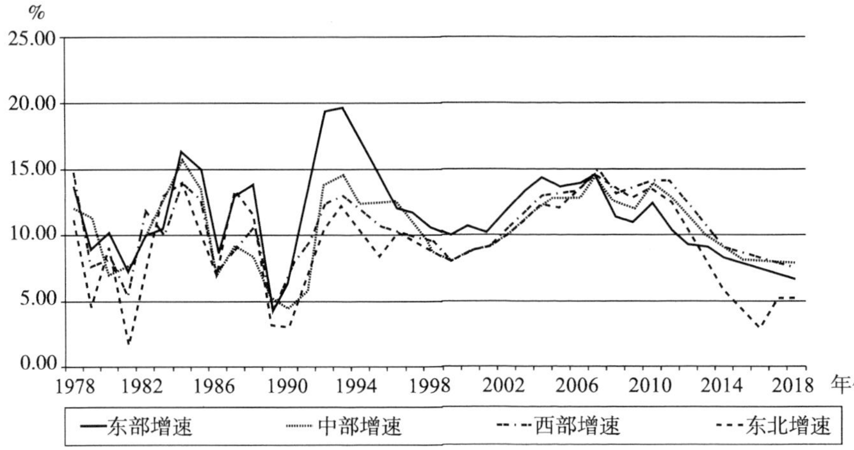

图 2-11　四大板块经济增速

（二）板块内部个体分化

人口净流入量②是人们用脚对一个区域经济社会发展及预期的投票，更能准确地反映经济、社会、生态、民生等综合情况。从“十二五”和“十三五”前三年年均人口净流量与经济增速看，板块内部轮动现象明显，广东、浙江替代天津引领东部地区经济发展，山东代替河南成为人口流出第一大省，贵州接棒重庆展现出“换道超车”的迅猛势头，东北三省人口流出规模持续加大。

1. 中部地区

山西受资源型产业拖累，经济增速明显落后于其他 5 省；河南人口净流出量持续降低，由“十二五”时期年均 35.93 万人降至“十三五”前三年年均 12.56 万人；安徽人口由净流出转为净流入，总体表现好于其他 5 省。

2. 东部地区

“十二五”时期，天津表现抢眼，年均经济增速高于全国 4.51 个百分点、年均人口流入 46.83 万人，上海、北京虽然也有人口大量流入，但经济增速分

---

① 各板块的经济增速为加权经济增速，即以当年经济总量为权重系数的各省（市、区）增速之和。下同。

② 本书中人口流入量为实际增长人口与理论增长人口的差值，测算公式为：（第 i 年末常住人口−第 $i-1$ 年末常住人口）−（第 $i-1$ 年末常住人口+第 i 年末常住人口）/2×第 i 年人口自然增长率。

别低于全国平均水平 0.42 个、0.33 个百分点。“十三五”前三年，天津增势衰减，经济增速低全国 1.28 个百分点，人口净流入量接近于 0；山东发展压力加大，成为全国人口净流出最大省份，年均净流出 23.12 万人，经济增速仅高于全国 0.42 个百分点；而广东、浙江率先转型的优势显现，年均人口净流入分别为 73.81 万人和 33.18 万人，经济增速分别高于全国 0.58 个、0.77 个百分点。

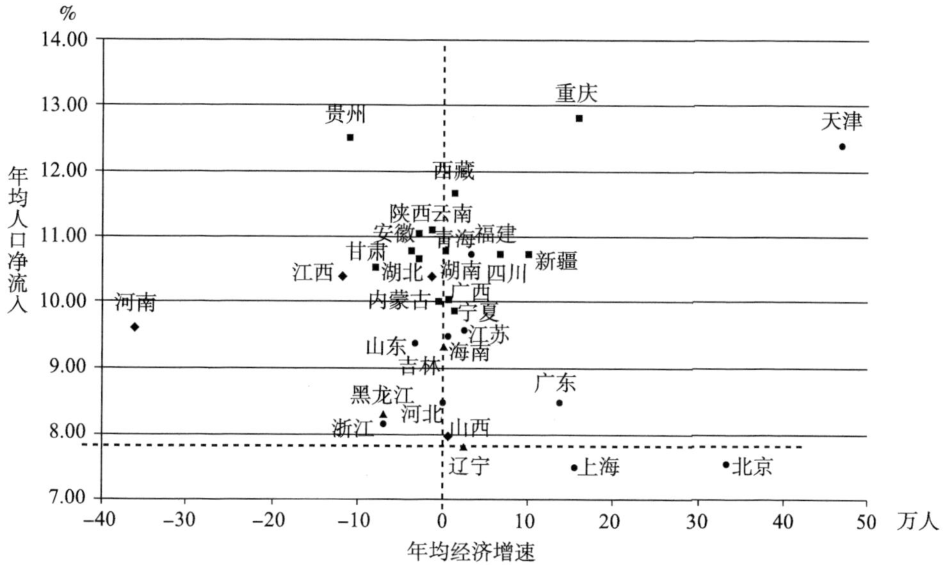

图 2-12 “十二五”各地年均经济增速与人口净流入分布

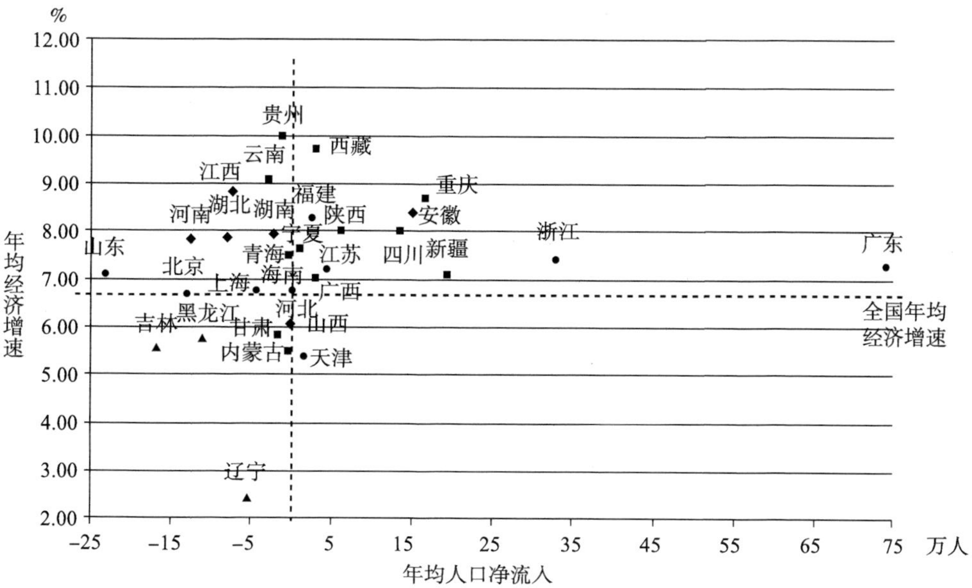

图 2-13 2016—2018 年各地年均经济增速与人口净流入分布

3. 西部地区

重庆、四川、新疆人口持续流入，贵州由“十二五”期间年均净流出10.99万人降至“十三五”前三年的1.05万人，经济增速也替代重庆成为西部地区的龙头；甘肃、内蒙古与其他西部省份的差距越拉越大。

（三）区域差距由“东西落差”转为“南升北降”

2013年开始，经济增长“南快北慢”，经济总量占比“南升北降”，区域发展不平衡由东西差异为主转为南北差异为主。

从经济总量来看，东部省份占比与西部省份①经济体量占比的差距逐步扩大，于2005年达到历史峰值65.78个百分点，随后逐步收窄至2018年的59.70个百分点。而南方省份与北方省份②经济体量占比的差距，1993—2008年保持在13.7~15.7个百分点，随后逐步扩大至2018年的23.04个百分点；2018年北方经济总量占全国的38.5%，为1978年以来的历史最低值。

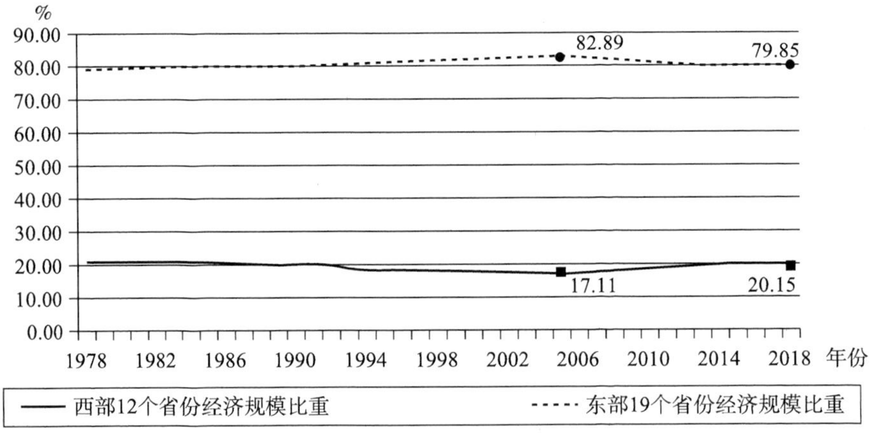

图2-14　东部—西部省份经济体量占比

---

① 东部包括北京、天津、河北、山东、江苏等19个省（市、区），西部包括陕西、四川、云南、贵州、广西等12个省（市、区）。

② 南方包括上海、江苏、浙江、安徽、福建等16个省（市、区），北方包括北京、天津、河北、江西、内蒙古等15个省（市、区）。

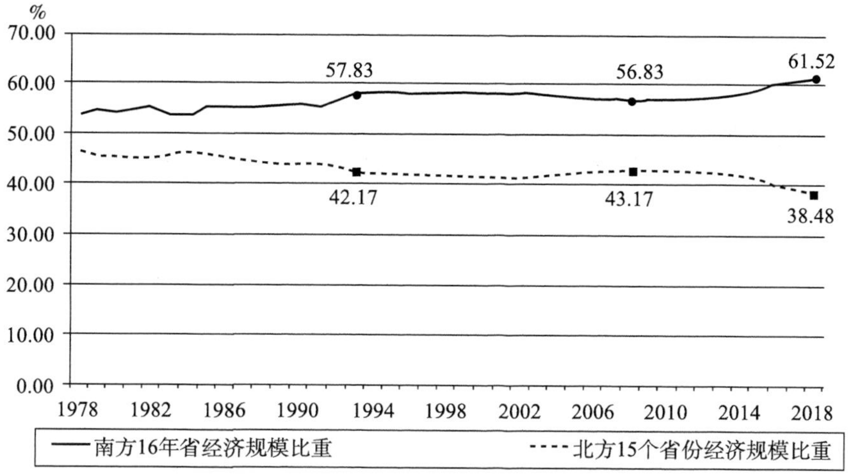

图 2-15　南方—北方省份经济体量占比

从经济增速来看，1996 年为分水岭，之前东部省份经济增速高于西部省份，之后发生逆转，且东部和西部经济增速差距不断收窄，从 2011 年的 4. 90 个百分点收窄至 2018 年的 1. 91 个百分点。2013 年开始，南方省份的总体增长速度开始超过北方，一直持续至今并且差距不断扩大，南北方的增速差距由 2013 年的 0. 42 个百分点扩大到 2018 年的 1. 02 个百分点。

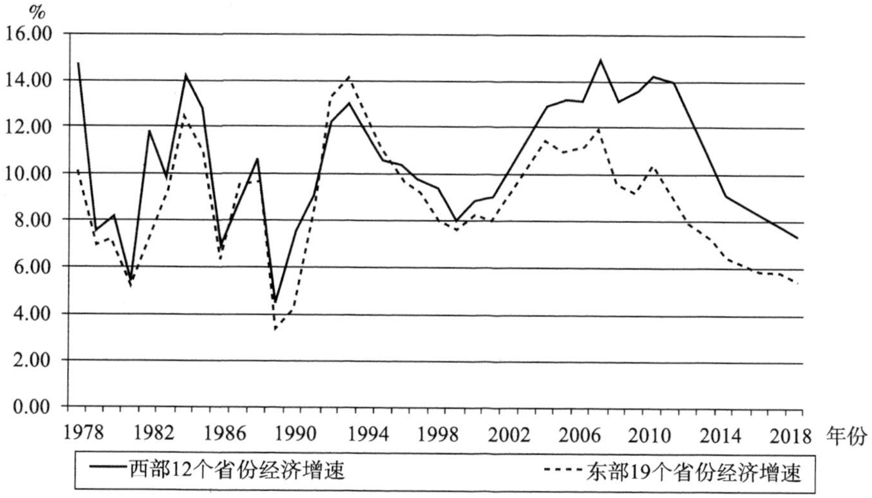

图 2-16　东部—西部省份经济增速

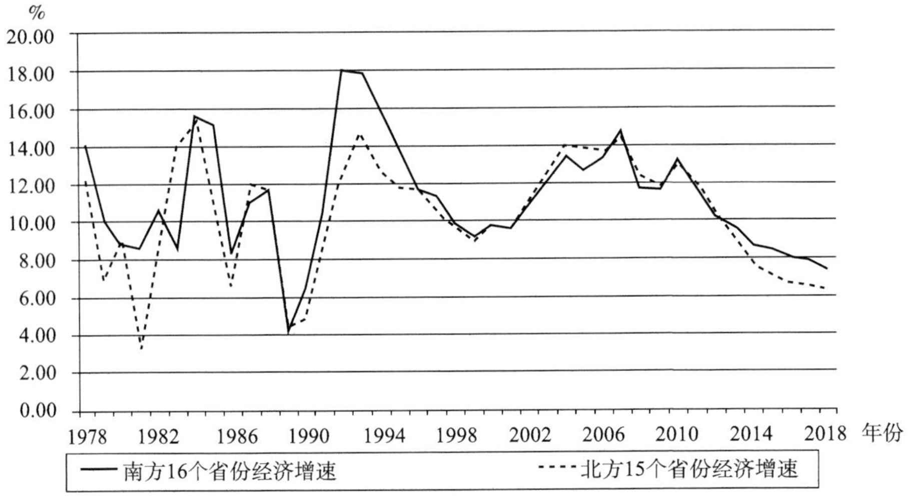

图 2-17　南方—北方省份经济增速

从人口流动来看，人口持续向东南沿海地区和大城市迁徙，“十三五”前三年年均人口净流入超 10 万人的六省中南方占 5 席，一些地区资源环境承载力超载问题逐步显现，产业发展普遍面临更趋严格的环境资源约束。

表 2-1　全国各省（市、区）人口年均净流入量估测　　单位：万人

省份	“十二五”期间	“十三五”前三年	省份	“十二五”期间	“十三五”前三年
广东	13.67	73.81	海南	0.58	-0.08
浙江	-7.13	33.18	内蒙古	-0.41	-0.31
新疆	10.18	19.32	贵州	-10.99	-1.05
重庆	15.52	16.26	甘肃	-7.82	-1.77
安徽	-3.59	15.00	湖南	-1.42	-2.12
四川	6.67	13.21	云南	-1.33	-3.20
陕西	-2.78	6.32	上海	15.48	-4.10
江苏	2.53	4.23	辽宁	2.29	-5.34
西藏	1.36	3.01	江西	-11.47	-7.03
广西	0.30	2.90	湖北	-3.09	-8.01
福建	3.06	2.75	黑龙江	-6.83	-10.96
天津	46.83	1.27	河南	-35.93	-12.56
宁夏	1.37	0.99	北京	32.96	-13.06
青海	0.29	0.00	吉林	-0.08	-16.94
河北	-0.08	0.00	山东	-3.24	-23.12
山西	0.37	0.00			

从具体阶段来看，2008—2012 年，全国经济增速放缓 4.3 个百分点，其中 2.7 个百分点是东南沿海经济大省（市）导致的，1.6 个百分点是北方省份导致的；2013—2017 年，全国经济放缓 3.0 个百分点，其中北方负向拉动全国 5.0 个百分点，南方正向推动 2.0 个百分点，表现为南方经济已经基本企稳，而北方地区仍在快速下滑，且有区域扩散的苗头。

第三章

河南及中部地区在区域协调发展全局中的方位分析

随着“中部崛起”战略实施，中部地区经济综合实力大幅提升，新型城镇化步伐加快，人民生活水平大幅提高，生态环境质量总体改善，全方位开放格局基本形成，“一中心四区”（全国重要先进制造业中心、全国新型城镇化重点区、全国现代农业发展核心区、全国生态文明建设示范区、全方位开放重要支撑区）建设取得了显著成效，一些关键领域在全国已处于领先地位，在区域协调发展大局中的地位作用更显重要。

一、中部地区在全国区域协调发展大局中的地位作用分析

在当前外部环境发生明显变化，不稳定、不确定因素明显增多的情况下，促进中部地区崛起对于推动形成东中西区域良性互动协调发展、构建全国统一大市场、保持经济持续健康发展均具有十分重要的现实意义。

（一）促进区域协调发展的枢纽作用更加凸显

中部地区具有北接京津冀、东承长三角、南连珠三角的区位优势，可以便捷地承接东部、南部地区产业与技术外溢和西部地区资源，有效带动周边和西部地区发展，是东部产业转移、西部资源输出、南北经贸交流的桥梁和纽带，在促进南北经济融合、东中西互联互通方面发挥着重要作用。特别是随着近年来交通基础设施加快建设，中部地区在全国高速公路网、大能力铁路网、高速铁路网中的枢纽地位逐步提升，为落实缩小区域协调发展尺度空间、培育发展都市圈等战略导向起到了不可替代的作用。

（1）铁路方面：2018 年，中部地区营运里程达 2. 89 万千米，占全国的 22. 1%，其中高速铁路 7661 千米，占全国的 26. 4%，初步形成了郑州、武汉的双米字形 12 向高铁网络，合肥米字形高铁网络正在加快建设。

（2）公路方面：通车里程达 145. 5 万千米，占全国的 28. 6%，其中高速公路 35118 千米，占全国的 25. 7%，每百平方公里铁路达到 2. 7 千米、公路 141 千米、高速公路 3. 42 千米，远高于全国铁路 1. 3 千米、公路 53 千米、高速公路 1. 4 千米的水平。

（3）水运方面：长江黄金水道中上游瓶颈有效缓解，淮河沙颍河航道加快建设，沿线港口布局不断优化、功能持续提升。

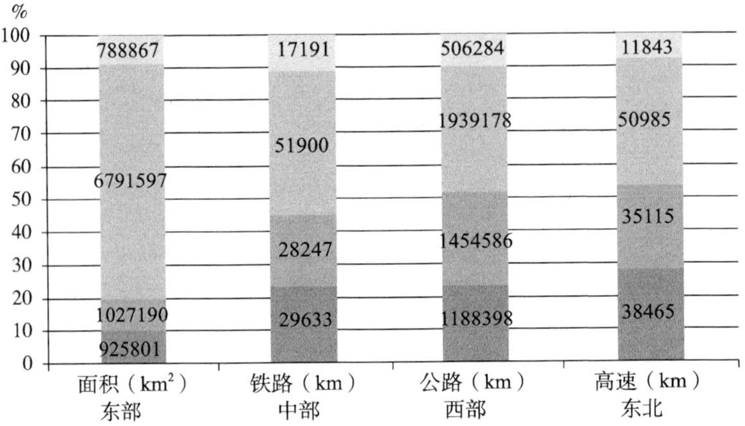

图 3-1　2018 年四大板块公路铁路通车里程

（4）航空方面：全国 31 个省会城市和直辖市的 33 个机场（北京、上海双机场）中，郑州新郑机场、武汉天河机场、长沙黄花机场、南昌昌北机场、合肥新桥机场、太原武宿机场，2018 年货邮吞吐量分别达到 51.4 万吨（第 6 位）、22.1 万吨（第 12 位）、15.5 万吨（第 15 位）、8.26 万吨、6.98 万吨、5.3 万吨；2001—2018 年年均分别增长 21.43%（第 2 位）、9.9%（第 20 位）、12.7%（第 9 位）、15.01%（第 5 位）、11.91%、0.25%；客运吞吐量分别为 2733 万人次（第 11 位）、2450 万人次（第 13 位）、2527 万人次（第 12 位）、1352 万人次、1111 万人次、1359 万人次，2001—2018 年年均分别增长 18.51%（第 9 位）、13.74%（第 24 位）、15.39%（第 20 位）、17.40%（第 12 位）、17.69%、20.38%（第 7 位）。

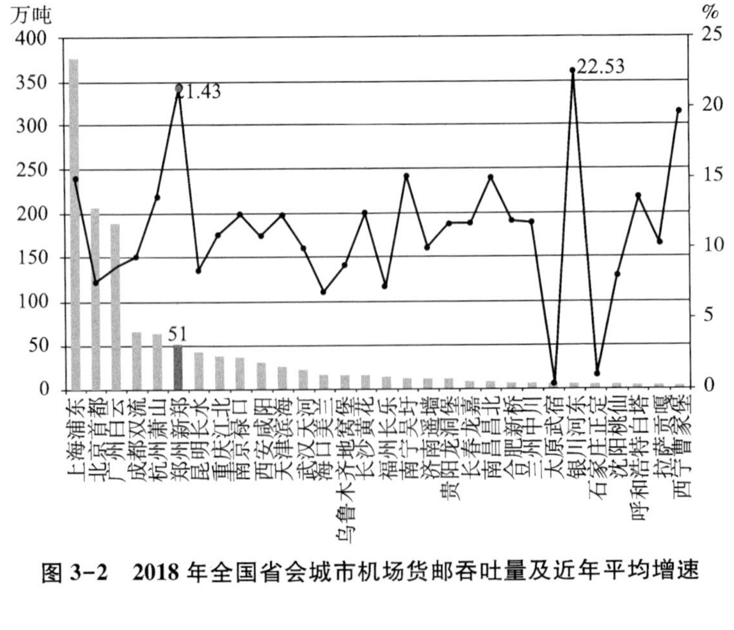

图 3-2　2018 年全国省会城市机场货邮吞吐量及近年平均增速

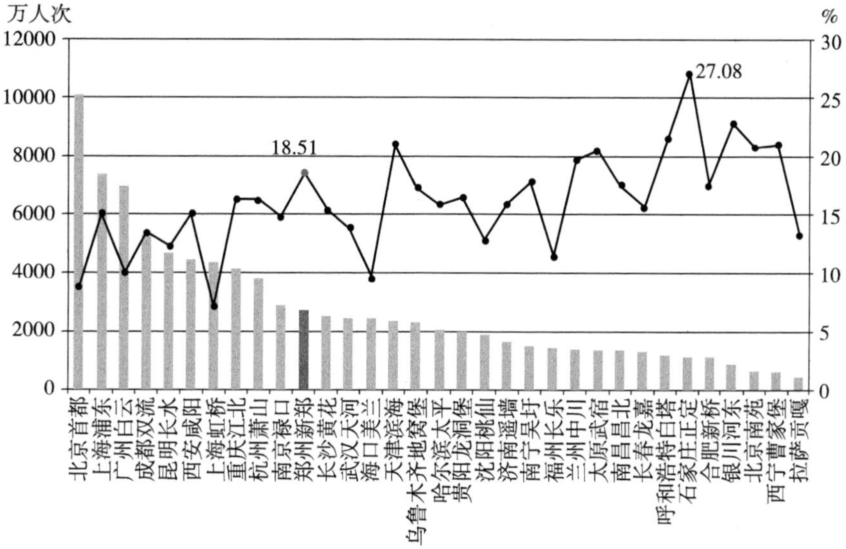

图 3-3　2018 年全国省会城市机场客运吞吐量及近年平均增速

（二）打造强大国内市场的重要作用更加凸显

习近平总书记明确指出，中国近 14 亿人口的大市场必将成为世界经济的增长之源、活力之源，更是一种重要的战略之源。

1. 国内消费市场基数大

2018 年中部地区总人口为 3.71 亿，占全国的 26.6%，中高收入群体和高收入群体占比较大，休闲需求和消费能力日益增强并出现多元化趋势，已经形成庞大的消费市场。

（1）从收入水平来看，居民收入与全国平均水平的差距逐步收窄。2018 年，中部地区城乡一体化居民可支配收入 44169.23 元，达到全国平均水平的 90.92%，比 2013 年提高了 6.91 个百分点；比 2013 年名义提升了 61.8%，多出同期全国和东部地区平均水平 7.68 个、7.41 个百分点。

（2）从消费规模来看，中部地区社会零售总额持续上升。2018 年中部地区消费品零售总额 8.16 万亿元，占全国的 21.64%，比 2000 年提高了 1.82 个百分点；社会零售总额同比增长 10.45%，分别高于同期全国 1.47 个、东部 2.26 个、西部 1.16 个、东北 4.33 个百分点。2000—2018 年中部地区平均增速为 12.4%，分别高于全国 1.14 个、东部 1.57 个、西部 0.34 个、东北 1.8 个百分点。

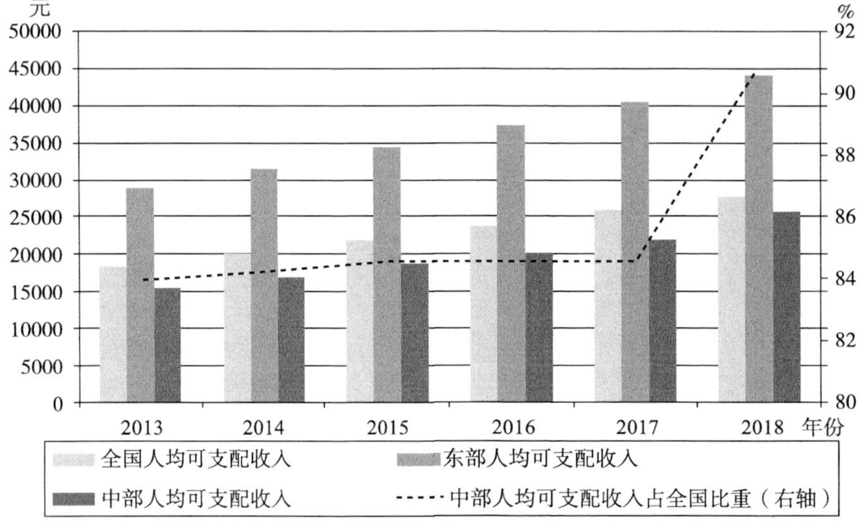

图 3-4　2013—2018 年城乡一体化居民可支配收入

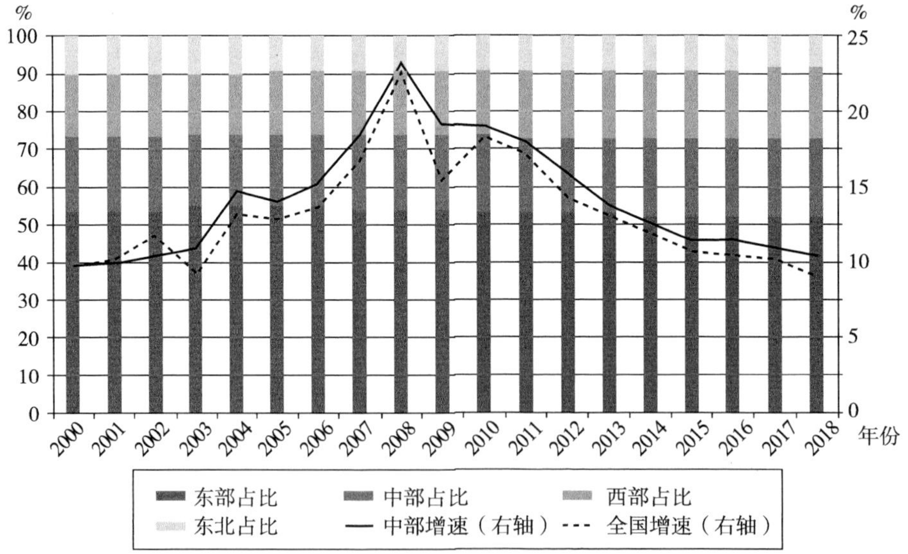

图 3-5　各区域社会消费品零售总额占比

2. 消费市场增长空间潜力巨大

2018 年中部地区总人口 3.71 亿人，人均 GDP 约合 7800 美元，为全球平均水平的 70%；城镇化率为 55.6%，比 2003 年提高了 19.8 个百分点，年均提升 1.32 个百分点，与全国城镇化率差距由 7.39 个百分点缩小到 3.98 个百分点。如按到 2035 年基本实现现代化的目标，人均 GDP 达到 2 万美元，城镇化率达到70%以上，意味着中部将有5500多万人口由农民转为市民，创造出比从事农业生产更多的价值，也将拉动5.5万亿元城市基础设施投资。同时，鉴于人均收入未来将提升2.5倍，再加上5500多万新转为城镇人口的消费增量（1个城镇人口的消费相当于3个农村人口的消费），中部地区总体消费能力将在现有基础上提升3倍左右。

（三）资源要素供应保障的支撑作用更加凸显

按照到2035年基本实现现代化的既定目标，我国对能源资源要素的需求总量将持续扩大，需求结构和需求层次将不断提升，中部地区在保障资源要素方面将发挥越来越重要的作用。

1. 中部地区是延缓我国老龄化急剧加深进程的重要力量

由于计划生育政策和人民生活水平的提升，医学水平进步导致生育率逐步下降、平均寿命提高，我国65岁及以上人口比重于2000年达到7%老龄化社会水平，2018年迅速上升至11.9%，超过国际标准10%的超老龄化社会水平，预计到2035年将超过25%。2000—2018年，我国60周岁以上人口从1.26亿增加到2.49亿，人口占比从10.2%上升到17.9%；预计到2022年将突破2.6亿、占20%左右，进入中度老龄化阶段；到2035年将达到4.2亿、占比超过30%，进入重度老龄化阶段；到2050年将接近5亿、占35%左右（联合国预计为36.5%）。延缓老龄化进程、优化人口年龄结构的根本性措施就是提升生育率，增加新出生人口。2010—2018年，中部六省出生率保持在12.8‰，比全国高0.3个千分点。2018年，中部六省共新出生455万人，占全国新出生人口的29.88%，占比较2010年提高了4.49个百分点。

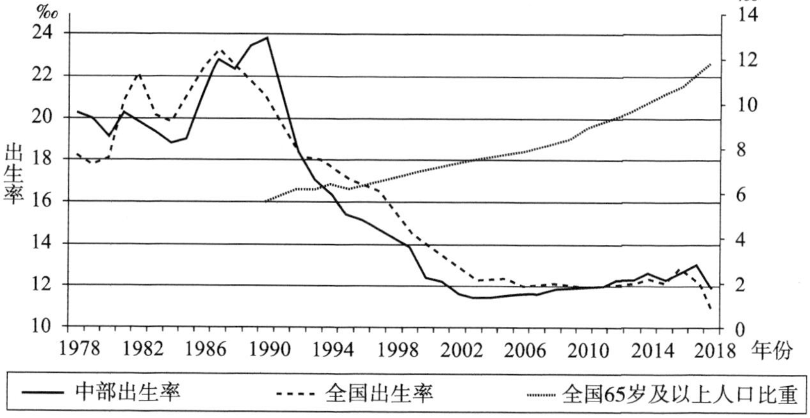

图3-6　中部地区出生率和全国出生率及65岁以上人口比重

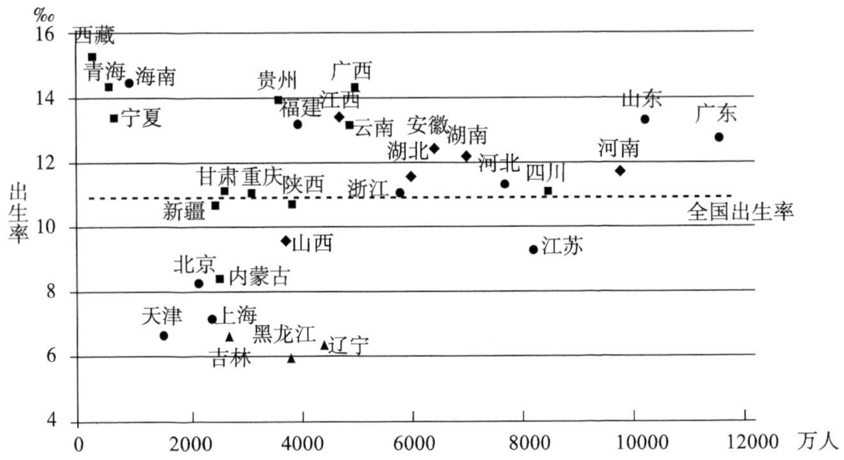

图 3-7 2018 年各地总人口及出生率

同时，教育投入力度持续加大，也为由人力资源数量红利向质量红利转型奠定了坚实的基础。2017 年，中部地区教育经费投入 8453 亿元，占全国教育投入的 21.87%，比 1999 年提高了 1.4 个百分点；人均教育经费 2291 元，为全国平均水平的 82.92%，比 1999 年提高了 10.2 个百分点。

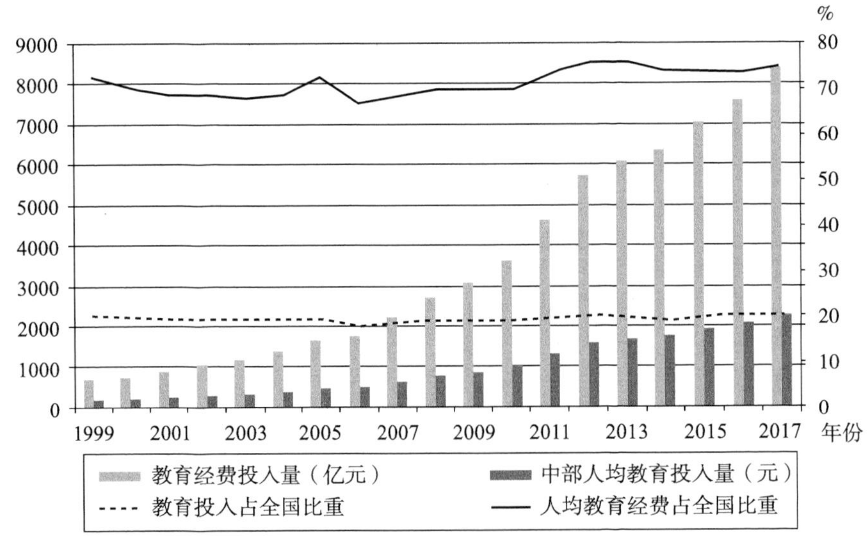

图 3-8 中部地区教育经费投入情况

2. 中部地区是全国重要的能源原材料基地

中部地区地处我国第二阶梯向第三阶梯的过渡带，地形多样，矿产资源丰富，固体矿产产值占全国的40%以上。2016年中部地区铜矿、铝土矿、硫铁矿、磷矿、煤炭储量分别为890.64万吨、29345万吨、34967.8万吨、11.29亿吨、1097.3亿吨，分别占全国的34%、29.1%、27.4%、34.8%、44%。其中，山西是我国重要的能源基地，素有“煤铁之乡”之称，煤、铝等7种矿产储量居全国第1位；河南有钼矿等13种矿产储量居全国第1位；湖南有钨、锡等9种矿产储量居全国第1位；安徽省是矿产品种最全的省份之一；江西则是我国主要的有色、稀有金属、稀土矿产基地。中部地区焦炭产量持续占全国总产量的近1/3，水泥产量占全国1/4以上，粗钢产量占全国的1/5以上。

表3-1　2016年中部六省主要矿产储蓄量及占比

主要矿产		山西	安徽	江西	河南	湖北	湖南	中部地区
铜矿	储蓄量（万吨）	149.2	154.7	475.7	11.58	89.6	9.92	890.6
	全国占比（%）	5.69	5.90	18.15	0.44	3.42	0.38	34.0
铝土矿	储蓄量（万吨）	14205.5	—	—	14325.7	502.9	311.43	29345.6
	全国占比（%）	14.07	—	—	14.19	0.50	0.31	29.07
硫铁矿	储蓄量（万吨）	1058.1	14497.4	8071.2	5953.7	4717.4	670.1	34967.8
	全国占比（%）	14.7	—	—	14.19	0.50	0.31	27.36
磷矿	储蓄量（亿吨）	0.17	0.2	0.62	0.03	10.03	0.24	11.29
	全国占比（%）	0.83	11.34	6.32	4.66	3.69	0.52	34.82
煤炭	储蓄量（亿吨）	916.2	82.4	3.4	85.6	3.2	6.62	1097.3
	全国占比（%）	36.8	3.3	0.1	3.4	0.1	0.3	44.0

3. 中部地区是维护国家粮食安全的重要支撑

近年来，全国粮食产区持续萎缩、粮食调出省持续减少，2003年全国有13个粮食调出省，到2008年减少到8个，到2017年粮食净调出省仅剩黑龙江、吉林、河南、内蒙古、安徽5个，其中中部省份有2个，对保障总书记要求的“保障口粮绝对安全”具有特殊的重要意义。当前，中部地区粮食产量占全国粮食总产量的比重稳定在30%左右，油料等主要农产品产量超过全国的40%。中部地区粮食播种面积从2003年的29052.8千公顷提升到2017年的35036.1千公顷，占全国的29.7%，比东部、西部、东北分别高8.12个、0.6个、10.06个百分点；粮食产量由2003年的12557.2万吨提升至2018年的20089.6万吨，占全国的30.54%，比东部、西部、东北分别高7个、4.85个、10.2个百分点。

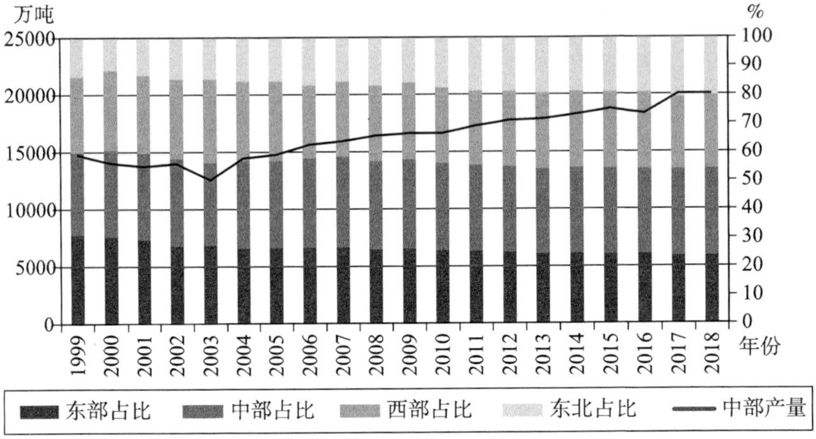

图 3-9　各地区粮食产量及中部地区占比

（四）稳定经济平稳运行的锚定作用更加凸显

中部地区是我国新一轮工业化、城镇化、信息化和农业现代化的重点区域，是扩大内需、提升开放水平最具潜力的区域，也是支撑我国经济保持中高速增长的重要区域，在全国区域发展格局中具有重要的回旋空间和战略锚定作用。

1. 经济体量占比持续回升

"中部崛起"战略实施以来，中部地区增速持续高于东部，2010 年超过东北，2017 年超过西部地区，成为中国经济企稳回升的主力。2007—2018 年，中部平均增速 10.22%，分别高于全国 2.12 个、东部 1.05 个、东北 1.69 个百分点；2017 年和 2018 年，分别高于西部地区 0.2 个、0.41 个百分点。经济总量占比也由 2003 年 18.54%的历史低点逐步上升至 2018 年的 21.06%。

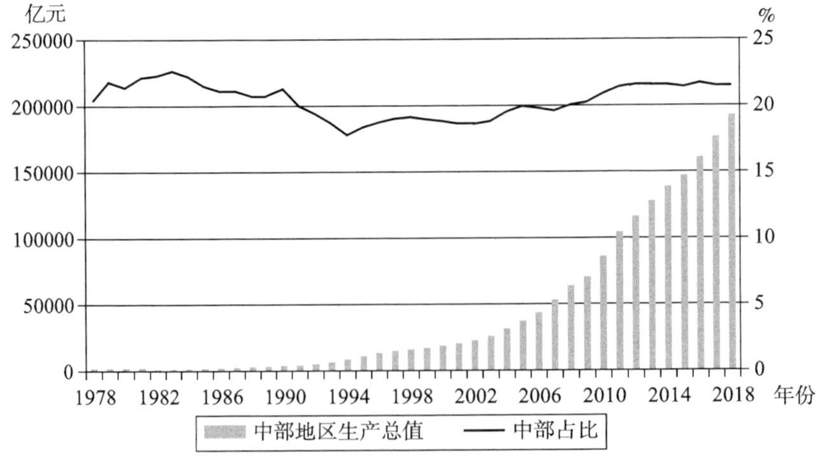

图 3-10　中部地区生产总值及占比

2. 制造业体系完备

目前，各国间的博弈竞争，归根结底是以硬科技、先进制造业为核心的综合实力比拼。中部地区工业基础比较雄厚，产业门类齐全，同时拥有一批在全国具有较大影响力的高等院校和科研院所，推动制造业高质量发展的产业基础、配套体系基础和研发创新基础比较扎实。近年来，在新一代信息技术产业、新型显示、智能家电、先进轨道交通装备、节能与新能源汽车、新材料等领域形成了一定的优势，江西 LED 技术、湖南磁悬浮列车、湖北光通信、安徽智能语音，河南的大中型客车、盾构机、大型拖拉机、特高压装备、智能手机、光电子芯片等为代表的一批高端产品已成为中国制造名片。

3. 经济对外依存度相对较低

2018 年，中部六省进出口金额（按目的地）为 2996.61 亿美元，外贸依存度为 10.29%，低于全国 23.69 个百分点，受外部市场冲击的影响相对较小。由于中美贸易关系的长期性、复杂性、反复性，中部地区在促进全国经济稳定健康发展中的缓释冲击、消解内化、战略回旋的全局性作用愈加重要。

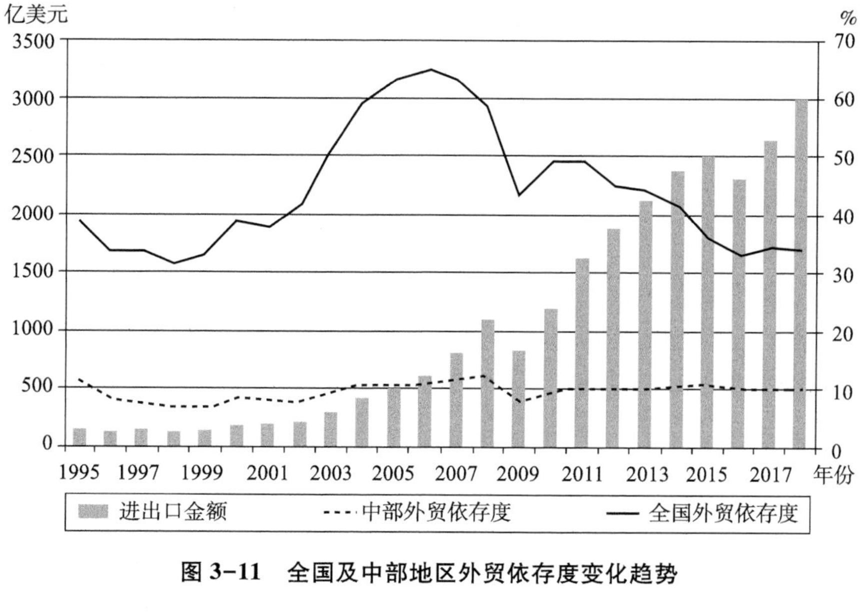

图 3-11　全国及中部地区外贸依存度变化趋势

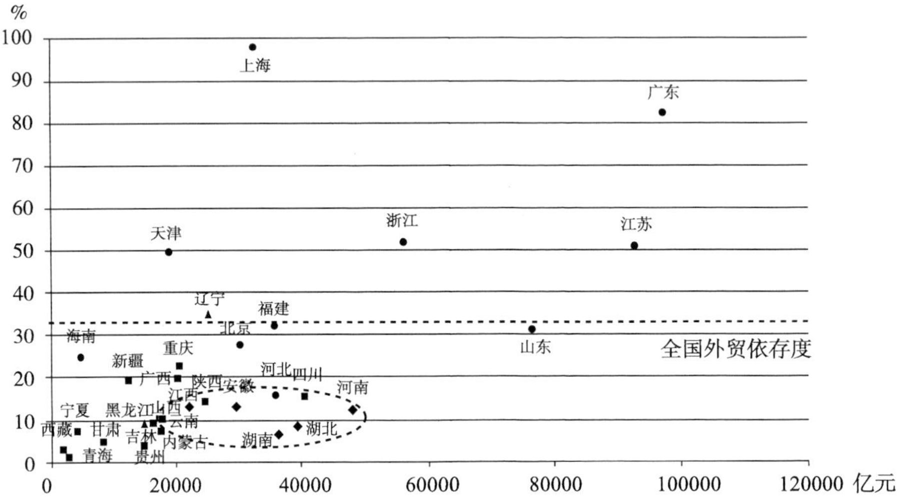

图 3-12　2018 年全国各地进出口金额及外贸依存度

4. 国家级战略规划与战略平台密集布局

近年来，国家将中部地区的部分区域发展战略上升为国家战略，并在区域发展、改革开放、创新驱动等领域设立了多个国家级战略平台和试验示范点，以期为全国改革创新发展探索路径，也为中部决胜全面小康、全面崛起提供了强有力的政策支撑。在战略规划上，粮食生产核心区（2008 年河南）、长株潭城市群（2008 年湖南）、中原经济区（2012 年河南及周边），长江中游城市群（2015 年湖北、湖南、安徽、江西）、中原城市群规划（2016 年河南及周边）、长江三角洲区域一体化发展规划（2019 年安徽）等先后上升为国家战略。在战略平台上，先后获批自主创新示范区 4 个（2009 年武汉东湖、2015 年长株潭、2016 年郑洛新、2016 年合芜蚌），全面改革创新试验区 2 个（2015 年安徽和武汉），国家级新区 2 个（2015 年湖南湘江新区、2016 年江西赣江新区），跨境电子商务综合试验区 4 个（2016 年郑州和 2018 年南昌、武汉、长沙），自由贸易试验区 2 个（2016 年河南和湖北），国家大数据综合试验区（2017 年河南），郑州航空港经济综合实验（2013 年）、长沙临空经济示范区（2017 年）、山西能源革命综合改革试点（2019 年）等国家级战略平台。在区域发展上，国家先后印发晋陕豫黄河金三角区域合作（2014 年）、大别山革命老区振兴（2015 年）、汉江生态经济带（2018 年）、淮河生态经济带（2018 年）等次级区域和特殊地区规划，并支持郑州、武汉建设国家中心城市。

（五）防范化解重大风险的积极作用更加凸显

中部地区坚持防范为先、化解为主，依靠空间广阔的强大市场、不断释放的消费潜力、优势独特的产业基础，在防风险方面发挥着越来越突出的作用。

1. 维护就业形势稳定

当前在我国经济增速放缓、经济结构加快调整的关键时期，中部地区就业的“稳定器”作用尤为重要。2012—2018 年，中部地区新增城镇就业 1500 多万，占同期全国城镇新增就业的 1/4 以上。特别是在中部地区农民工人数众多，一旦沿海地区经济受到外部影响，势必会有大量农民工返回家乡，中部地区维护就业形势稳定的作用更加凸显。2018 年中部地区输出农民工 9538 万人，比上年增加 88 万人，增长 0.9%，占全国农民工总量的 33.1%。中部地区输出的农民工 60.6%为跨省流动，大部分在东部沿海地区就业，省内就业的比重仅为 39.4%。

表 3-2　全国农民工地区分布　　单位：万人

	2017 年	2018 年	增量	增速（%）	跨省流动（%）	省内流动（%）
按输出地分：						
东部地区	10430	10410	-20	-0.2	44.0	56.0
中部地区	9450	9538	88	0.9	17.2	82.8
西部地区	7814	7918	104	1.3	60.6	39.4
东北地区	958	970	12	1.3	49.6	50.4
按输入地分：						
东部地区	15993	15808	-185	-1.2		
中部地区	5912	6051	139	2.4		
西部地区	5754	5993	239	4.2		
东北地区	914	905	-9	-1.0		
其他地区	79	79	0	0.0		

注：其他地区指港、澳、台及国外。

2. 助力防范化解经济重大风险

2018 年，中部地区人民币各项贷款余额占全国比重为 16.4%，比东部地区低 35 个百分点。2017 年中部地区企业的平均资产负债率为 61.87%，低于全国制造业 500 强平均资产负债率，也分别低于东部地区、西部地区和东北地区企业平均资产负债率。与之相对应，西部地区企业资产负债率为66.04%，为四大板块最高值。资产周转率方面，中部地区企业同样明显占据优势，企业的平均资产周转率为1.04次/年，显著高于其他几个地区企业平均资产周转率。其中，西部地区企业平均资产周转率最低0.74次/年，只相当于中部地区企业平均资产周转率的71.13%。

表3-3　2018年各地区人民币各项贷款余额占全国比重　单位：%

年份	中部	东部	西部	东北
2012	14.87	55.11	18.84	6.95
2018	16.35	51.7	20	6.09

3. 维护生态安全

中部地区自然生态本底条件较好，资源环境承载能力较强，通过强化环境建设与治理，推动资源节约集约利用，长江、黄河、淮河和洞庭湖、鄱阳湖等大江大河治理取得积极进展，“南水北调”中线工程水源地得到有效保护，洞庭湖、丹江口库区、抚河等流域水环境综合治理与可持续发展试点成效初显。相较于东部地区，近年来中部六省单位GDP能耗和主要污染物排放总量稳步减少，2017年二氧化硫占全国比例平均比东部地区低12个百分点，氨氮化物低54个百分点，烟尘低62个百分点。

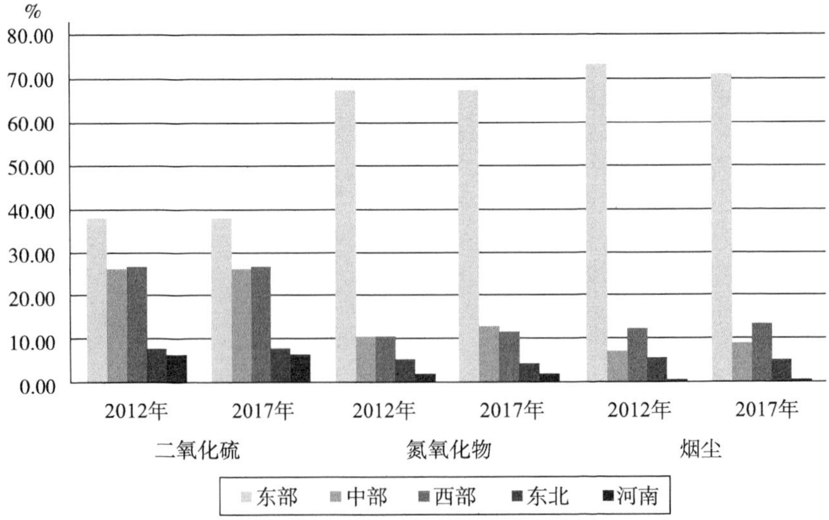

图3-13　各地区空气主要污染物排放量比较

二、河南在全国发展大局中所处方位分析

中部地区由于区位交通、产业结构相对趋同，呈现出“竞争有余、协作不足、分散突围”的趋向和特点。山西倾向于与京津冀的互补合作，安徽已列入长江三角洲一体化发展区域，湖南加强与粤港澳大湾区的合作，赣东与长三角、赣东南与福建、赣南与珠三角的合作意愿相对较强，河南与湖北面临“南北同质竞争、东西合作太远”的窘境。总的来看，中部六省间经济联系协作相对不紧密，更多的是一个战略区、政策区。在这种情况下，需要从全国发展大局中去分析、定位，找准河南的突破方向。

（一）总体快速追赶，追赶势头有相对减速倾向

中部六省在全国 31 个省（区、市）中处于中等平均水平，近年来追赶势头迅猛（山西除外），河南在中部领先的赶超发展势头有被安徽、江西、湖北 3 省取代的苗头。

1. 从发展水平看，河南属全国中等平均水平

中部六省中，2018 年人均 GDP 仅湖北略高于全国平均水平，河南等其他 5 省为全国平均水平的 70%～80%。

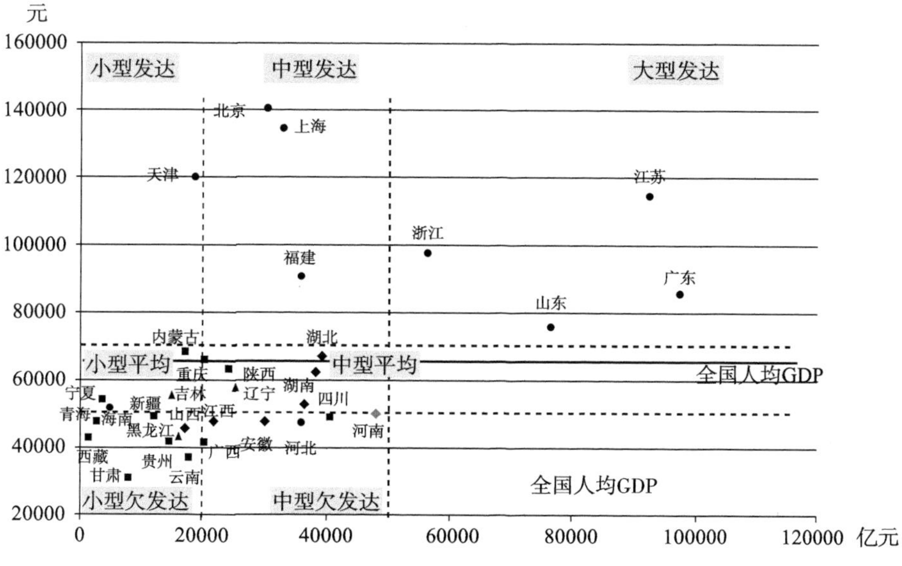

图 3-14　2018 年各地经济实力分布

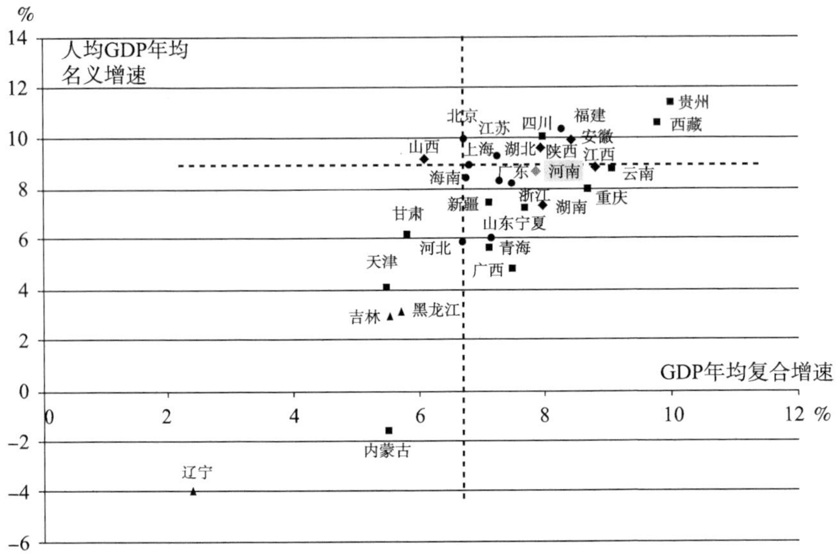

图 3-15　2016—2018 年各地 GDP 与人均 GDP 增速

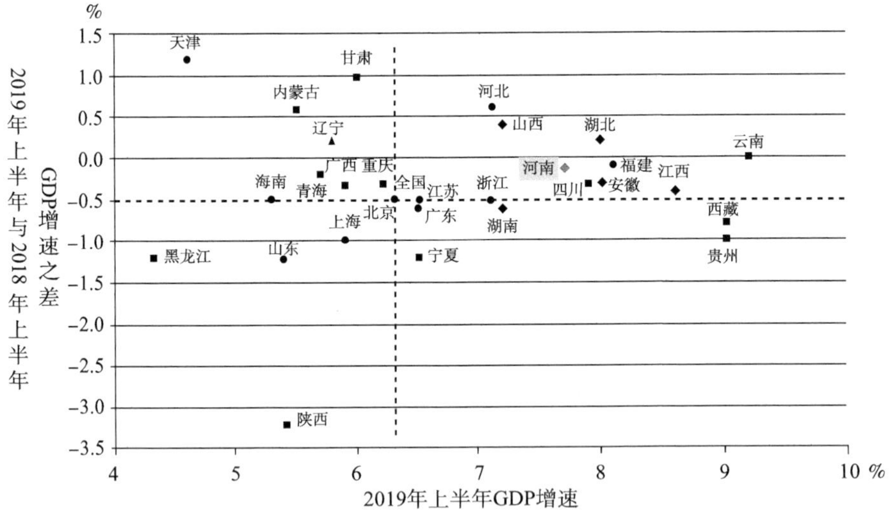

图 3-16　2019 年上半年各地 GDP 增速及变化值

2. 从发展速度看，河南在中部地区的速度领先优势不断弱化

河南近 12 年有 10 年增速低于中部平均水平。“十三五”前三年，河南 GDP 平均增长 7.85%，低江西 0.99 个、安徽 0.54 个百分点；2019 年上半年经济增速同比回落 0.1 个百分点，而湖北逆势上涨了 0.2 个百分点。河南人均 GDP 名义年均增长 8.63%，分别低安徽 1.2 个、湖北 1.0 个百分点。

表 3-4　中部六省经济增速

单位：%

年份	山西	安徽	江西	河南	湖北	湖南	中部	河南与中部增速差
2000	7.70	8.30	8.00	9.50	8.60	9.00	8.72	0.78
2001	8.30	8.60	8.80	9.00	8.90	9.00	8.83	0.17
2002	10.80	8.90	10.50	9.50	9.20	9.00	9.50	0.00
2003	13.20	9.20	13.00	10.70	9.70	9.60	10.62	0.08
2004	14.10	12.50	13.20	13.70	11.20	12.10	12.78	0.92
2005	12.60	11.60	12.80	14.20	12.10	12.20	12.77	1.43
2006	11.80	12.90	12.30	14.40	12.10	12.80	12.98	1.42
2007	15.90	14.17	13.20	14.60	14.60	15.10	14.62	-0.02
2008	8.50	12.67	13.24	12.11	13.40	14.10	12.49	-0.38
2009	5.40	12.95	13.12	10.92	13.50	13.90	11.90	-0.98
2010	13.90	14.60	14.00	12.50	14.80	14.60	13.93	-1.43
2011	13.00	13.50	12.50	11.90	13.80	12.80	12.85	-0.95
2012	10.10	12.10	11.00	10.10	11.30	11.30	10.95	-0.85
2013	8.90	10.40	10.10	9.00	10.10	10.10	9.75	-0.75
2014	4.90	9.20	9.70	8.90	9.70	9.50	8.94	-0.04
2015	3.10	8.71	9.10	8.30	8.85	8.50	8.15	0.15
2016	4.50	8.69	9.00	8.14	8.10	8.00	7.99	0.15
2017	7.10	8.46	8.80	7.80	7.80	8.00	7.99	-0.19
2018	6.70	8.00	8.70	7.60	7.80	7.80	7.79	-0.19

3. 从经济总量比重看，占全国经济总量比重先升后降

1992—2012 年河南占全国经济比重提升了 0.79 个百分点，2012—2018 年降低了 0.16 个百分点；而同期湖北、安徽、江西分别提高了 0.24 个、0.14 个、0.04 个百分点（见图 2-8、图 2-10）。

4. 从人口流动方向看，净流出量大幅下降

河南“十二五”期间年均净流出 35.93 万人（全国第一），“十三五”前三年收窄至 12.56 万人，而安徽实现逆转，由“十二五”期间年均净流出 3.59 万人转变为“十三五”前三年年均净流入 15 万人（见图 2-12、图 2-13）。

5. 从创新发展势头看，创新动能增量未能弥补传统资源要素优势留下的缺口

近年来，河南传统存量加快调整，创新增量尚未形成规模，正处在经济结构、动能结构转换的过渡期、阵痛期。主要表现在：一是创新动力不足。2017 年河南省 R&D 投入强度为全国平均水平的 61.5%，有研发活动的规模以上工业企业仅占 15.7%；规模以上工业企业 R&D 投入占营业收入的 0.59%，中部六省最低，约为湖南的 1.17%、湖北的 1.08%、安徽的 1.01%的半数水平。每万人专利授权量为 5.8 件，远低于浙江 37.8 件、广东 29.8 件、江苏 28.3 件的水平，和安徽、湖北、江西还有一定差距。二是新经济发展还未占据更多的先机。目前，沿海地区代表新动能的重大项目加快布局，而河南技术资本密集、引领带动作用强的标志性项目落地不多，直接影响到未来发展的后劲。就拿具有赢者通吃特点的数字经济来说，河南数字经济规模 2017 年突破 1 万亿元，仍不足广东省的 1/3，居全国第 9 位；数字经济占 GDP 的 24.4%，落后于湖北 33.0%、安徽 26.2%的水平。三是高素质人才缺乏。专科以上人口比例较低，2017 年为 8.7%，低全国 5.2 个百分点；两院院士、“千人计划” 等高端人才数量也与周边省份有很大的差距。

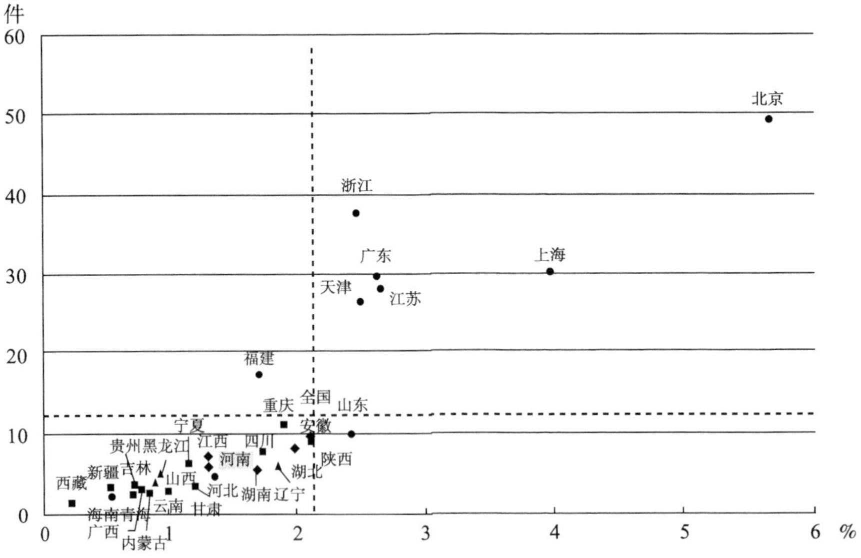

图 3-17　2017 年各地 R&D 经费投入强度与万人授权发明专利数

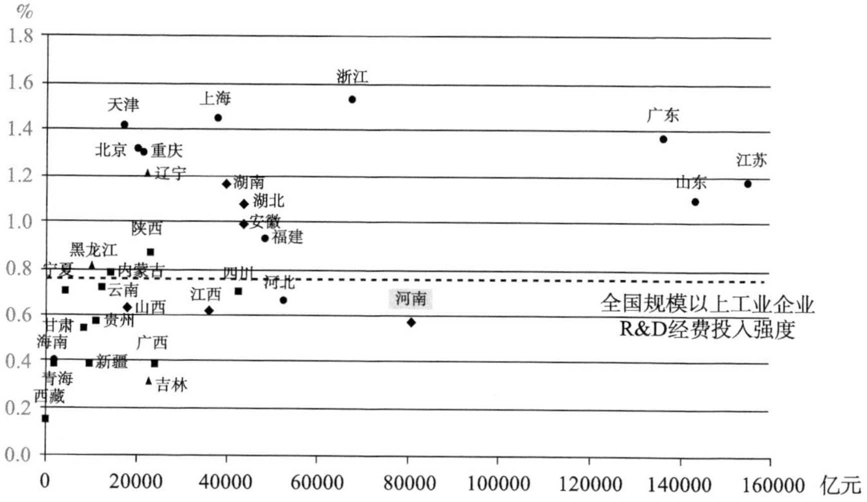

图 3-18 2017 年规模以上工业企业营业收入及研发投入强度

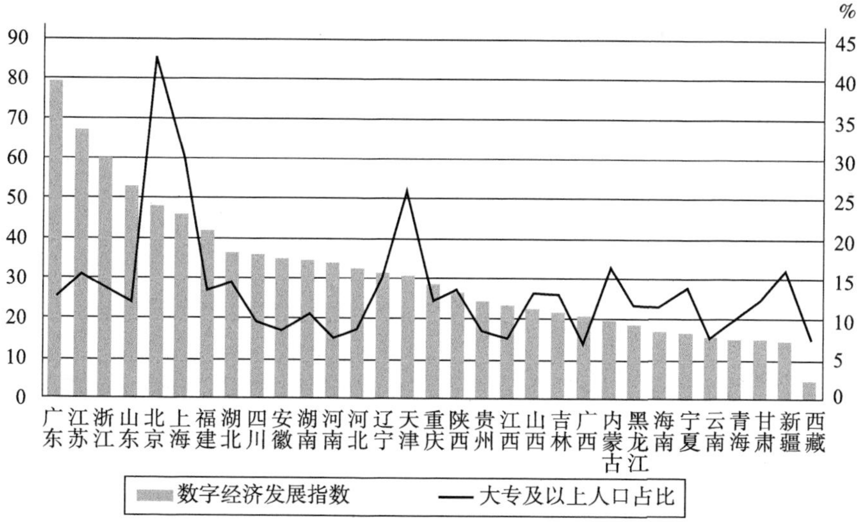

图 3-19 2017 年各地数字经济发展指数与大专及以上人口占比

（二）产业结构优化，工业和物流领域优势弱化苗头显露

中部地区处于工业化中后期，二、三产业快速发展，相较于全国平均水平，总体呈现“一、二产业占比高、贡献率低，三产业占比低、贡献率高，二、三产业增速双高”的发展态势。从中部六省产业发展总体情况来看，安徽、江西发展势头相对较好，湖北、河南、湖南次之，山西触底反弹。河南

"追"与"转"的双重任务不断加重，面临周边区域竞争日趋激烈。

1. 河南的一产占比高、体量大，对经济增长的贡献水平略高于全国

除山西外，中部5省一产占比均高于全国1.2~1.8个百分点。从一产贡献率与存量的比值看，2018年河南一产业对经济增长的贡献率为4.28%、中部六省最高，略高于全国水平，但和西部、东北和海南等农业大省仍有较大差距。

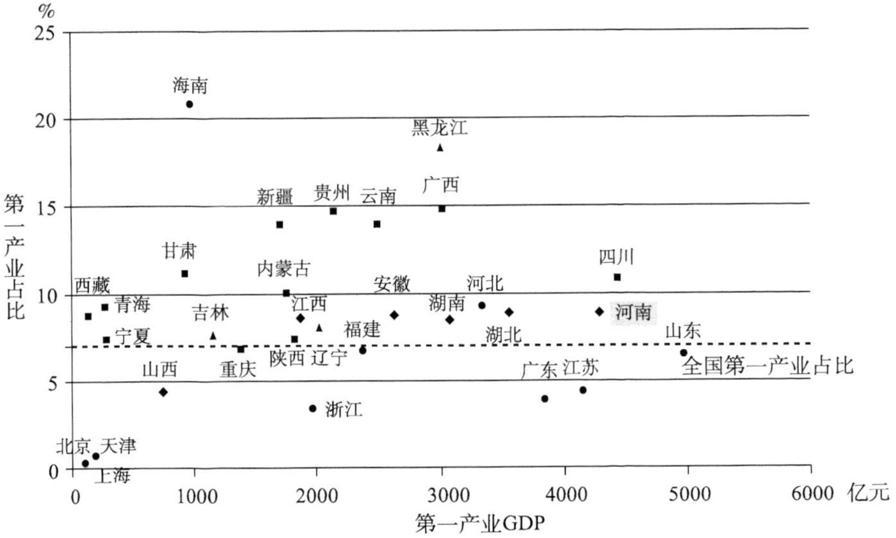

图 3-20　2018 年各地第一产业规模及占比

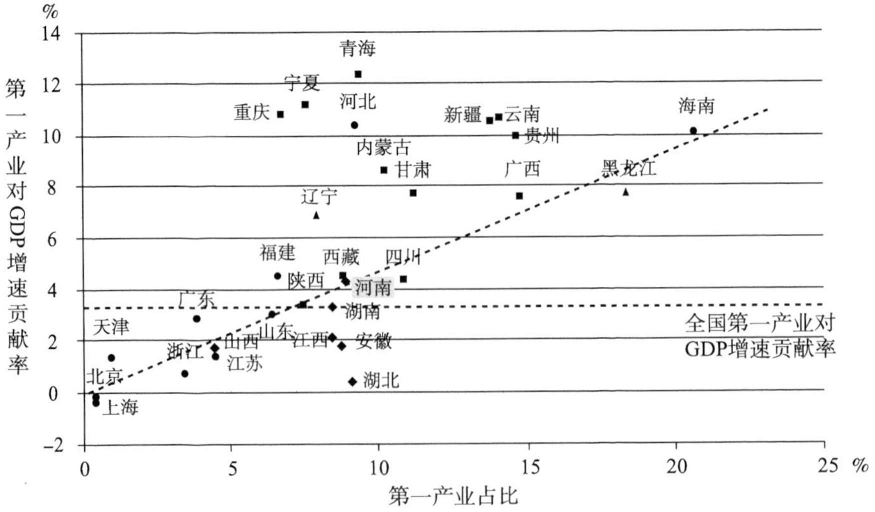

图 3-21　2018 年各地第一产业占比及增速贡献率

2. 河南的二产占比高、体量大，对经济增长的贡献率相对较低

河南、江西、安徽 3 省二产占比约高于全国 6 个百分点。从二产贡献率与存量的比值看，2018 年河南二产对经济增长的贡献率为 26.53%，低于全国 15.28 个、湖北 15.83 个百分点，高于湖南 14.32 个、山西 2.47 个百分点，对经济增长的贡献明显低于其他省份。

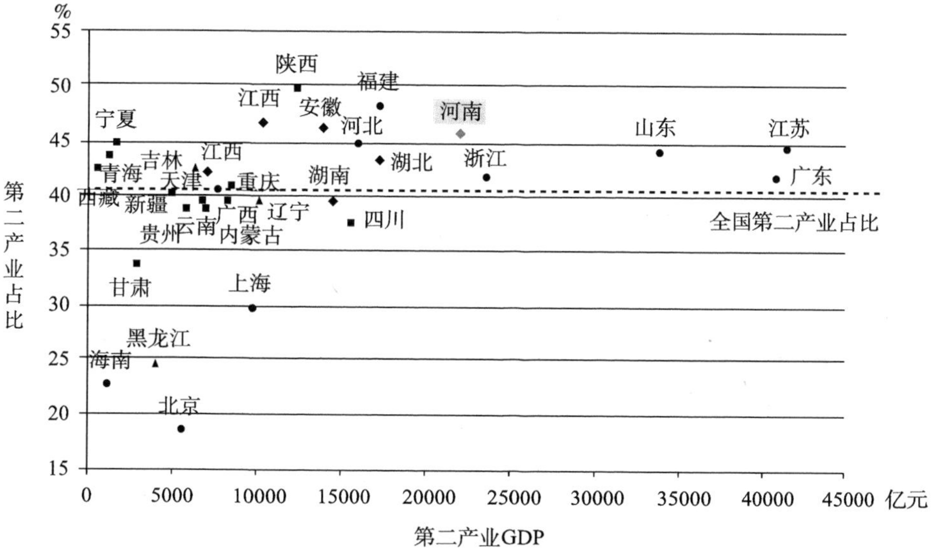

图 3-22　2018 年各地第二产业规模及占比

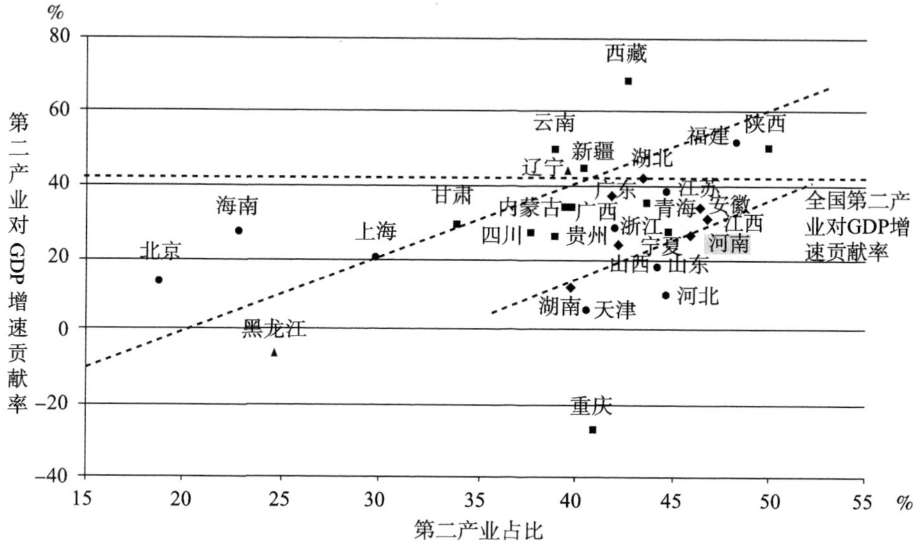

图 3-23　2018 年各地第二产业占比及增速贡献率

3. 河南的三产占比偏低，对经济增长的拉动作用相对较强

河南三产占比较全国水平低 7 个百分点，仍是尚未形成“三二一”产业格局的 5 个省份之一（还有福建、安徽、江西、陕西 4 省）；湖南三产占比与全国水平相当，约高于河南、安徽、江西 7 个百分点。从三产贡献率与存量的比值看，湖南为 84.4%，为中部最高，河南、江西、安徽在 65%左右，湖北为 57.2%，为中部最低。

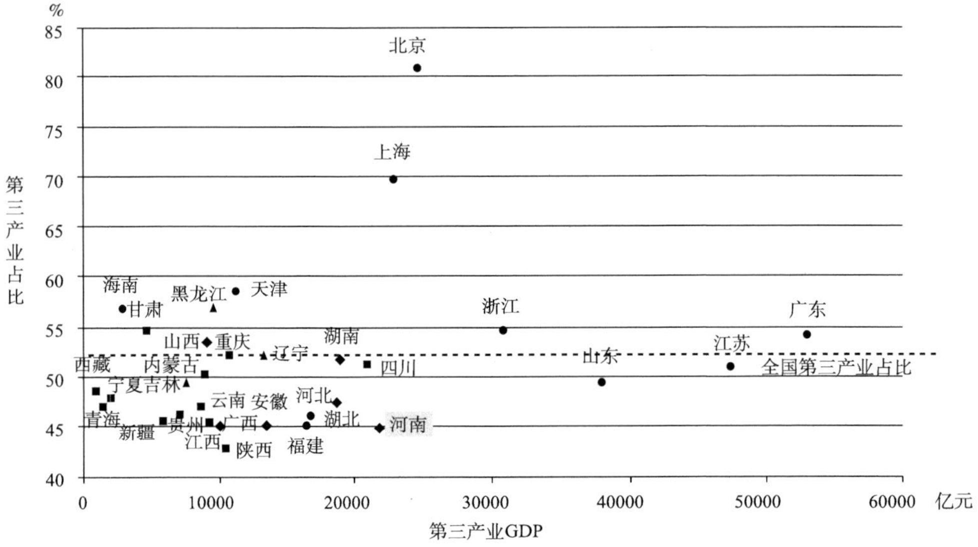

图 3-24　2018 年各地第三产业规模及占比

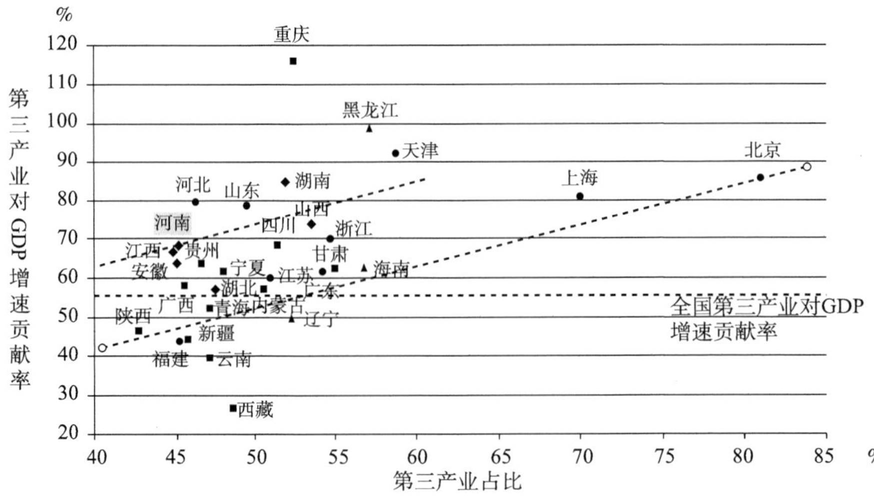

图 3-25　2018 年各地第三产业占比及增速贡献率

4. 河南二三产业齐头并进，双双高于全国平均水平

从 2019 年上半年二、三产业增速看，中部整体优于全国平均水平。河南、安徽、湖北二、三产业齐头推进，二产高出全国 2.5~2.7 个百分点，三产业高出全国 1.2~1.5 个百分点；江西服务业相对提速，高出全国 2.4 个百分点；湖南服务业孕育调整，山西触底趋稳。

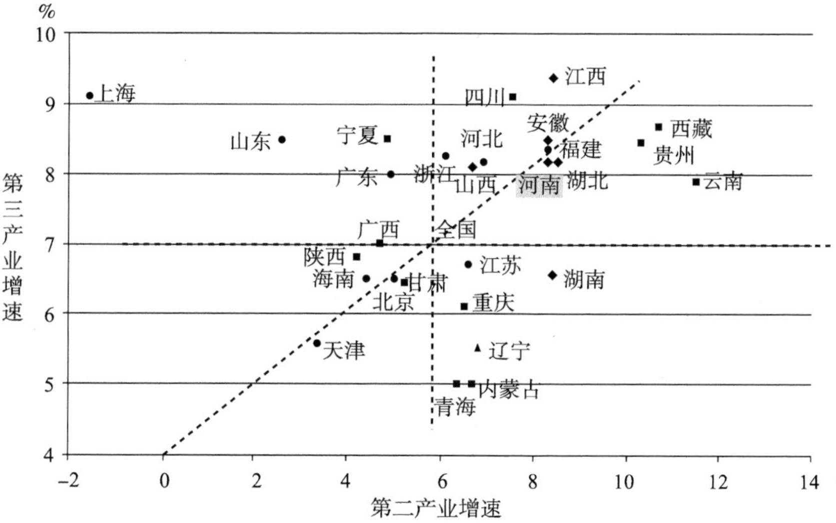

图 3–26　2019 年上半年各地二、三产业增速

5. 河南工业和物流领域投入力度相对较小，可能会减损原有相对比较优势

今天的投入就是明天的产出，特别是处在产业革命和技术变革关键期，投入力度弱化可能会在将来被数倍放大，这意味着一步跟不上，将来可能会步步跟不上。从行业投资与增加值比值看，2017 年河南在工业上的投入力度低于江西、安徽，三省的工业投资分别为增加值的 1.04 倍、1.51 倍、1.19 倍；在交通/仓储/邮政领域的投入力度低于全国平均水平，更低于湖南、安徽、湖北，四省交通/仓储/邮政投资分别为增加值的 1.15 倍、1.41 倍、1.90 倍、2.04 倍。另外，随着武汉、合肥、西安、重庆米字形高铁枢纽形成和长江黄金水道通航能力提升、西部新陆海通道建设，河南在发展航空经济、通道经济、枢纽经济方面将面临更激烈的竞争。

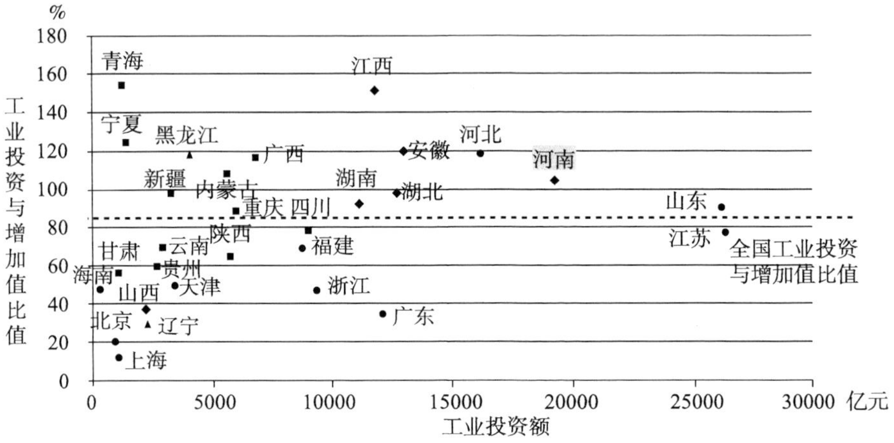

图 3-27　2017 年各地工业投资额及增加值比值

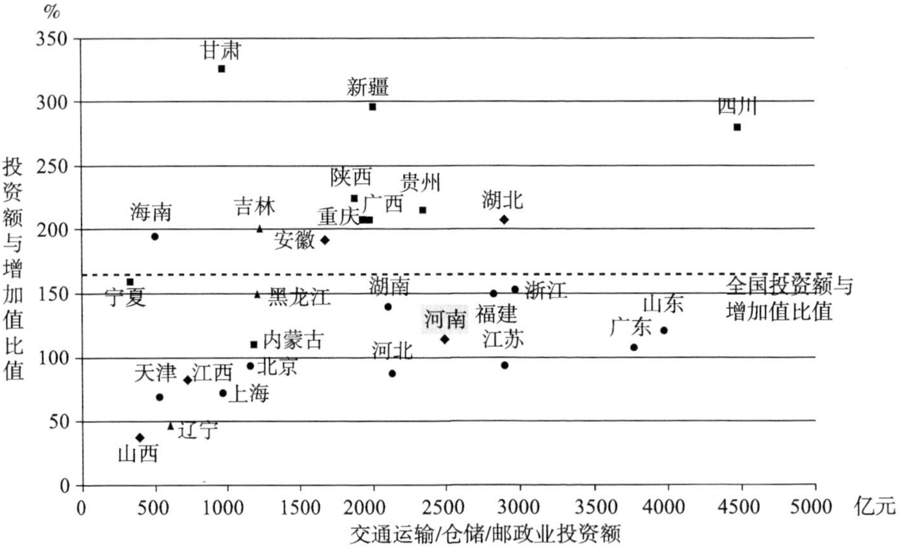

图 3-28　2017 年各地交通/仓储/邮政业投资额及增加值比值

（三）发展动能转换，投资疲软和净流出“拉倒车”仍将长期存在

投资、消费、净流出是拉动经济的三大需求，对于一个国家而言，净流出对应的是净出口；对于一个地区而言，净流出包含国际间和国内区域间货物、服务贸易的净流出量。从 2017 年各地三大需求结构看，整体呈现出“东部流出、中西部流入，东部重消费、中西部重投资”的格局。

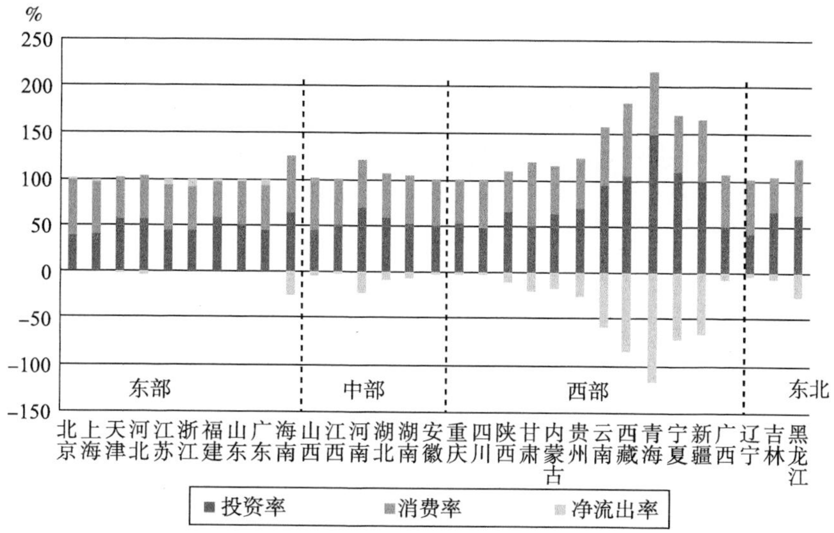

图 3-29　2017 年各地三大需求占比

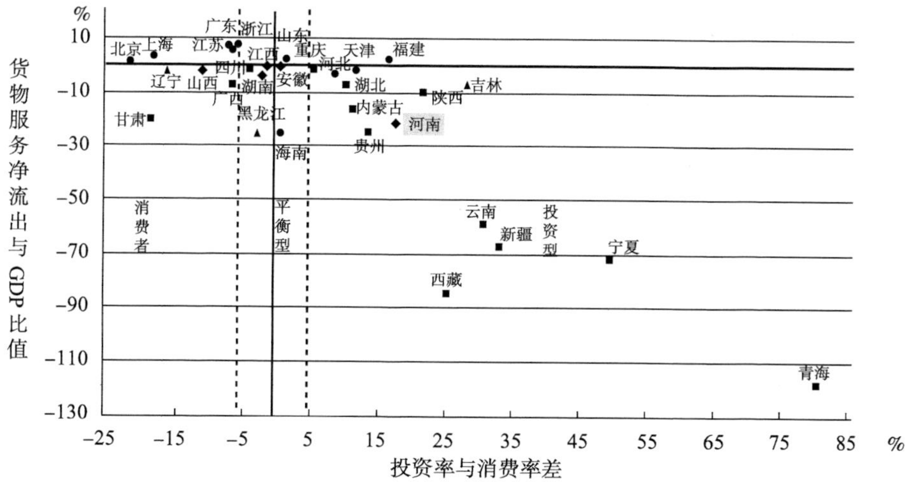

图 3-30　2017 年各地消费率投资率差与净流出率

1. 河南属投资/净流出型经济

如将净流出率大于零划为流出型，小于零划为流入型，那么中部六省均为流出型。如将投资超过消费率 5 个百分点以上的地区划为投资型，−5 个百分点以上的划为消费型，差值在两者之间的划为平衡型，那么河南、湖北为投资型，安徽、江西、湖南为平衡型，山西为消费型。河南的投资率和净流出率在中部均最高，投资率过高将使经济出现大幅波动的概率增加，投资边际效益递减，拉动经济作用减弱，债务风险积累，生态压力加大，同时也会在不同程度上抑制消费需求。要提升投资的近期效率和长远作用，关键就在于优化投资结构，扩大战略性新兴产业、现代服务业和保障改善民生基本公共服务领域的有效投资规模，不断提升投资效率，积蓄发展后劲。

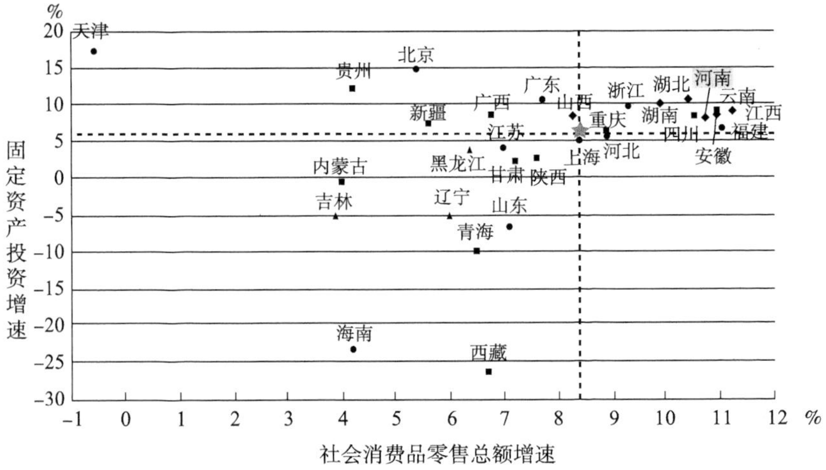

图 3-31　2019 年上半年各地社会消费品零售总额与固定资产投资增速

2. 河南近期消费、投资增速双双高于全国水平，消费发展势头相对优于投资

根据招商银行研究院对 2017 年数据的测算，各地社会消费品零售总额一般为最终消费支出的 0.98 倍，固定资产投资一般为资本形成总额的 1.10 倍，

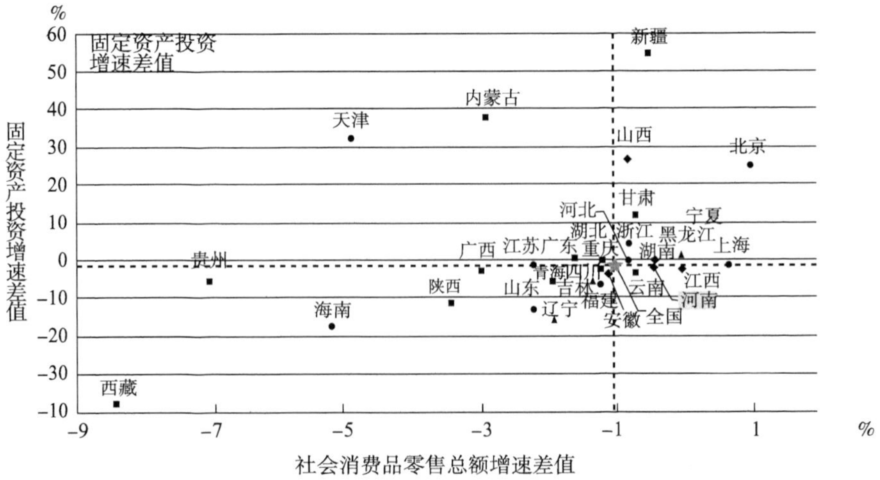

图 3-32　各地社会消费品零售总额与固定资产投资增速同比变化

呈紧密正相关关系，意味着可从这两项指标来观察最终消费支出和资本形成总额的短期变化趋向。2019 年上半年，中部五省（除山西）社会消费品零售总额增速整体高全国 1. 7~2. 8 个百分点，与 2018 年上半年的变化量也整体优于全国平均水平。从河南的情况看，消费社会消费品零售总额增速同比回落 0. 4 个百分点，较全国优 0. 6 个百分点；投资增速同比回落 1. 1 个百分点，劣于全国 0. 9 个百分点，表明消费对河南经济的拉动作用在进一步增强。

3. 河南政府最终消费支出占比稍高

从 2017 年各地最终消费支出构成看，区域间差异相对较小，大多数省市政府最终消费支出占比在 20%~30%，西北、西南地区个别欠发达省份和民族地区高至 30%以上。从中部六省的情况看，河南政府最终消费占比为 26. 37%，高安徽 5. 4 个、江西 4. 3 个百分点，表明在挖掘居民消费领域还有较大的潜力。

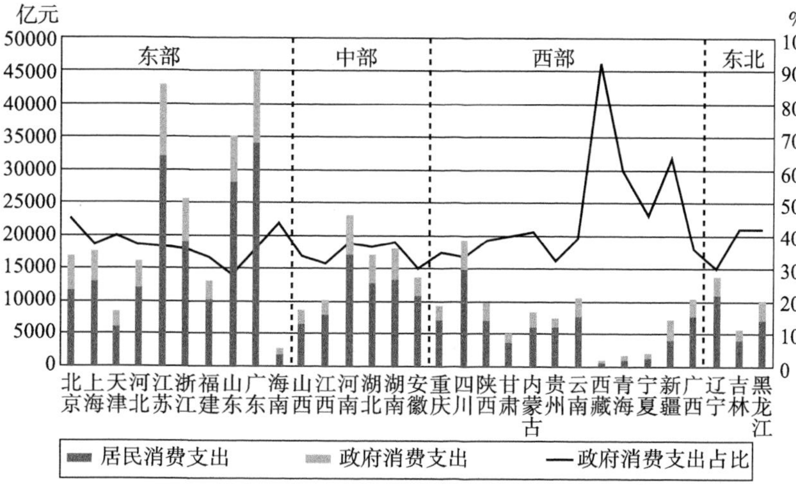

图 3-33　2017 年各地最终消费支出及构成

4. 河南人均收入水平和消费倾向相对较低

从 2018 年人均可支配收入看，东部显著高于其他地区，中部次之，但低于全国平均水平。河南人均可支配收入为全国的 77. 8%，分别低于安徽 7. 2 个、江西 7. 5 个、湖北 13. 6 个、湖南 11. 6 个百分点，高于山西 3. 3 个百分点。从人均消费支出看，沿海地区消费水平普遍较高，在消费体量前 5 强中河南最低，与西部欠发达地区基本相当；2018 年，河南人均消费支出为全国平均水平的 76. 4%，中部地区仅高于山西，分别低于安徽 9. 5 个、江西 3. 1 个百分点；2018 年名义增长 10. 5%，分别高全国 2. 1 个、山西 2. 1 个、安徽 2. 3 个、江西 1. 3 个、湖南 0. 9 个百分点，低于湖北 4. 9 个百分点。从消费收入比（人均消费支出/人均可支配收入）看，边际消费倾向递减趋势明显，东

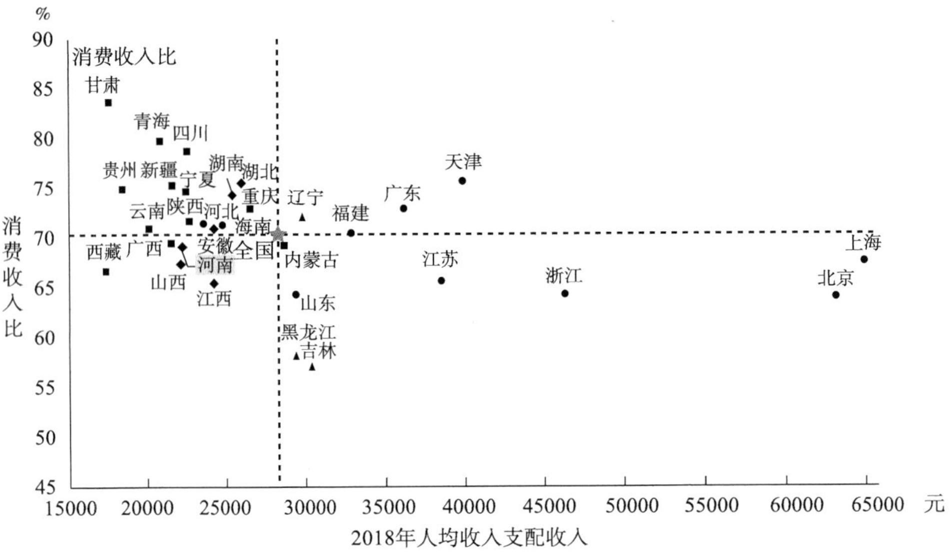

图 3-34　2018 年各地城乡一体化居民可支配收入与消费收入比

部整体较低，西部除内蒙古、广西等地外均高于全国平均水平。河南居民消费欲望较低，消费收入比为 69.1%，低于全国 1.3 个、湖北 6.6 个、湖南 5.5 个、安徽 2.0 个、山西 1.4 个百分点，仅高于江西 3.5 个百分点，从侧面说明公共服务和社会保障仍较薄弱。

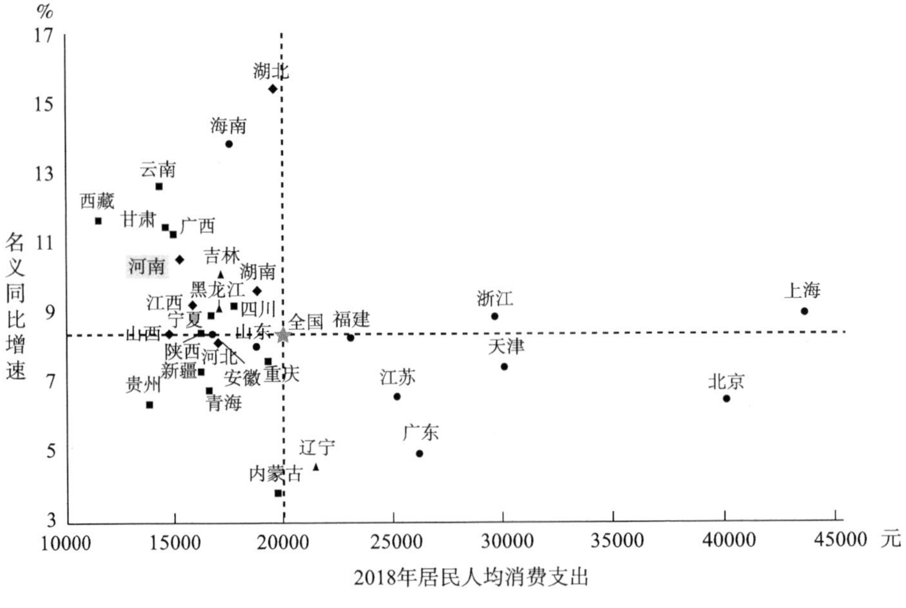

图 3-35　2018 年各地城乡一体化居民人均消费支出及名义增速

（四）质量效益较低，供给侧结构性改革任重道远

长期以来，河南省经济体量始终位于全国第一方阵、中部领先位置，但经济增长较多地依靠增加资源要素投入，以粗放式投入产生的规模效应来实现量的快速扩张。这种粗放式外延扩张，也必然带来各领域投入产出效率偏低。

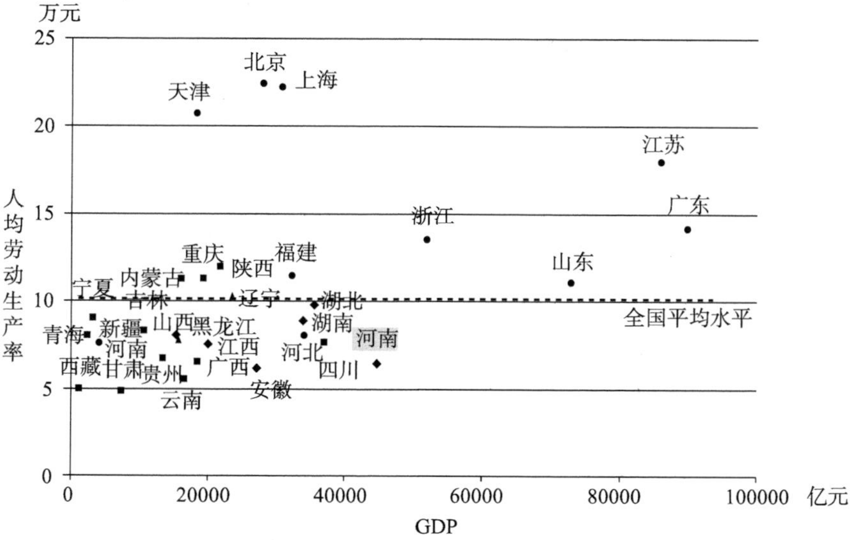

图 3-36　2017 年各地人均劳动生产率及 GDP

1. 从劳动力资源使用效率看，劳动生产率和人员配置效率"双低"

中部六省全员劳动生产率普遍低于全国平均水平。2017 年河南 GDP 总量

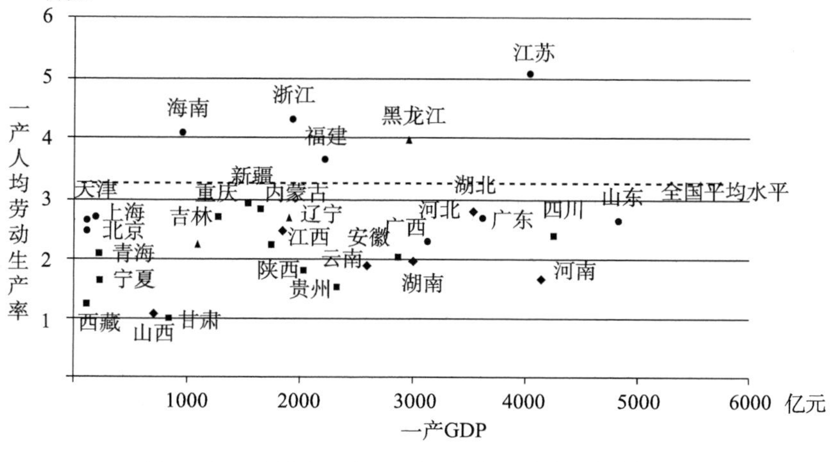

图 3-37　2017 年各地一产人均劳动生产率及增加值

位居全国第 5 位，但全员劳动生产率仅为全国水平的 61. 8%，较 2001 年降低 4. 1 个百分点。一产、二产和三产劳动生产率分别为全国的 53. 1%、65. 4%、72. 7%。就第二产业和第三产业而言，河南省总量不足广东、江苏等先进地区的一半，而人均劳动生产率则分别位于全国中游、全国末位，与发达地区的绝对差距越拉越大。河南劳动生产率较低和产业结构与就业结构不匹配有着密切关系，在农村剩余劳动力加快转移的情况下，2017 年河南产业结构与就业结构偏离度仍达到 55. 1%，高出全国 17. 0 个百分点。

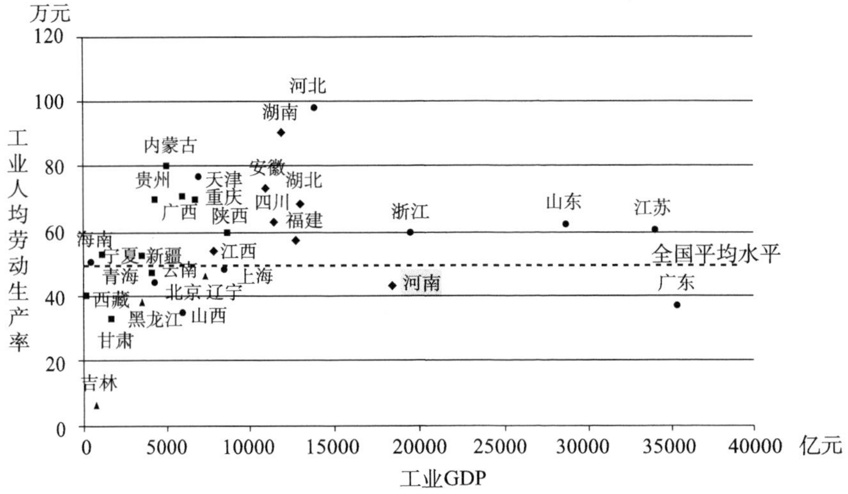

图 3-38　2017 年各地工业人均劳动生产率及工业增加值

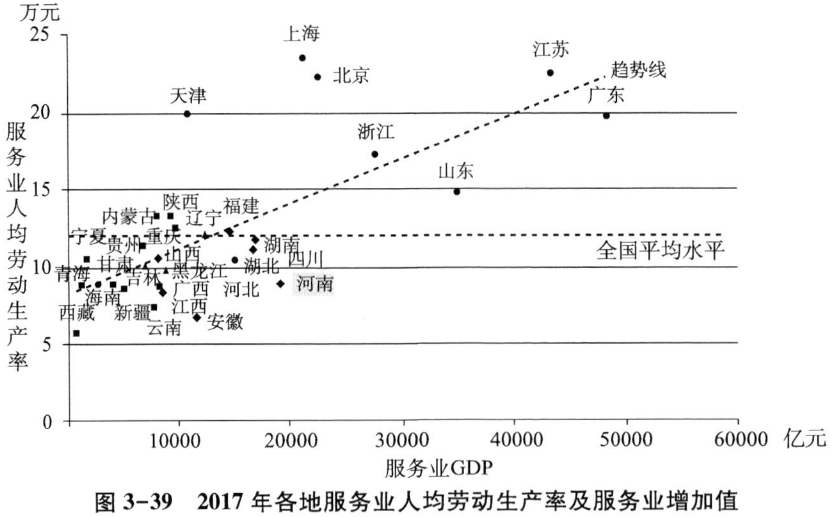

图 3-39　2017 年各地服务业人均劳动生产率及服务业增加值

2. 从土地资源利用效率看，发展方式依然粗放

河南大部分地区位于华北平原，自然条件良好，土地资源的相对充裕性使得集约高效利用土地资源的紧迫感不强，“亩均产出”远落后于东部沿海地区。2017 年河南建设用地总计 264.43 万公顷，仅次于山东，居全国第 2 位，但建设用地产出强度仅有 1.68 亿元/平方千米，低于 2.1 亿元/平方千米的全国平均水平，居全国第 15 位，远低于上海、北京、天津、广东、浙江、福建、江苏等东部沿海地区的水平。中部地区除湖南、湖北大致追齐全国平均水平外，其余省份和全国平均水平均尚有相当大的差距。反观上海和北京，其加快用地体制机制创新，大力发展战略新兴产业和高附加值产业，集聚了大批土地集约型产业，土地产出强度远高于国内其他省市。

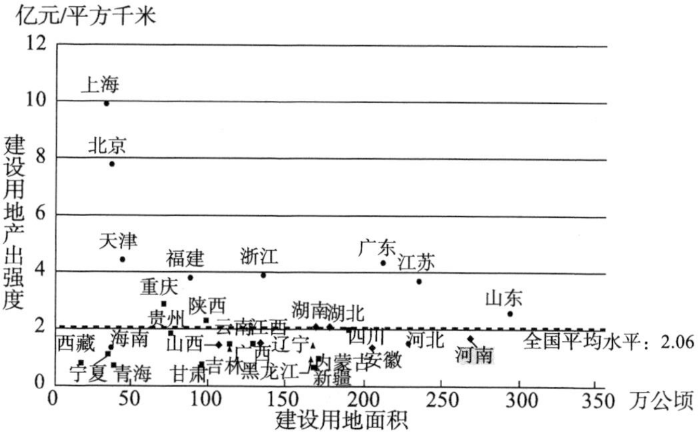

图 3-40　2017 年各地建设用地产出强度与建设用地面积

3. 从资金投入产出效率看，投资边际效益递减

2017 年，河南省全社会固定资产投资达 44497 亿元，投资总量已与经济总量基本相当，仅次于山东、江苏，高居全国第 3 位。2018 年河南投资增速高于 GDP 增速 0.5 个百分点，预计投资总量已超过经济总量。随着投资规模扩大，投资边际效益递减趋势明显，每百元固定资产投资产生的 GDP 已由 2003 年的 37 元波动下降至 2017 年的 9.17 元，不足山西的 22%、上海的 27%、北京的 33%、广东的 39%，也低于全国平均水平。

4. 从产业发展效益看，产业整体税收贡献能力为全国较差水平

由于各类资源的投入产出效率相对较低、产业附加值不高、经济结构欠优以及现行财税制度安排等因素叠加，导致中部的经济发展并没有带来丰厚的财

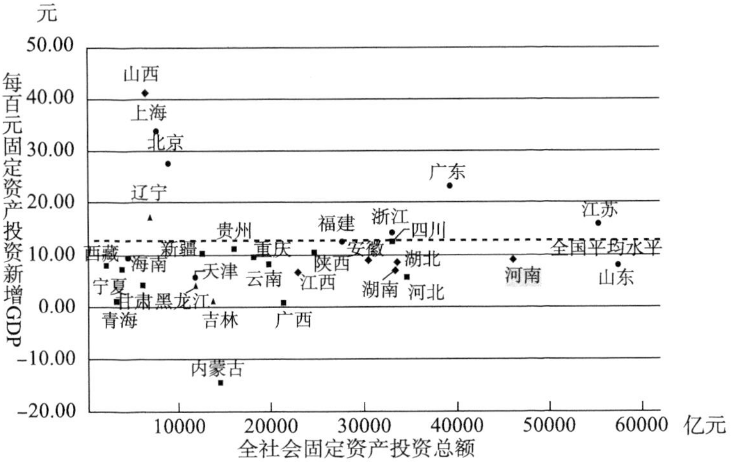

图 3-41　2017 年各地百元固定资产投资新增 GDP 与全社会固定资产投资总额

税收入，工业和服务业税收贡献率普遍低于全国平均水平。2017 年，河南百元 GDP 产生税收 10.32 元，居全国倒数第 3 位，仅约为全国平均水平的 1/2 及北京、上海的 1/5。比较来看，河南服务业税收贡献能力相对好于工业。服务业占比相对较低，较全国水平低 7 个百分点，总量居全国第 7 位，百元增加值产生税收 14.72 元，为全国水平的 71.70%，相当于全国中游水平。工业增加值相对体量与 GDP 总量一致，约为广东、江苏的 1/2，但每百元工业增加值产生的税收仅有 7.50 元，为全国水平的 35%、安徽的 52%、湖北的 54%、江西的 55%、湖南的 58%，居全国末位，与上海 71.66 元的水平差距巨大。

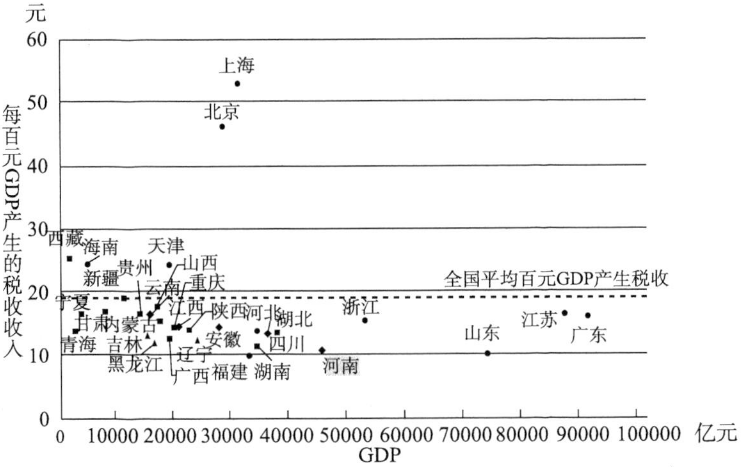

图 3-42　2017 年各地百元 GDP 产生的税收收入及 GDP

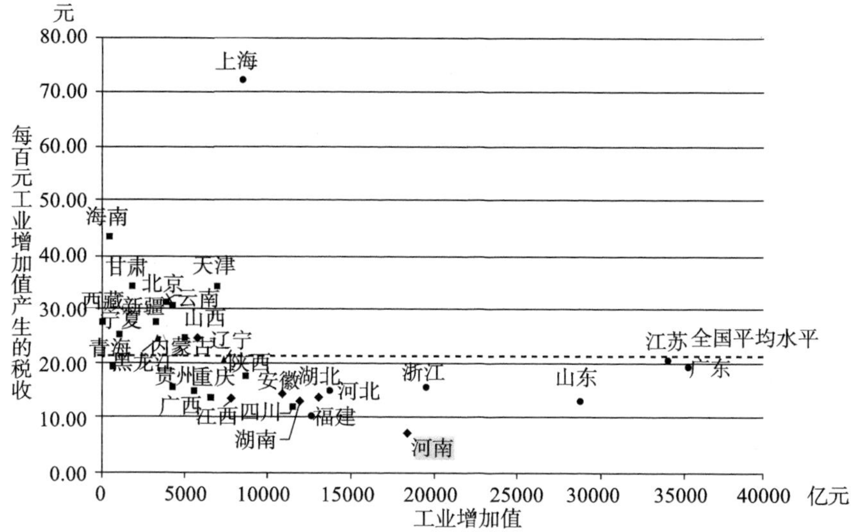

图 3-43　2017 年各地百元工业增加值产生的税收及工业增加值

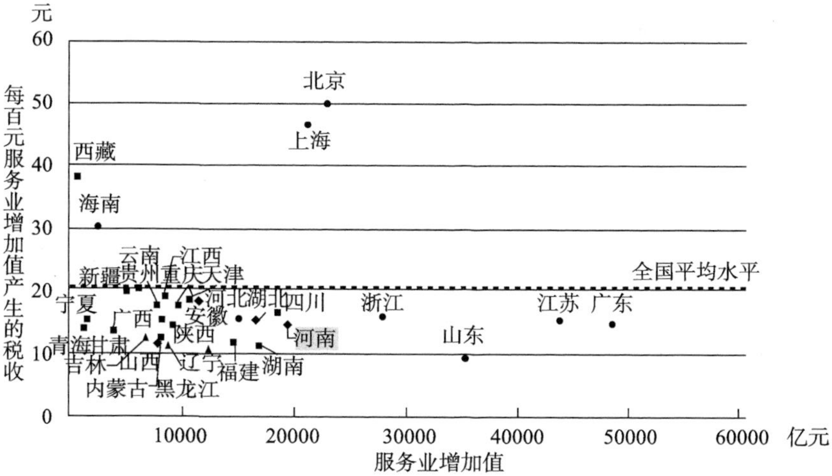

图 3-44　2017 年各地百元服务业增加值产生的税收及服务业增加值

5. 规模以上工业企业数量较大、成本负担重、经营效益差，亏损企业占比有加速扩大倾向

中部其他省份的规模以上工业企业经营效益指标变化态势总体好于河南，但与率先转型地区、先进地区相比，在经营能力和管理水平方面尚有较大差距。从规模以上工业企业数量看，截至 2019 年 6 月底，河南规模以上工业企业 2.05 万家，远落后于广东、江苏、浙江“三巨头”，与安徽、湖北、湖南等省的差距也并没有拉开。从规模以上工业企业数量变化看，由于一些企业年主营业务收入下滑

至2000万元以下而划出统计范围，截至2018年10月底，河南、湖北、安徽规模以上工业企业数量分别同比减少8%、7.5%和5.9%；到2019年6月底，河南规模以上工业企业数量同比减少7.01%，下降幅度略有收窄，而湖北、安徽则止跌趋稳，分别仅减少0.09%、0.83%。

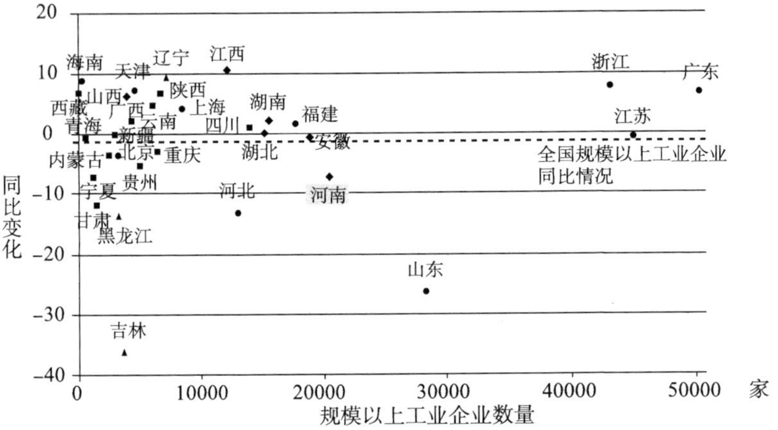

图 3-45　2019年6月末各地规模以上工业企业数及同比变化

从亏损规模以上工业企业占比看，截至2019年6月底，亏损企业占比为14.34%，低于全国水平6.07个百分点，但仍比江西、湖北、安徽高1.5~3.5个百分点。从亏损规模以上工业企业占比变化看，河南2019年上半年同比增加了5.6个百分点，增速全国第3，仅次于山东、吉林，而中部其他5省亏损企业占比基本与上年同期持平。

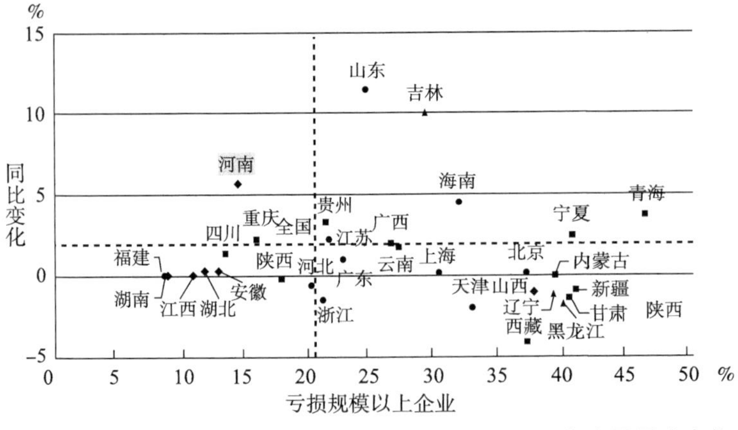

图 3-46　2019年6月末各地亏损规模以上工业企业占比及同比变化

从规模以上工业企业单位营业成本收入比看，随着减税降费等一系列措施的落地，2019 年 6 月末河南规模以上工业企业单位营业成本收入比达到 87.04%，居全国第 4 位，高于全国 0.64 个百分点，成本居高不下必然会侵蚀企业利润。从营业成本收入比变化情况看，河南同比仅下降了 0.1 个百分点，与全国基本持平，而同期湖北、安徽分别下降了 0.81 个和 0.82 个百分点，减费降税仍有较大的潜力空间可挖。

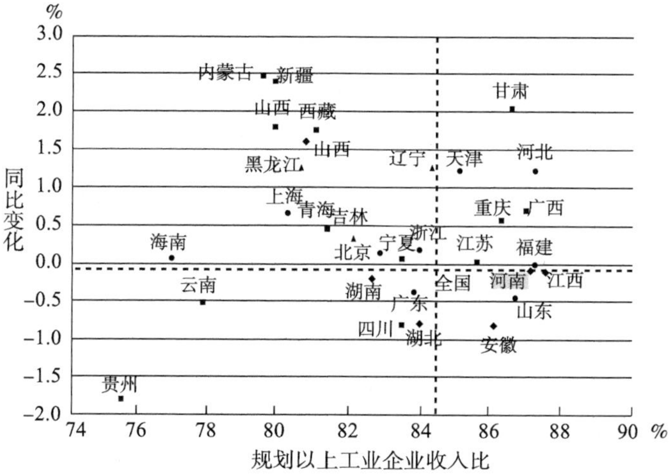

图 3-47　2019 年上半年规模以上工业企业单位营业成本收入比及同比变化

从规模以上工业企业资产利润率（利润总额/总资产）来看，2019 年 6

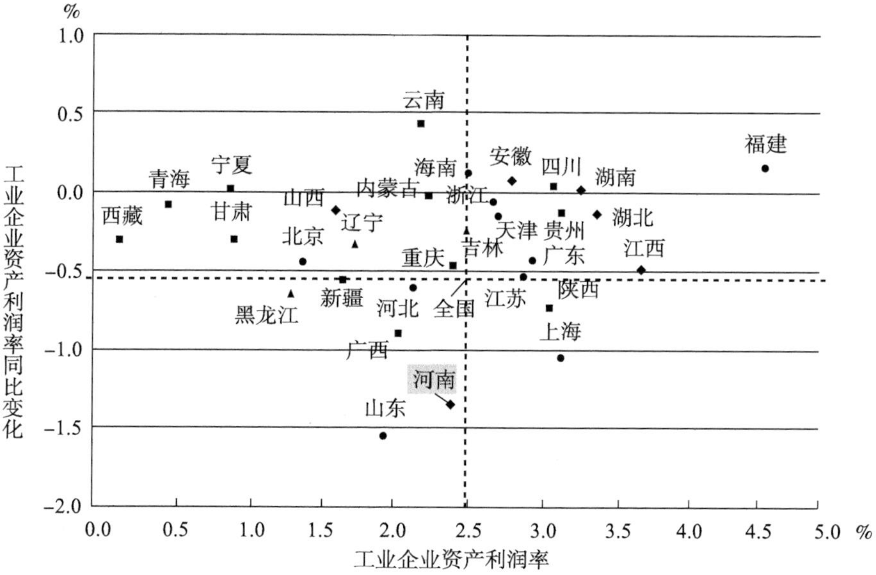

图 3-48　2019 年上半年规模以上工业企业资产利润率及同比变化

月末河南规模以上工业企业资产利润率为2.45%，略低于全国平均水平，与江西的3.76%、湖北的3.45%、湖南的3.33%仍有较大差距。从资产利润率变化情况看，河南规模以上工业企业资产利润率大幅下降，同比降低了1.35个百分点，递减量仅次于山东，居全国第2位，而安徽、湖南在全国降低0.55个百分点的背景下，不降反升。

（五）城镇化进程滞后，中等城市发育不足

目前，我国经济总量的80%、投资的90%、消费的86%发生在城镇，城镇已经成为集聚各种资源、人口、产业的最大平台。推进以人为核心的城镇化，不仅是消除城乡二元结构的根本出路，而且是新常态下扩大国内需求的主要依托；不仅能有效提高居民的财产性收入和财富水平，而且可以直接提升劳动要素的分布结构、配置水平、协调能力，不断完善产业布局结构、社会组织形态和阶层结构。

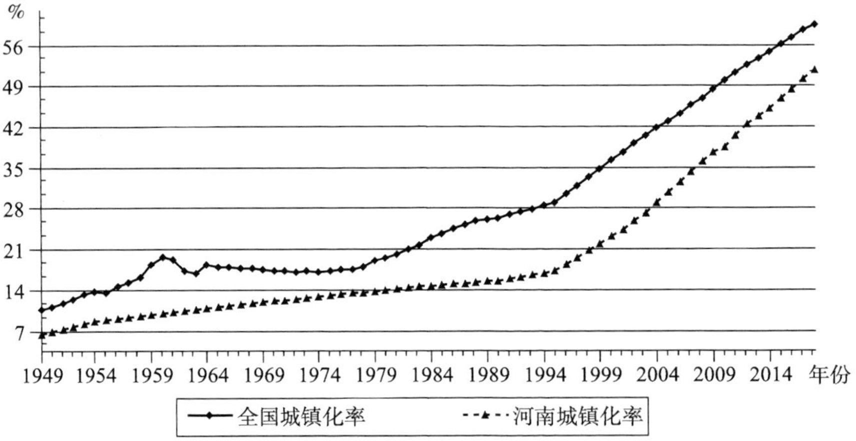

图3-49 河南及全国城镇化率

1. 城镇化进程低位快速攀升

中部六省城镇化率总体上处于全国中等水平，只有湖北略高于全国平均水平0.7个百分点，其他五省均低于全国平均水平。21世纪以来，河南城镇化率由2000年的23.2%提升到2018年的51.71%，年均提高1.58个百分点，但2018年城镇化率仍低于全国7.87个百分点，为中部六省最低。造成城镇化进程相对滞后的原因主要有以下几个方面：一为农业基础条件好、矿产资源丰富，导致乡土观念较浓，大部分人不愿离开祖上留下的“一亩三分地”。二为工业化进程滞后，二、三产业发展相对不快，而城市的规模取决于二、

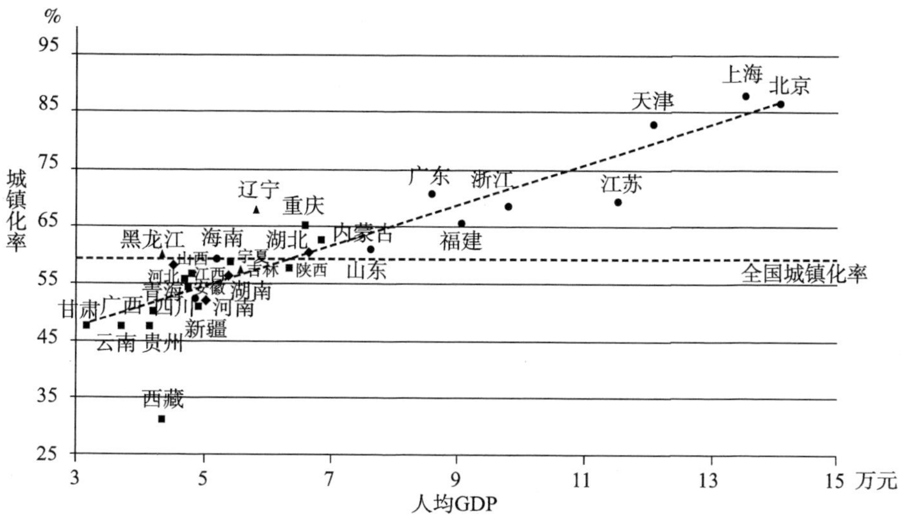

图 3-50　2018 年各地人均 GDP 及城镇化率

三产业创造的就业岗位，人均 GDP 与城镇化率呈正相关就能说明。三为农村转移人口和地方政府面临的两难选择问题。对于转移人口来言，就是入城后工资预期和在乡权益保障等收入与入城后的住房、教育、医疗等支出的权衡；对于地方政府而言，就是在接纳可以提供边际高产出率的人口和有效提供公共服务之间的权衡。这就需要统筹好农民身份转换背后的城乡利益、人口流出地与流入地的地方财权事权分担。

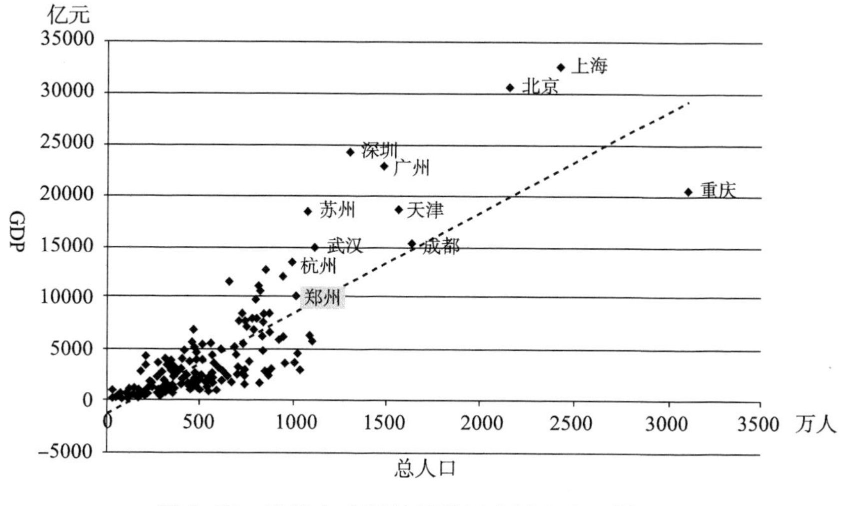

图 3-51　2018 年全国地级及以上城市人口及 GDP

注：全国 337 个地级及以上城市中 41 个地级市数据缺失。

2. 城镇体结构欠优

一个区域的城镇体系，呈现出大中小城市和小城镇的金字塔状，越往下数量越多。2018 年，在我国 337 个地级及以上城市中（其中 41 个地级市数据缺失），常住人口超 1000 万的达到 14 个，占 4.2%；500 万～1000 万的 72 个，占 21.4%；300 万～500 万的 86 个，占 25.5%；100 万～300 万的 100 个，占 29.7%。

从中部六省地级市的 GDP 与人口结构看，普遍存在省会城市“一城独大”，“虹吸效应”比较明显，中等城市和省辖市发育不良、出现断层的现象。比较而言，江苏、浙江两省城市规模结构相对比较均衡，人均 GDP 差异较小，而中部六省城市实力差异较大。例如，河南郑州与洛阳经济总量、人口比分别为 2.19∶1和 1.47∶1，湖北武汉与襄阳经济总量、人口比分别为 3.45∶1 和 1.95∶1，湖南长沙与岳阳经济总量、人口比分别为 3.23∶1 和 1.41∶1，安徽合肥与芜湖经济总量、人口比分别为 2.39∶1 和 2.16∶1。

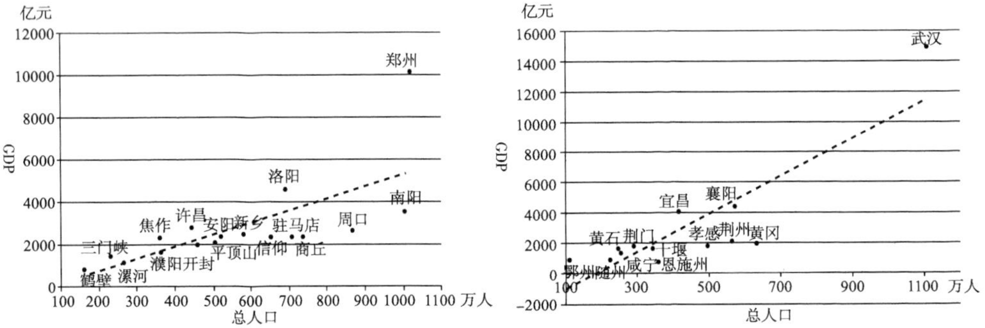

图 3-52　2018 年河南、湖北地级市人口及 GDP

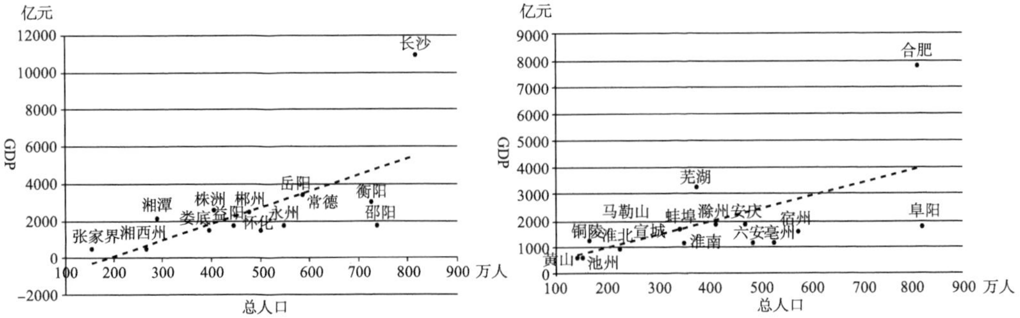

图 3-53　2018 年湖南、安徽地级市人口及 GDP

从河南省辖市市区及县（市）经济体量看，郑州市区“一枝独大”的状

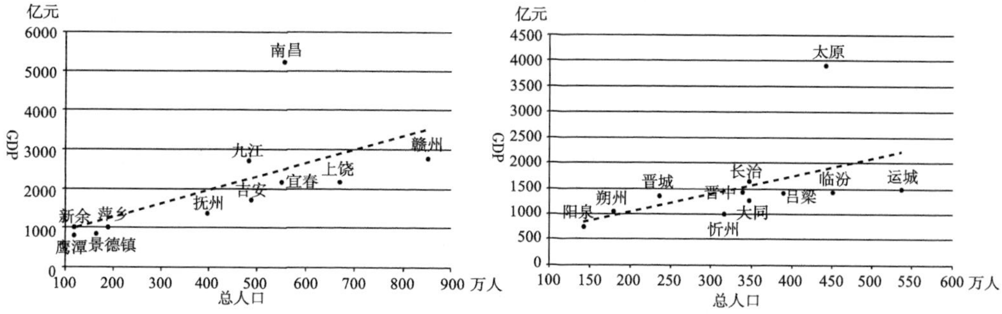

图 3-54　2018 年江西、山西地级市人口及 GDP

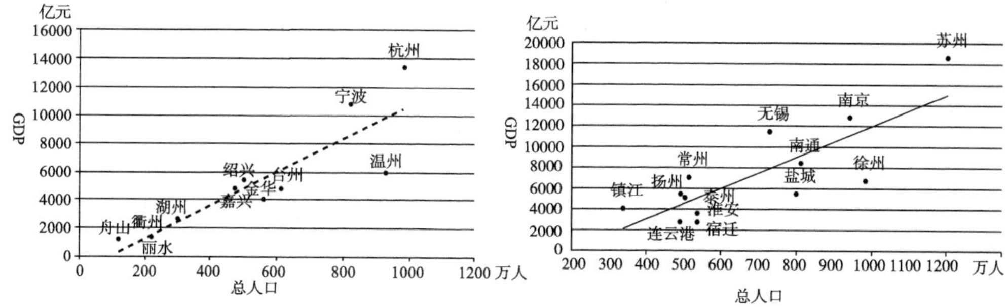

图 3-55　2018 年浙江、江苏地级市人口及 GDP

况更为明显，所辖县市实力甚至超过了一些省辖市市区（数据为各省辖市所辖区数据之和）。例如，2017 年，新郑、中牟 GDP 分别高出新乡市区 300 亿元和 71 亿元，巩义 GDP 超过南阳和许昌市区，新密 GDP 分别高出漯河、开封市区 19 亿元和 33 亿元，荥阳、登封 GDP 超过安阳、信阳、平顶山、焦作、商丘、濮阳、三门峡、鹤壁、驻马店等市市区。

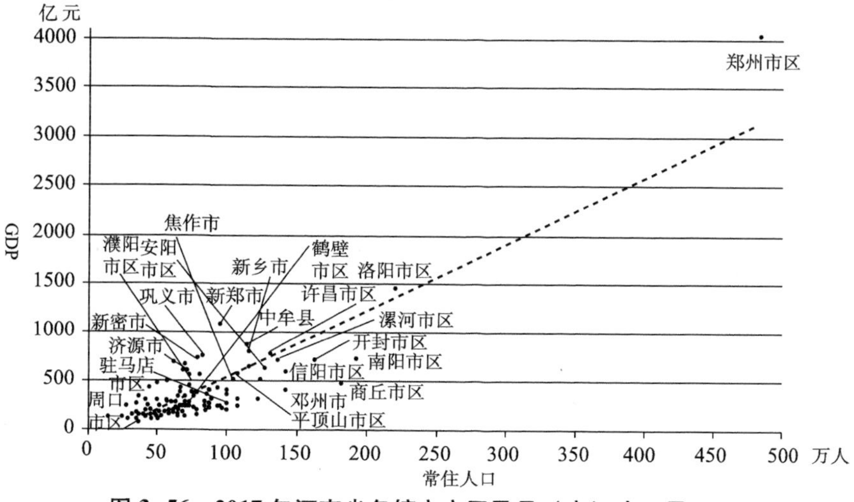

图 3-56　2017 年河南省各辖市市区及县（市）人口及 GDP

从县级市和小城镇人口规模和财政实力来看，河南县城产业实力不强，基础设施与公共服务投入不足，财政支出多数依靠转移支付。2017 年，河南 105 个县（市）中，财政自给率（一般公共预算收入占一般公共预算支出的比例）低于 20%的有 33 个，20%~30%的有 25 个，30%~50%的有 28 个，超过 50%的仅 19 个。小城镇多数为居住型商贸城镇、个别为旅游型或特色产业型小城镇，造血能力弱，对人口的吸引力不强。

（六）对外开放深化，“空陆网海”国际通道面临激烈竞争

河南地处内陆腹地，开放程度、开放水平、开放层次相对不高，开放型经济发育不足，是河南的一个突出短板。党的十八大以来，按照习近平总书记关于“建成连通境内外、辐射东中西的物流通道枢纽，为丝绸之路经济带建设多做贡献”的指示，河南在全国开放大局谋划推动对外开放，无中生有打造空中、陆上、网上、海上“四条丝绸之路”，推动内陆开放高地建设取得显著成效。

1. 对外贸易总量快速攀升，开放深度、广度相对不足

中部六省开放型经济发展整体呈现“双低一高”，即进出口贸易总量和外贸依存度相对较低，外商直接投资实际使用金额相对较高（疑似统计口径有差别），外向型经济发展活力充足、潜力巨大。从河南的情况来看，进出口总额（按目的地）从 2012 年的 543.45 亿美元上升至 2018 年的 875.16 亿美元，年均名义增长 8.27%，比全国高 5.25 个百分点，但总量仅约为江苏的 1/12、浙江的

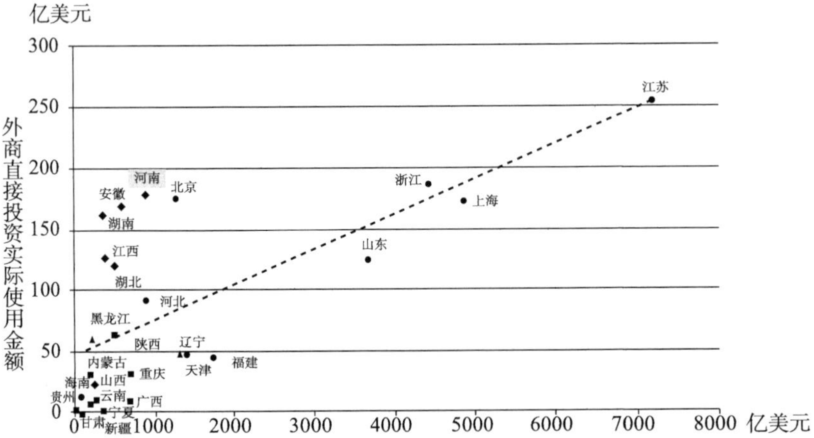

图 3-57　2018 年各地进出口总额与外商直接投资实际使用金额

说明：吉林、广东、四川、青海 4 省外商直接投资实际使用金额数据缺失。

1/5、山东的 1/4；外贸依存度为 12.05%，低于全国 21.93 个百分点。外商直接投资实际使用金额从 2012 年的 121.18 亿美元升至 2018 年的 179.02 亿美元，与江、浙两省差距较小。

2. “空中丝绸之路”优势明显，航空经济面临激烈竞争

河南于 2007 年确立并实施民航优先发展战略，2010 年建成新郑综合保税区，2012 年启动郑州航空港经济综合实验区规划建设，2014 年创新开展郑州—卢森堡“双枢纽”合作模式，2017 年 6 月习近平总书记明确表示支持建设郑州—卢森堡“空中丝绸之路”。经过多年的努力，郑州机场现已开通客运航线 208 条（含 4 条定期洲际客运航线）、货运航线 34 条，其中国际客货运航线 56 条（客运 27 条、货运 29 条），在全球前 20 位货运枢纽机场中开通 15 个航点，初步形成了横跨欧、美、亚三大经济区、覆盖全球主要经济体的国际枢纽航线网络。2018 年，郑州机场全年旅客吞吐量 2733.5 万人次，货邮吞吐量 51.5 万吨，排名分别跃升至全国第 12 位和第 7 位。成功申建综合保税区、国际邮件经转口岸和肉类、食用水生动物、冰鲜水产品、水果等进口商品指定口岸，进口水果口岸业务量占全国空运进口水果 70%以上市场份额。随着国家加快临空经济示范区的统筹布局，相继批复设立了北京新机场、青岛胶东、重庆、广州、上海虹桥、成都、长沙、贵阳、杭州、宁波、西安、北京顺义、南京等 13 个临空经济示范区，区域间政策差异缩小，郑州的先发优势逐步消退，面临的周边竞争愈来愈烈。目前，郑州机场的国际通航点仍然较少，不足成都的 1/3、西安的 1/2。2018 年下半年，郑州机场货邮吞吐量结束高速增长态势，全年仅增长 2.4%；2019 年上半年下降了 9.7%，而西安、武汉持续保持高速增长，分别达到 22.2%和 23%，重庆、成都也仅下降 0.1%和 2.9%。

表 3-5 新郑国际机场主要数据

年份		2010	2011	2012	2013	2014	2015	2016	2017	2018
旅客吞吐量	吞吐量（万人）	870.8	1015.0	1167.4	1314.0	1580.5	1729.7	2076.3	2429.9	2733.5
	占全国比重（%）	1.5	1.6	1.7	1.7	1.9	1.9	2.0	2.1	2.2
	占中部比重（%）	16.4	17.2	17.4	17.8	19.0	19.2	20.4	19.9	19.5
	全国排名	20	21	18	18	17	17	15	13	12
货邮吞吐量	吞吐量（万吨）	8.58	10.28	15.12	25.57	37.04	40.33	45.67	50.27	51.49
	占全国比重（%）	0.8	0.9	1.3	2.0	2.7	2.9	3.0	3.1	3.1
	占中部比重（%）	20.1	21.7	28.0	39.0	45.9	47.0	47.9	49.0	45.4
	全国排名	21	20	15	12	8	8	7	7	7

续表

年份		2010	2011	2012	2013	2014	2015	2016	2017	2018
起降架次	飞行架次(架)	8.42	9.30	10.92	12.78	14.77	15.45	17.81	19.57	20.96
	占全国比重(%)	1.5	1.6	1.7	1.8	1.9	1.8	1.9	1.9	1.9
	全国排名	21	20	19	19	15	17	14	12	12

表 3-6　2018 年郑州及周边机场吞吐量及排名

机场	旅客吞吐量（万人次）				货邮吞吐量（万吨）				起降架次（万架次）			
	名次	2018 年	2017 年	增速（%）	名次	2018 年	2017 年	增速（%）	名次	2018 年	2017 年	增速（%）
合计		126468.87	114786.68	10.2		1674.02	1617.73	3.5		1108.83	1024.89	8.2
北京首都	1	10098.33	9578.63	5.4	2	207.40	202.96	2.2	1	61.40	59.73	2.8
上海浦东	2	7400.63	7000.12	5.7	1	376.86	382.43	-1.5	2	50.48	49.68	1.6
广州白云	3	6972.04	6580.70	5.9	3	189.06	178.04	6.2	3	47.74	46.53	2.6
成都双流	4	5295.05	4980.17	6.3	5	66.51	64.29	3.5	6	35.21	33.71	4.5
深圳宝安	5	4934.90	4561.07	8.2	4	121.85	115.90	5.1	5	35.59	34.04	4.6
昆明长水	6	4708.81	4472.77	5.3	8	42.83	41.80	2.5	4	36.08	35.03	3.0
西安咸阳	7	4465.33	4185.72	6.7	13	31.26	25.99	20.3	7	33.05	31.90	3.6
上海虹桥	8	4362.80	4188.41	4.2	9	40.72	40.75	-0.1	10	26.68	26.36	1.2
重庆江北	9	4159.59	3871.52	7.4	10	38.22	36.63	4.3	8	30.07	28.86	4.2
杭州萧山	10	3824.16	3557.04	7.5	6	64.09	58.95	8.7	9	28.49	27.11	5.1
南京禄口	11	2858.15	2582.29	10.7	11	36.51	37.42	-2.4	11	22.08	20.94	5.5
郑州新郑	12	2733.47	2429.91	12.5	7	51.49	50.27	2.4	12	20.96	19.57	7.1
长沙黄花	14	2526.63	2376.48	6.3	21	15.55	13.87	12.1	15	18.68	17.96	4.0
武汉天河	16	2450.04	2312.94	5.9	16	22.16	18.50	19.8	14	18.77	18.39	2.1
济南遥墙	25	1661.18	1431.93	16.0	26	11.36	9.52	19.4	26	12.68	11.55	9.8
太原武宿	29	1358.84	1240.11	9.6	36	5.34	4.84	10.3	32	10.79	10.11	6.8
南昌昌北	30	1352.42	1093.71	23.7	31	8.26	5.23	58.1	31	10.86	8.99	20.9
石家庄正定	34	1133.25	958.29	18.3	40	4.61	4.10	12.5	38	8.97	8.05	11.5
合肥新桥	37	1111.06	914.71	21.5	33	6.98	6.36	9.8	39	8.90	7.63	16.7
徐州观音	54	251.88	191.65	31.4	53	1.01	0.92	9.0	58	5.18	3.65	41.7

3. “陆上丝绸之路”中部领先，发展势头逊于“西三角”与合肥

在陆权回归、“东引西进”的大背景下，河南依托国际陆港开通中欧班列（郑州），构建形成以郑州为枢纽中心的“1+3”国际物流大通道（“1”指中欧物流通道，“3”指东向亚太通道、西向中亚枢纽和南向东盟通道），中欧班列（郑州）网络遍布欧盟、俄罗斯及中亚地区 24 个国家 126 个城市，实现了欧洲方向每周“去程九班、回程九班”往返满载运行。近年来，全国中欧班列的货运线路、发车时间均趋于成熟稳定，截至 2018 年底，全国有 59 个城市开行中欧班列，运行线路达 65 条，形成“西三角”（成都、重庆、西安）和“中三角”（郑州、武汉、合肥）多个区域中心。“西三角”中欧班列开行量稳居全国前 3，西安、合肥加速追赶，地区间竞争由比拼开行数量、补贴向比拼开行质量、服务质量转变，更加注重通关时间、物流时长、货值、重载率以及公铁水国际多式联运，通过优质服务质量、低廉物流成本、精细化增值服务扩大市场份额。例如，2019 年上半年，重庆铁路口岸进出口整体通关时间较 2017 年分别压缩 73. 9%和 97. 28%；中欧班列（成都）回程通关到达时间缩短为 109 小时，实现了通关时效 275%的提升；中欧班列（郑州）拓展保温箱、冷藏箱、恒温箱及各种特色的拼箱服务，开通特种箱优先验放通道，支持加工食品、计算机等对温度、湿度有特殊需求的产品搭载恒温箱进出境等。2019 年 8 月，国家发改委印发《西部陆海新通道总体规划》，意味着“西三角”地区将依托陆海新通道连接中亚和东南亚，真正意义上纳入国际分工体系，直接高效地参与全球贸易，深度融入全球产业链体系，郑州面临的中部、西部竞争越来越大。

表 3-7　部分城市中欧班列开行情况　　单位：列，%

	2018 年	2019 年上半年	2019 年上半年同比	主要货种
全国	6361	—	—	—
成都	1591	—	—	笔记本电脑、汽车、花卉
重庆	1442	851	118. 20	笔记本电脑、汽车、花卉
西安	1235	846	155	建材、木材、机械
郑州	752	539	90. 50	汽车配件、服装
武汉	423	—	—	汽车、电子产业、机械
合肥	182	221	198. 70	机械、轻纺产品

数据来源：根据网络报道整理。

4. “网上丝绸之路”特色鲜明，激烈竞争下落后于甬杭等先进地区

郑州首创“网购保税 1210”监管服务模式并向卢森堡等国复制推广，连

续3年举办全球跨境电商大会，规划建设EWTO（电子世界贸易组织）核心功能集聚区，跨境电商综试区综合指标稳居全国第一方阵，2018年河南省跨境电商进出口（含快递包裹）1289.2亿元，增长25.8%。郑州跨境电子商务的业态、模式和体制机制的创新动力减弱。中国电子商务研究中心通过交易规模、成长空间、产业渗透、支撑环境、平台集聚5个指标，对2017年13个跨境电子商务综合试验区城市进行排名，郑州“全球买、全球卖、全球送、全球付”特色突出，综合排名第5位；但与深圳、广州、杭州、宁波等地区，在构建完整跨境电商生态圈、产业链和发展多元化贸易等方面尚有较大差距。

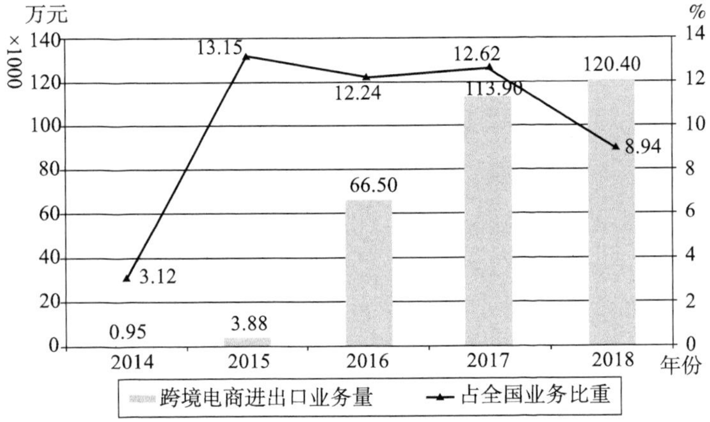

图3-58　郑州跨境电商业务量

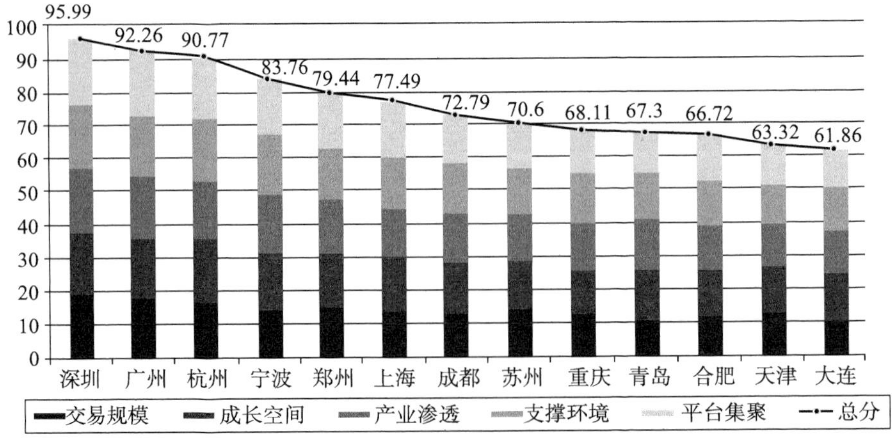

图3-59　2017年中国13个跨境电商综合试验区城市排名

5. “海上丝绸之路”潜力巨大，成为扩大开放的重要突破口

河南省内河航运具有向南与淮河、长江水系贯通，向北与铁路、公路主通道连接，与能源产业基地衔接的特点，铁水联运、河海联运具有独特优势。目前郑州在国际陆港建立铁水联运、陆水联运服务中心，开通了 9 条郑州至连云港、黄岛港、上海港等沿海港口的海铁联运班列线路，2015 年以来累计开行超过 500 班。2019 年 7 月，周口中心港集装箱外贸业务正式启动。从全国情况来看，2011 年以来铁水联运发展迅速，2018 年运量增长 30%，达到 415 万标准箱，但主要港口铁水联运比例还较低，其中最高的青岛港和宁波港占比也仅有 5.4%和 4.2%，铁海联运市场潜力巨大。对河南而言，通过提升铁海联运班列运营水平，加快淮滨港、漯河港、周口港等内河港口建设，创新发展河海联运和铁海联运，进而打通面向海外战略支点的海铁公多式联运国际物流通道。未来，河南在将空陆网海“四路”作为有机整体统筹推进，通过市场化运作推进政策互通、设施联通、信息共享、服务联动，构建“一单到底、物流全球”的高效集疏网络方面，对于扩大全方位开放具有重要意义。

（七）金融风险较低，结构性风险隐患不容忽视

习近平总书记在 2019 年省部级主要领导干部坚持底线思维着力防范化解重大风险专题研讨班开班式上强调，要增强忧患意识，未雨绸缪、精准研判、妥善应对经济领域可能出现的重大风险，重点是防控和守住不发生系统性金融风险的底线。

1. 全国宏观杠杆结构分化、稳中有忧

2015 年推动“三去一降一补”以来，我国总体杠杆率增速稳中有降，金融部门杠杆率在宏观审慎的强监管环境下增势得到有效管控，非金融企业部门宏观杠杆率趋稳。实体经济杠杆率（包括居民部门、非金融部门和政府部门杠杆率）2016 年底以来维持在 240% ~ 248%，2019 年第一季度达到 248.83%，较 2018 年末提高了 5.1 个百分点。分部门来看，非金融企业部门杠杆率稳中有升，但增速明显放缓；政府部门杠杆率整体仍在继续攀升，其中中央政府杠杆率保持平稳，而地方政府由于债务显性化杠杆率持续上升，居民部门杠杆率也呈持续上升态势。

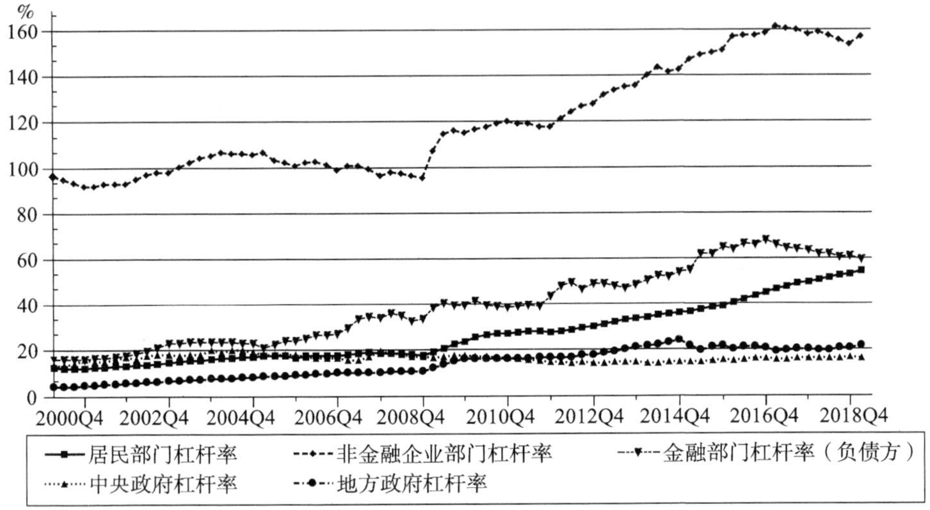

图 3-60　中国宏观杠杆率

2. 河南政府债务风险总体可控，非金融部门债务风险逐步回落，居民债务风险有所增加

从政府债务看，政府债务杠杆率保持在全国较低水平。据招商银行研究院测算，2017 年我国东部和中部地区的收支平衡性总体好于西部，半数以上地方政府的赤字率低于 2%，但超过 3%国际警戒线的高赤字地区仍有近 1/3，大部分位于西北地区，其中青海的赤字率高达 7.8%。由于河南财政盘子较大，2017 年中央转移支付规模全国第 2，地方债务总体控制良好，政府赤字率为 1.69%，处于全国相对较低的水平。2018 年，河南政府性债务余额为 6543.2 亿元，是公共财政收入的 1.74 倍，中部仅高于山西的 1.29 倍，远低于湖南 3.04 倍、安徽 2.20 倍的水平。

从居民部门看，居民贷款占比稳步增加，中长期住房贷款是主要推手。河南居民住户贷款从 2014 年的 8546.28 亿元增长至 2018 年的 18145.41 亿元，5 年间增长了 2.12 倍，且增速始终高于同期人民币贷款余额增速；住户贷款占比从 2014 年的 31.39%增加至 2018 年的 37.93%。中长期贷款占人民币贷款的比例更是从 2013 年的 46.91%飙升至 2017 年的 61.68%。两项数据的上升趋势是一致的，其交集——中长期住房贷款快速增长是主要推动因素。房地产业的过度发展既不利于经济结构优化和高质量发展，也不利于金融市场的风险防控与健康发展，经济的“房地产化”脱实向虚需要高度警惕。

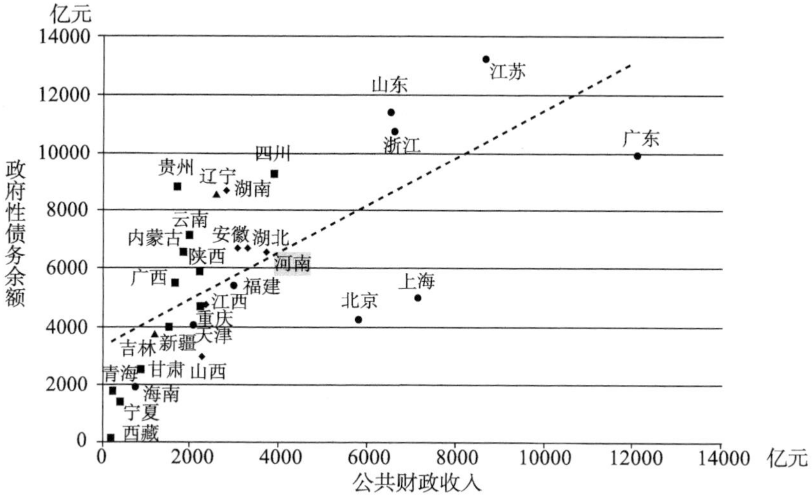

图 3-61　2018 年各地政府债务余额及公共财政收入

注：河北、黑龙江数据缺失。

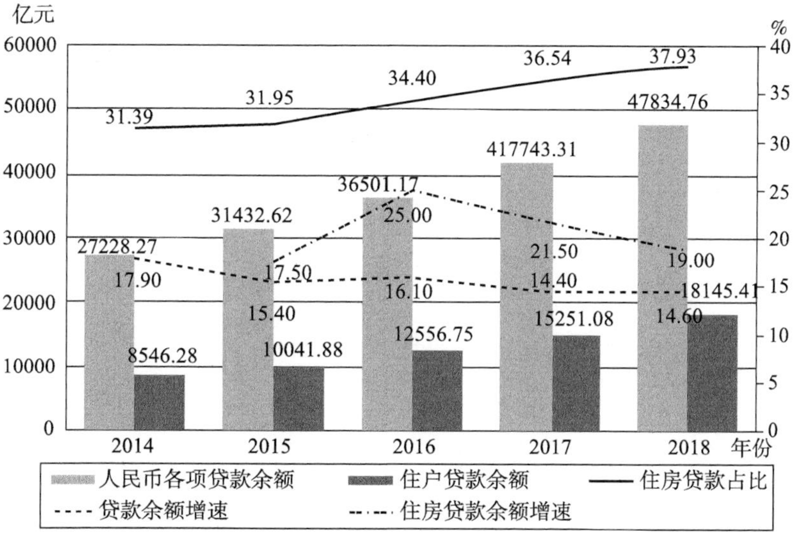

图 3-62　河南省历年贷款余额

从非金融企业部门看，规模以上工业企业财务策略总体上中性偏保守，资产负债率近期低位急剧拉升。截至 2019 年 6 月末，河南规模以上工业企业平均负债 1.36 亿元，与湖北基本持平，较全国平均水平低 5.75 亿元；规模以上工业企业资产负债率达到 57.84%，同比提升 11.24 个百分点，增速全国第 1，远高于全国平均水平，而同期江西仅提高了 1.31 个百分点，湖南、河北、安徽 3 省同期下降 0.5~1 个百分点。总体而言，河南规模以上工业企业资产负债率在40%~60%的合理区间运行，中长期风险水平较低，但短期内资产负债率急剧拉升需要高度关注。

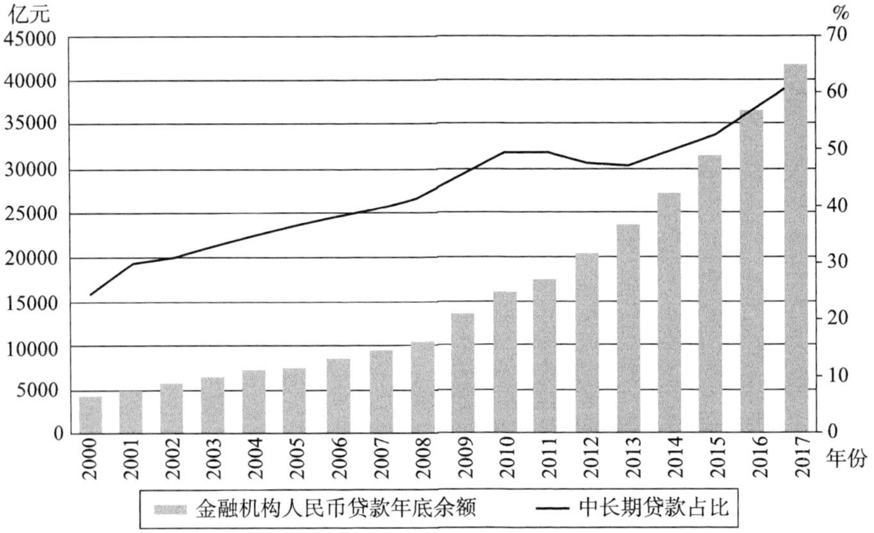

图 3-63　河南省历年金融机构中长期贷款占比

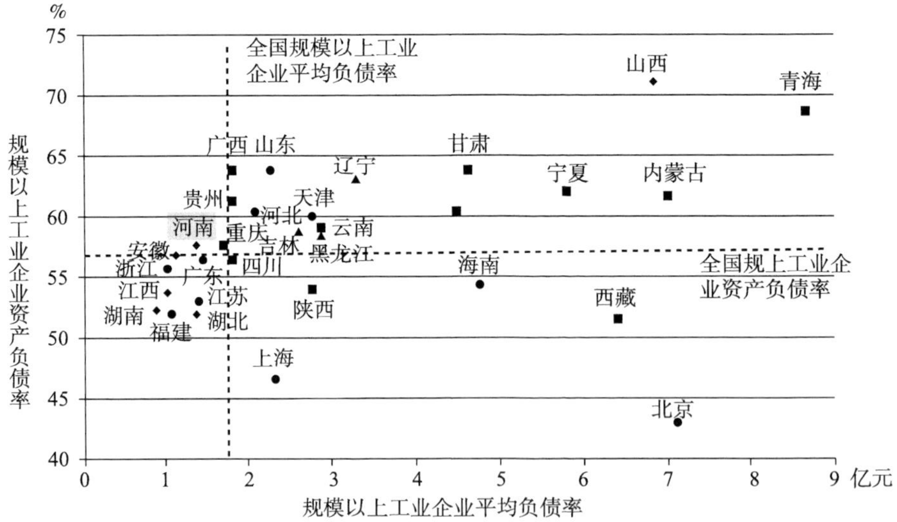

图 3-64　2019 年上半年规模以上工业企业平均负债及资产负债率

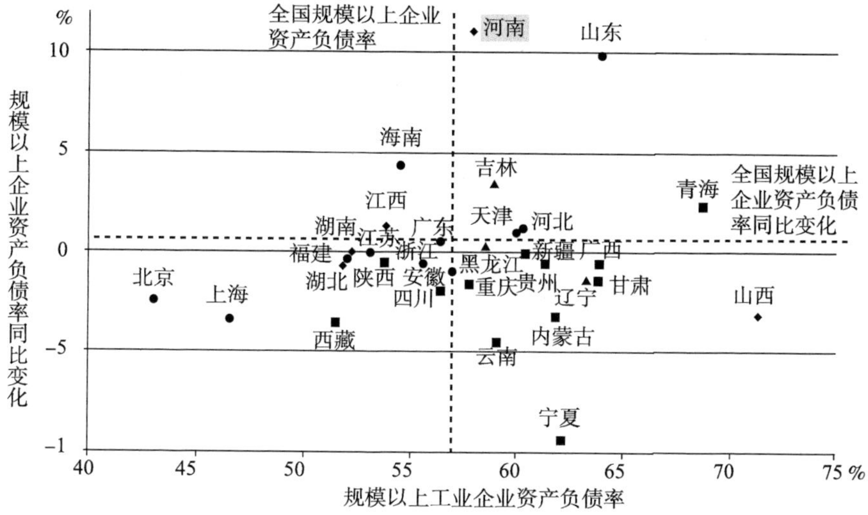

图 3-65　2019 年上半年规模以上工业企业资产负债率及同比变化

三、河南省内协调发展态势分析

河南地处我国中部、黄河中下游，地形西高东低，是我国地形第二阶梯和第三阶梯的过渡地带，高低悬殊大，地形地貌复杂多样，在长期发展中，区域发展不平衡、不协调也最为典型。

（一）河南省区域协调发展格局呈阶段性演进

河南区域协调发展轨迹基本与全国相似，呈现出鲜明的阶段性和区域特殊性，大致经历了 5 个阶段。

1. 京广陇海十字形非均衡架构期（1949—1978 年）

新中国成立后，随着全国“156 项重点工程”和“三线建设”推进，郑州、洛阳等京广、陇海铁路沿线城市初步形成以能源、原材料为基础的重工业基地，南阳等欠发达地区借大批沿海工业企业内迁也迎来了短暂发展机遇。

2. 经济技术协作区横向联合期（1978—1990 年）

改革开放后，河南由计划经济开始转向市场经济，资源要素在各区域之间的流动也由纵向调拨为主，转为以需求导向和效率导向为主的横向有序流动。1983 年开始调整行政区划，推行市带县体制，随后提出开发“地下地上”两类资源（矿藏资源和农业资源），推动山区和贫困地区改变面貌。在“七五”计划期间，围绕优势资源开发利用和国家重要基地建设，形成一级经济技术协作区；以中心城市为依托、以企业经济联合为核心，形成二级经济技术协作区；并建立了一批省际毗邻经济技术协作区。

3. 县域经济壮大期（1990—1998 年）

这一时期把发展壮大县域经济作为推动区域协调的重要举措。1992 年对综合经济实力排名前 18 位的强县进行扩权试点，扩大县级审批权限，开通县域项目直报省审批的“直通车”，激发县域发展活力。1996 年，提出“抓两头、带中间”，一手抓 18 个综合改革试点县（市），一手抓 34 个贫困县，开展创建小康乡、小康县活动。2004 年，赋予巩义、永城、项城、固始、邓州五县（市）省辖市经济管理权限和部分社会管理权限，赋予 30 个县（市）省辖市经济管理权限。

4. 中原城市群引领带动期（1998—2012 年）

这一时期提出并正式实施中原城市群战略，2003 年编制《中原城市群战略构想》，并在出台的《河南省全面建设小康社会规划纲要》中，明确将 18 个省辖市划分为中原城市群、豫北、豫西豫西南和黄淮四大经济区。其中，中原城市群以郑州为中心，拟打造包括洛阳、开封、新乡、焦作、许昌、平顶山、漯河、济源等 9 市在内的大十字形核心区；豫北地区由安阳、鹤壁、濮阳三市组成；豫西豫西南地区包括三门峡和南阳，黄淮四市包括驻马店、商丘、周口和信阳。2006 年印发实施《中原城市群总体发展规划纲要》，对以郑州为中心的 9 市进行统筹定位，强化空间和内在经济联系，着力推进郑汴一体化，强化郑州和开封在城市公交和电信、金融等领域的同城化。2007 年出台《关于加快黄淮四市发展若干政策的意见》，提出把黄淮四市建设成为全国重要的现代农业基地和以农副产品精深加工为主的加工制造业基地，拉长区域协调发展的“短腿”。2009 年，按照企业集中布局、产业集群发展、资源集约利用、功能集合构建和促进人口向城镇转移“四集一转”的理念，在各县（市）规划建设 180 多个产业集聚区。2011 年出台《关于支持南阳市经济社会加快发展的若干意见》，支持南阳建设河南高效生态经济示范区、豫鄂陕省际区域性中心城市，推动南阳经济社会跨越式发展。

5. 全面统筹协调发展期（2012 年至今）

这一时期，河南在全国大局发展中谋划自身区域协调发展，部分区域性重大部署上升为国家战略，经济区间、区域内部间协调联动和城乡间融合发展加快推进，区域协调发展的思路日渐清晰。2012 年，国务院出台《关于支持河南省加快建设中原经济区的指导意见》，正式批复《中原经济区规划》①，强调豫北地区要促进安阳、鹤壁、濮阳联动发展，凸显在晋冀鲁豫毗邻地区的优势，成为中原经济区与环渤海经济圈衔接联系的前沿；豫西地区的三门峡融入“郑洛三工业走廊”，成为重要经济区核心增长板块的紧密外缘，强化洛阳、三门峡、济源、焦作协同发展；南阳融入黄淮四市一体化发展，增强在豫皖鄂陕毗邻地区和淮海经济协作区中的影响力；最终构建放射状、网络化、板块式的区域协调发展新格局。2014 年，国家批复《晋陕豫黄河金三角区域合作规划》②，把推进次区域合作作为黄河金三角区域合作的重要突破口，强化市际交界地区融合发展，加快推进三门峡市区—平陆县城一体化发展和义马—渑池同城化发展。2016 年 12 月，国务院印发《中原城市群发展规划》，地域范围大致与中原经济区相同③，明确了“一核四轴四区”网络化空间格局。2018 年 10 月，国务院出台《淮河生态经济带发展规划》④《汉江生态经济带发展规划》⑤，推进阜阳—亳州—周口组团基础设施和产业园区共建，加快襄（阳）南（阳）城市组团一体化进程，合力打造城市圈。

2019 年 7 月，河南省委、省政府印发实施《建立更加有效的区域协调发展新机制实施方案》，对区域协调发展格局进行了明确，即加快郑州大都市区建设，强化郑开双创走廊、开港、许港、郑新、郑焦等重点产业

---

① 中原经济区范围包括河南省全境，河北省邢台市、邯郸市，山西省长治市、晋城市、运城市，安徽省宿州市、淮北市、阜阳市、亳州市、蚌埠市和淮南市凤台县、潘集区，山东省聊城市、菏泽市和泰安市东平县等 5 省 30 个地级市及 3 个市辖区、县。

② 黄河金三角包括山西省运城市、临汾市，陕西省渭南市和河南省三门峡市 4 个市，共辖 47 个县（市、区）。

③ 中原城市群范围包括河南、山西、山东、安徽、河南 5 省 30 市，范围仅比中原经济区少泰安市东平县和淮南市潘集区、凤台县 3 个区县。

④ 淮河生态经济带包括江苏省淮安市、盐城市、宿迁市、徐州市、连云港市、扬州市、泰州市，山东省枣庄市、济宁市、临沂市、菏泽市，安徽省蚌埠市、淮南市、阜阳市、六安市、亳州市、宿州市、淮北市、滁州市，河南省信阳市、驻马店市、周口市、漯河市、商丘市、平顶山市和南阳市桐柏县，湖北省随州市随县、广水市和孝感市大悟县。

⑤ 汉江生态经济带规划范围包括河南省南阳市全境，洛阳市栾川县、嵩县，三门峡市卢氏县，驻马店市泌阳县；湖北省十堰市、神农架林区、襄阳市、荆门市、天门市、潜江市、仙桃市全境，随州市曾都区、随县，孝感市孝南区、云梦县、汉川市、安陆市、应城市，武汉市江汉区、硚口区、汉阳区、东西湖区、蔡甸区、汉南区；陕西省汉中市、安康市、商洛市全境，共 84 个县（市、区）。

带支撑；建设洛阳副中心城市，引领西部转型创新发展；加快商丘、南阳、安阳3个区域中心城市建设，提升对周边地区的辐射力；深化豫京、豫沪、豫鄂、沿淮等省际战略合作，推进晋陕豫黄河金三角、丹江口库区及上游区域、淮海经济区合作，加快实施淮河、汉江生态经济带发展规划，推进沿黄生态经济带建设，建立健全省际区域合作和上下游毗邻地区合作机制，形成以郑州为中心，引领中原城市群一体化发展的区域协调发展新格局。

（二）经济实力差距较大，发展态势明显分化

河南省下辖18个市，由于地形、历史等原因，各地经济实力大小不一，区域发展不平衡、不充分的现象依然存在。由于受化解过剩产能和产业结构调整的影响，近年来部分资源型城市型城市发展势头回落，省内发展态势明显分化，区域协调发展系数[①]由2010年的2.54逐步上升至2018年的2.70。

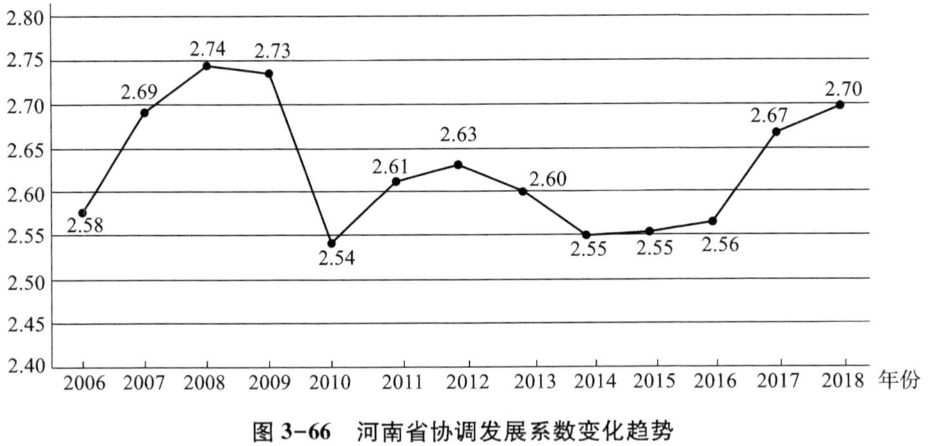

图3-66 河南省协调发展系数变化趋势

1. 经济实力“头部效应”明显，板块内分化加剧

省辖市发育不足，经济体量在5000亿~1万亿元的省辖城市缺失，人均GDP在7000~10000元的省辖城市仅有济源。郑州与洛阳的差距越拉越大，

① 河南省区域协调发展系数，是指各省辖市GDP占河南省GDP比重减各省辖市常住人口占河南省常住人口比重的绝对值，乘以各省辖市常住人口占河南省常住人口比重的加总。该系数数值越高表明区域发展越不平衡。

经济总量由 2010 年的 1.74∶1 扩大至 2018 年的 2.19∶1，常住人口由 1.32∶1 扩大至 1.47∶1，人均 GDP 由 1.40∶1 扩大至 1.50∶1。郑州大都市区中的 4 个区域节点城市中，许昌表现抢眼，"十三五"前三年，许昌占全省的人口比重、经济总量比重双提升，开封双下降，焦作、新乡经济总量占比下滑。黄淮和南阳五市人均 GDP 明显低于全省平均水平和其他地市，南阳经济总量占比和周口人口总量占比显著下滑。豫北豫西地区，济源、三门峡、焦作传统工业城市人均 GDP 明显高于其他地市，人口比重未出现大的波动，而焦作、三门峡两市经济比重下滑。

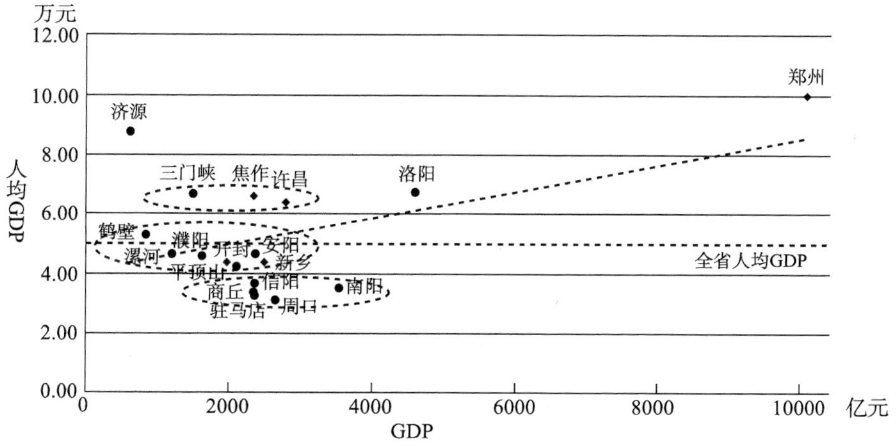

图 3-67　2018 年河南各市 GDP 与人均 GDP

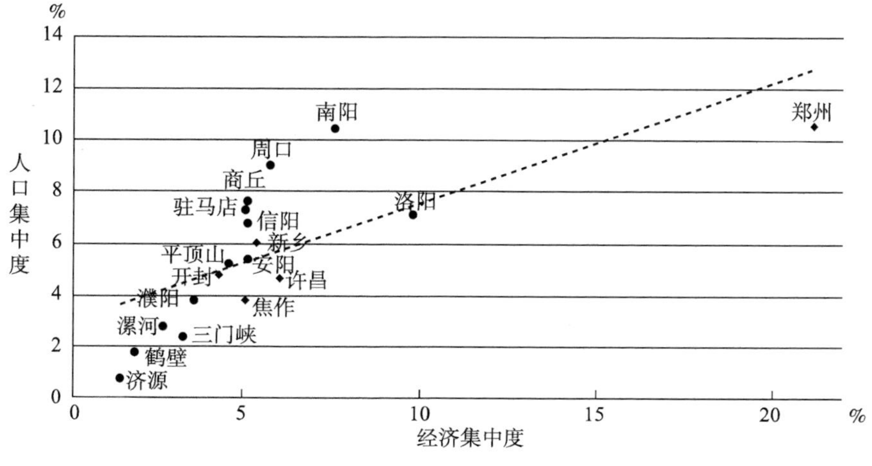

图 3-68　2018 年河南各市经济—人口集中度分布

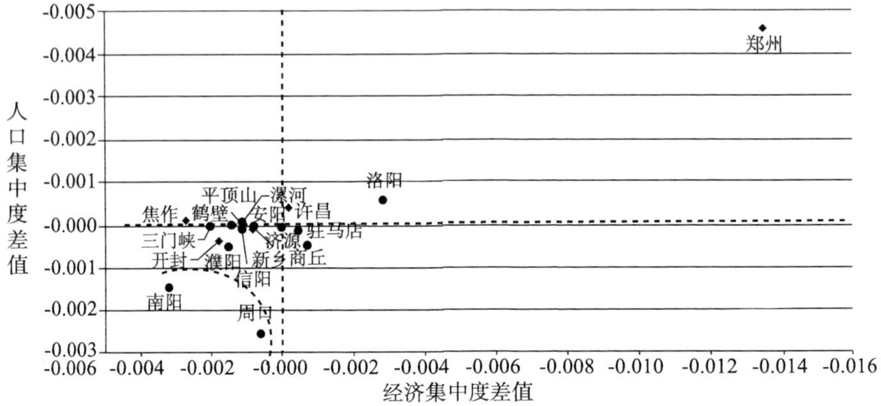

图 3-69 “十三五”前三年河南各市经济—人口集中度差异变化

2. 传统资源性地市经济增速下滑，传统农区加快转型

随着供给侧结构性改革深入推进，安阳、焦作、鹤壁等传统资源性城市增速下滑，“十三五”前三年平均增长 7.3%左右，低全省平均水平 0.5 个百分点；2019 年上半年，安阳增速下滑至 4.3%，同比回落 3.3 个百分点；南阳、新乡下滑态势明显，需要高度关注。部分传统农区地市加快转型，“十三五”前三年，商丘、驻马店分别平均增长 8.7%和 8.5%，2019 年上半年持续保持相对高于全省增速的较好态势。郑州大都市 4 个节点城市呈现出“南快北慢东弱西调”态势，许昌“十三五”前三年年均增长 8.7%，焦作为 7.3%，分化苗头显现。

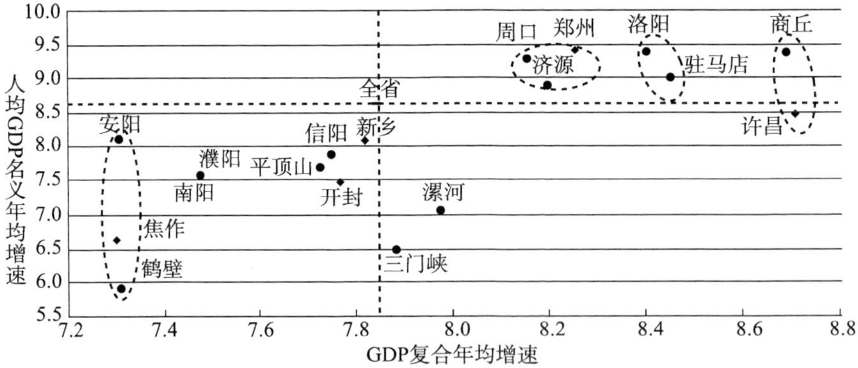

图 3-70 2016—2018 年河南各市 GDP 与人均 GDP 增速

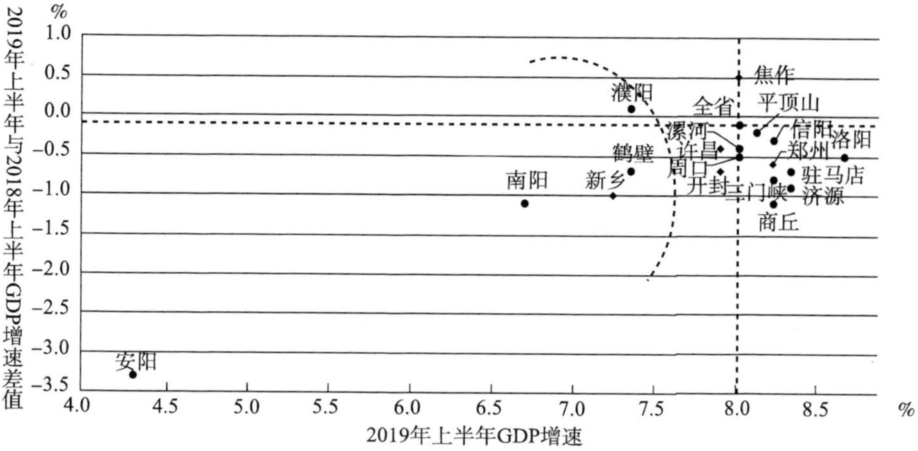

图 3-71　2019 年上半年河南各市 GDP 增速及同比变化

3. 人口净流出量收窄，大都市区人口吸引力持续提升

河南是人口大省，更是流动人口大省，随着河南经济社会的发展和新型城镇化的加速推进，人口净流出量明显下降。根据我们测算①，河南全省在“十五”“十一五”“十二五”期间，年均分别净流出 77. 4 万人、42. 4 万人和 35. 9 万人；“十三五”前三年年均净流出量下降至 12. 6 万人。

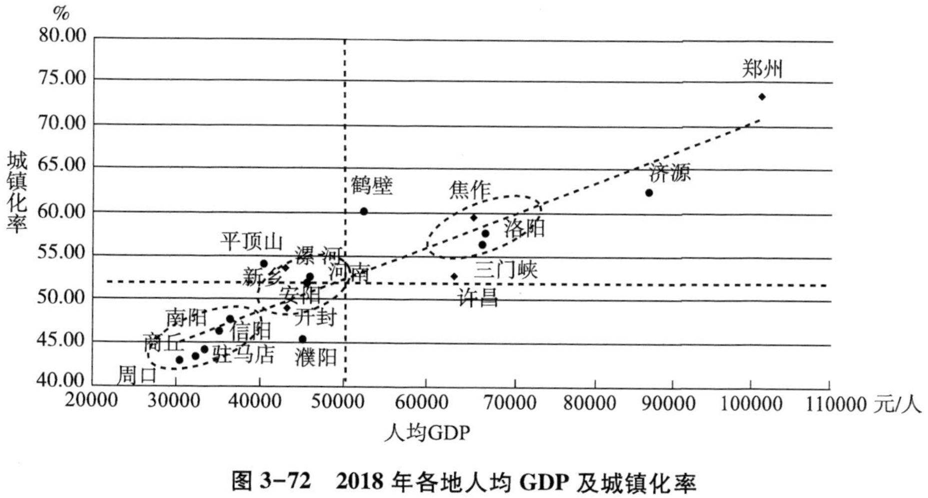

图 3-72　2018 年各地人均 GDP 及城镇化率

① 人口流入量为实际增长人口与理论增长人口的差值。测算公式为：（第 i 年末常住人口−第 $i-1$ 年末常住人口）−（第 $i-1$ 年末常住人口+第 i 年末常住人口）/2×第 i 年人口自然增长率。

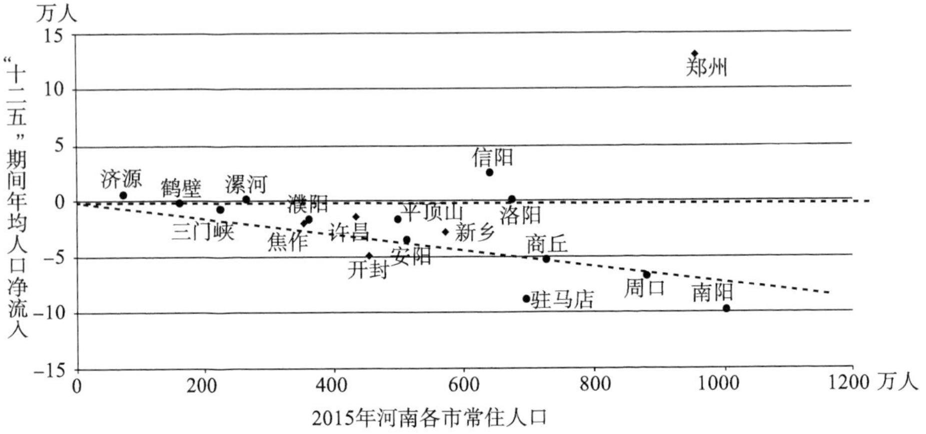

图 3-73　河南各市 2015 年常住人口与“十二五”期间年均人口净流入

4. 省际流出人口主要流向经济发达的沿海地区

根据河南省统计局《2018 年河南人口发展报告》，全省人口流出目的地以广东为最多，其次是北京、浙江、江苏和上海，分别占外出省外人口的 17.9%、14.7%、14.3%、12.0%和 8.1%，其次比较集中的地方还有新疆、天津以及河北、山西、山东、湖北等省份。省内流动人口中跨市流动人口占 28.6%，市内跨县流动人口占 15.2%，其余 56.2%的外出人口都是在本县（市、区）各乡镇、街道办事处间流动。

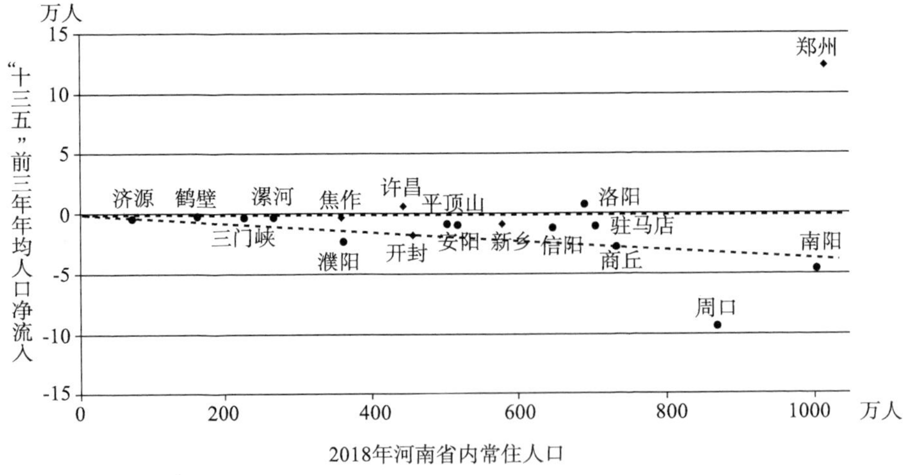

图 3-74　河南各市 2018 年常住人口与“十三五”前三年年均人口净流入

5. 郑州、洛阳的人口吸纳力持续增强

根据《2018 年河南人口发展报告》，外省流入河南的人口中 36.8%流入郑州市，比 2017 年提高 3.1 个百分点；省内跨市流动人口中 59.8%流入郑州市，比 2017 年上升 1.1 个百分点。据我们测算，“十二五”和“十三五”前三年，郑州年均分别净流入 13.1 万人、12.2 万人，洛阳年均分别净流入 0.1 万人、0.8 万人。

6. 郑州大都市区对人口的吸引力不断提升

许昌实现人口流向反转，由“十二五”年均净流出 1.4 万人逆转为“十三五”前三年净流入 0.6 万人。其他 3 个节点城市人口净流出量大幅缩减，开封由“十二五”年均净流出 5.0 万人缩至“十三五”前三年的 1.9 万人，新乡净流出人口从 2.8 万人缩到 0.8 万人，焦作由 2.0 万人缩至 0.3 万人。根据华夏幸福产业研究院《都市圈理论与中国都市圈发展趋势》报告，2010—2017 年，上海中心地带人口仅增长 64 万人，同期外圈层人口的平均增长近 2 倍，昆山、江阴等支点城市人口增长均超过 150 万人。随着大都市区产业承载能力提升和“一日生活圈”“一小时通勤圈”的不断完善，开封、新乡、焦作、许昌 4 个节点城市的人口净流入将大幅增加。

7. 周口、南阳、商丘是河南人口净流出大市

“十二五”和“十三五”前三年，周口年均分别净流出 6.8 万人、9.4 万人，呈扩大态势，成为人口流出第一大市；南阳年均分别净流出 9.8 万人、4.6 万人，商丘年均分别净流出 5.3 万人、2.8 万人，驻马店年均分别净流出 8.9 万人、1.0 万人，净流出量显著收缩。信阳“十三五”年均净流出 1.2 万人。濮阳人口净流出规模明显扩大，由“十二五”年均 1.7 万人上升到“十三五”前三年年均 2.2 万人，需要高度关注。

（三）产业结构整体偏重，圈层板块互补格局尚未形成

河南处在工业化、城镇化发展的中后期阶段，各市发展阶段差异较大，呈现一产占比整体偏高、二产占比区域分化、三产占比相对偏低的格局，相邻地区间产业结构同质同构的现象普遍存在。

1. 郑州大都市区产业互补结构基本形成

从国家的战略导向看，加快都市区（圈）发展必将成为我国进一步缩小区域划分的空间尺度，提升区域协调发展政策针对性、精准性的重要举措。2018 年郑州市三次产业结构为 1.4∶43.9∶54.7，未来服务业占比将进一步提升，预计将达到 65%~70%，甚至会更高。

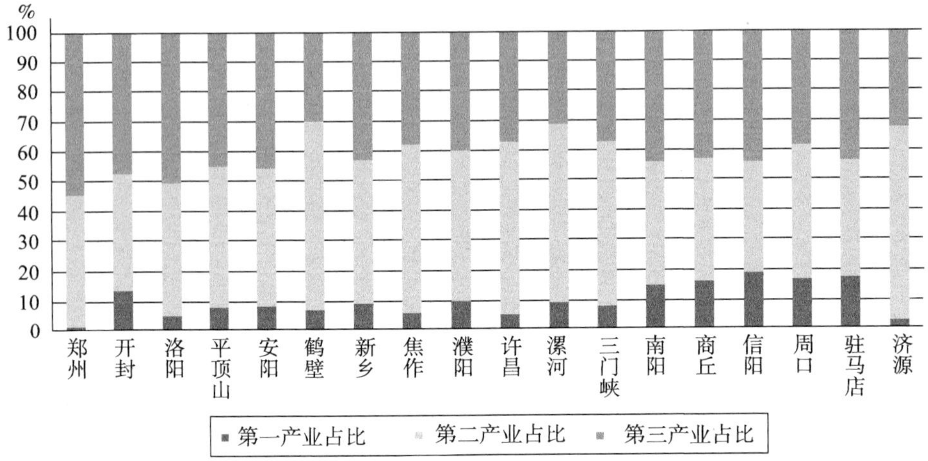

图 3-75　2018 年河南各市产业结构

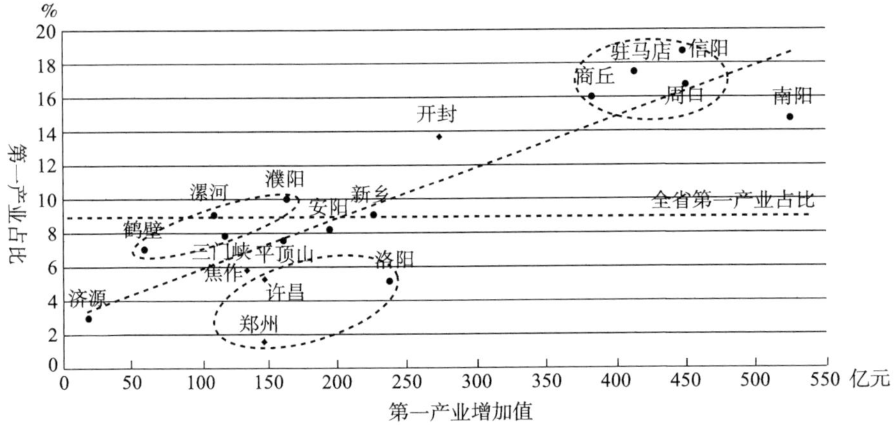

图 3-76　2018 年河南各市第一产业增加值及占比

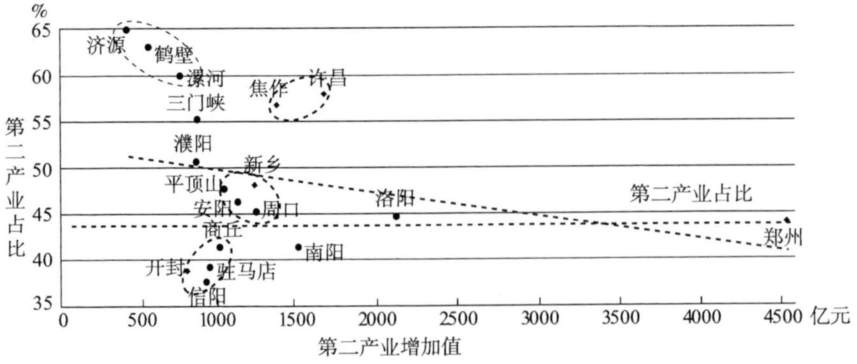

图 3-77　2018 年河南各市第二产业增加值及占比

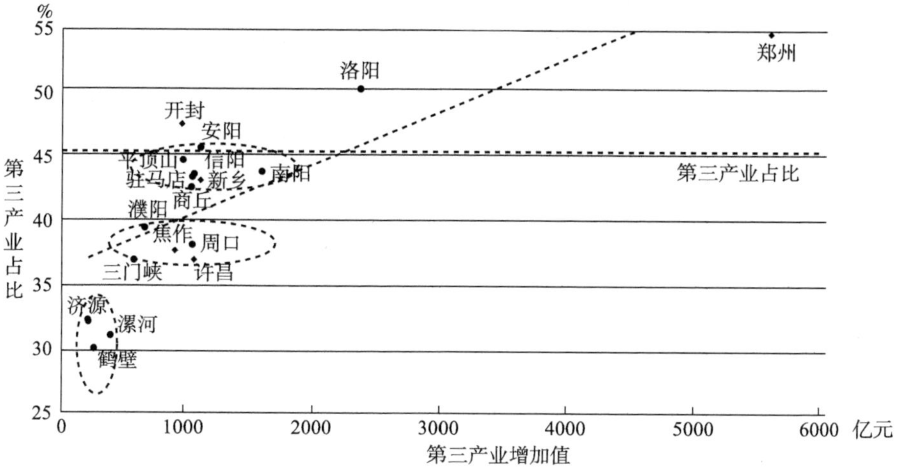

图 3-78　2018 年河南各市第三产业增加值及占比

在都市区 4 个节点城市中，许昌、焦作偏工业，开封偏服务业，新乡二产业相对稍高于三产业（分别为 47.9%和 43.2%），总体产业结构相对合理。由于都市区产业统筹联动机制尚未成熟，4 个节点城市在谋划产业发展方向时，存在“四多四少”趋向。即考虑单兵突进的多，将都市区作为一个整体来考虑的少；在产业发展上考虑做“加法”的多，考虑有所为有所不为做“减法”的少；考虑作为都市区综合服务中心的多，真正想做一个功能中心和产业、人口引聚的“反磁力”中心少；担忧“大树底下不长草”的多，发挥比较优势实现“背靠大树好乘凉”的少。

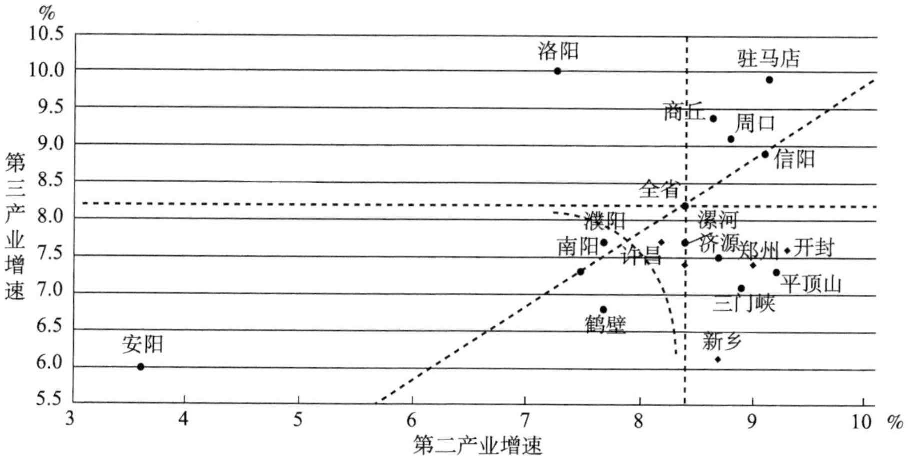

图 3-79　2019 年上半年河南各市二、三产业增速

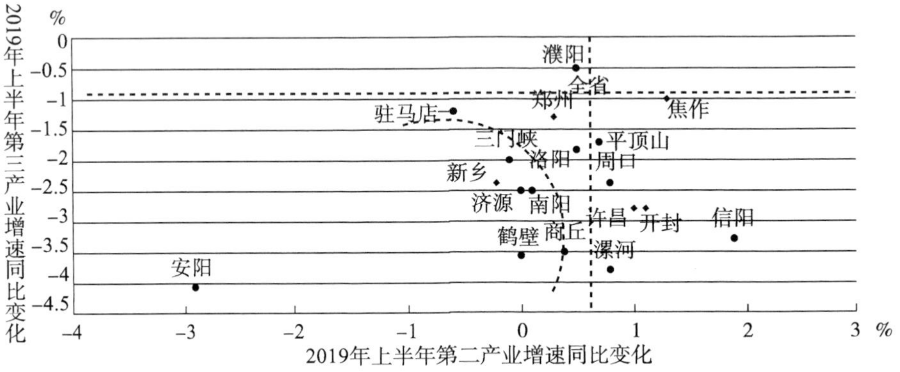

图 3-80　2019 年上半年河南各市二、三产业增速变化

就开封而言，并未定位在辅助郑州国家中心城市的功能中心，也在全力推进工业、服务齐头并进，在招商引资、产业发展方面势必会导致与郑州的同质竞争，2019 年上半年第二产业发展态势相对强于第三产业。相对而言，郑州与开封更凸显的是互补效应；郑州与新乡、焦作、许昌更凸显的是外溢效应。相比之下，上海的产业圈层布局非常值得借鉴。从上海的汽车产业链空间布局看，随着长三角一体化的发展，汽车产业空间布局不断延伸，形成了由内向外、由核心功能向配套功能逐步拓展的圈层结构。即总部、研发中心等关键职能位于都市核心区，30 千米圈层专注于技术研发、学校培训、汽车博览等环节；50 千米圈层在紧密零件、发动机等零部件生产环节比较有优势；80 千米圈层提供物流、测试场、内饰生产等服务；120 千米范围负责整车生产和物流运输。

2. 洛阳产业结构加快调整孕育动力变革

近年来，洛阳在服务业特别是生产性服务业上发力，服务业持续较高速发展，三次产业结构由 2014 年的 7.1∶51.1∶41.9 调整为 2018 年的 5.1∶44.6∶50.3，综合服务功能逐步增强，与平顶山、三门峡、济源等市形成了良好互动和优势互补的态势。

3. 三个区域中心城市短时期内难以带动周边发展

安阳三次产业结构为 8.2∶46.2∶45.7，与全省基本相当，经济总量相对不大，近年来经济增速持续下滑，特别是 2019 年上半年，二、三产业增速大幅低于全省各市，下滑幅度进一步加大，且鹤壁、濮阳与安阳有点类似，豫北地区整体处于转型最困难时期。豫东和豫南地区（除漯河外）整体呈现一产规模大、二产占比低、三产发展严重不足、经济集中度远低于人口集中度的现象，人均 GDP 基本处于全省最低水平。从近期发展态势看，黄淮四市发展形势相对好于南阳。

（四）消费拉动较为均衡，各地投资增速差异较大

1. 消费增速整体持续下滑，个体差异较小

河南全省社会消费品零售总额增速由 2008 年的 23.2%逐步下降至 2018 年的 10.3%，驻马店、商丘、周口传统农区和开封旅游城市增速相对较高。2019 年上半年，各市社会消费品零售总额增速保持在 10%～12%，个体差异较小。

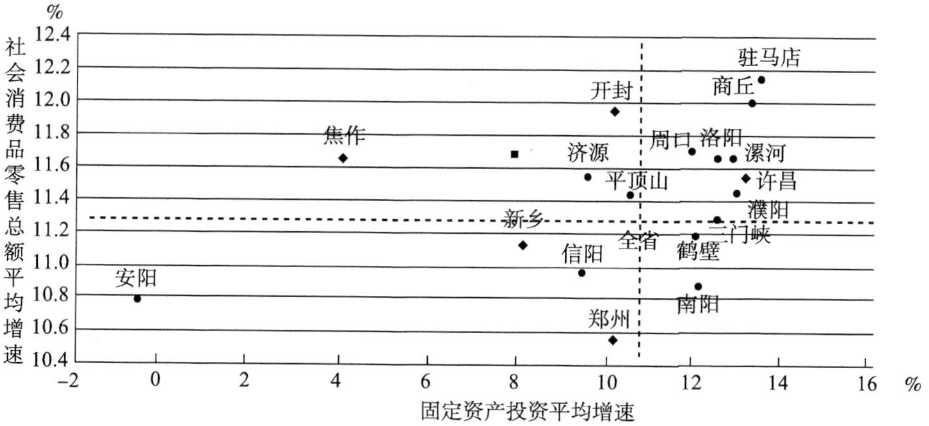

图 3-81　“十三五”前三年河南各市投资与消费年均增速

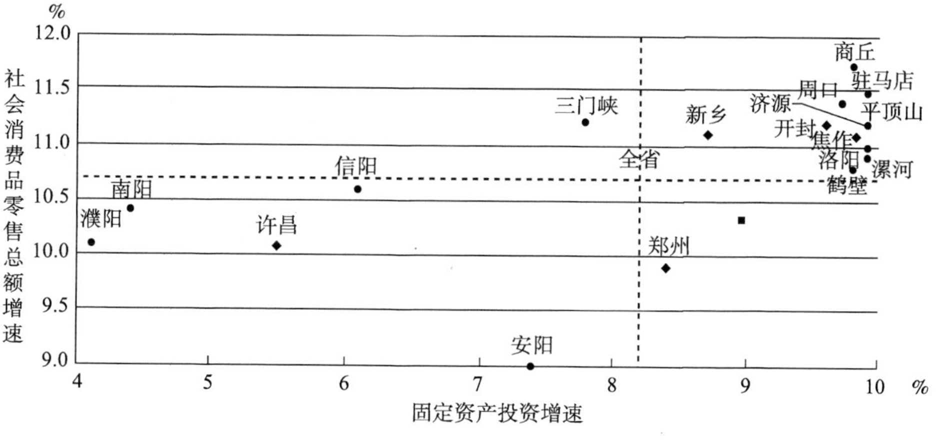

图 3-82　2019 年上半年河南各市投资与消费增速

2. 人均可支配收入与消费支出个体差异大，消费欲望较低

近年来，河南人均可支配收入和人均消费支出水平稳定在全国的 78%、75%左右，且支出收入比逐步下滑，由 2013 年的 70. 4%下降至 2018 年的 69. 1%，消费倾向逐步衰弱。从 11 地市人均收入与支出数据看（郑州、平顶山、安阳、新乡、南阳、周口、济源 7 市数据缺失），呈现洛阳、焦作、三门峡等豫西地区收入高、消费倾向强，但支出增速低，驻马店、信阳、商丘等传统农区收入低、支出增速低，但驻马店、信阳两市消费倾向较强，商丘消费倾向较弱的态势。

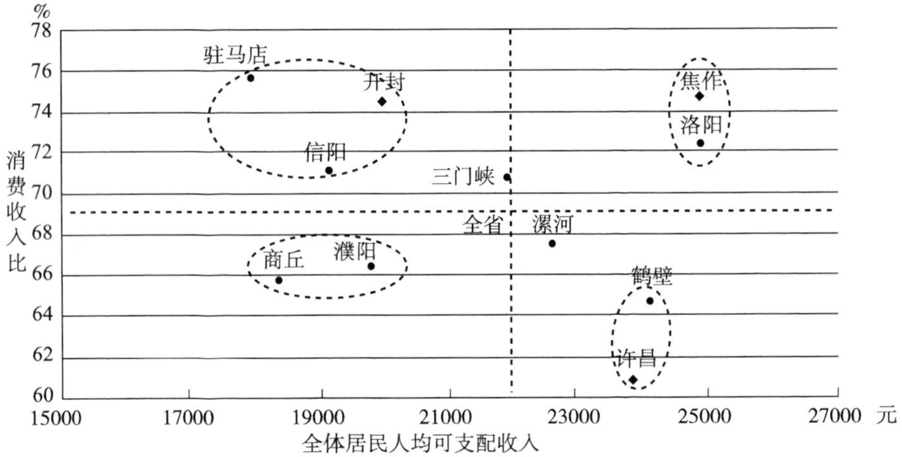

图 3-83　2018 年各地城乡一体化居民可支配收入与消费收入比

注：郑州、平顶山、安阳、新乡、南阳、周口、济源数据缺失。

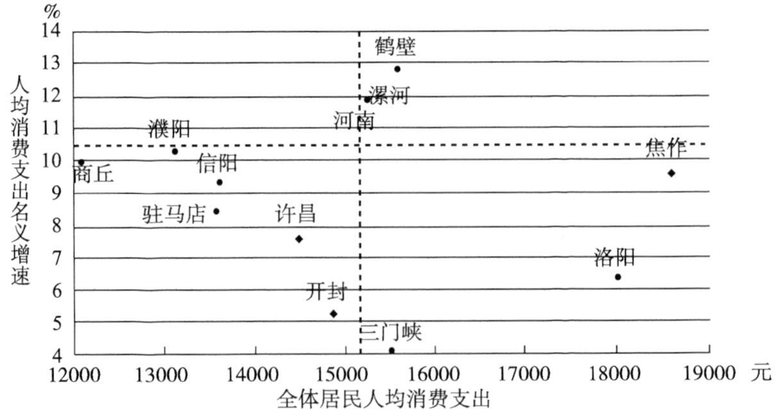

图 3-84　2018 年各地城乡一体化居民人均消费支出及名义增速

注：郑州、平顶山、安阳、新乡、南阳、周口、济源数据缺失。

3. 投资增速梯级下滑，民间投资增速个体分化

从历史数据看，投资增速总体上将持续趋向下滑。河南固定投资增速由2010年的30%逐级下滑至2019年的8%，保持高于全国2~3个百分点的水平；民间投资增速波动幅度较大，近两年低于全国增速2个百分点。

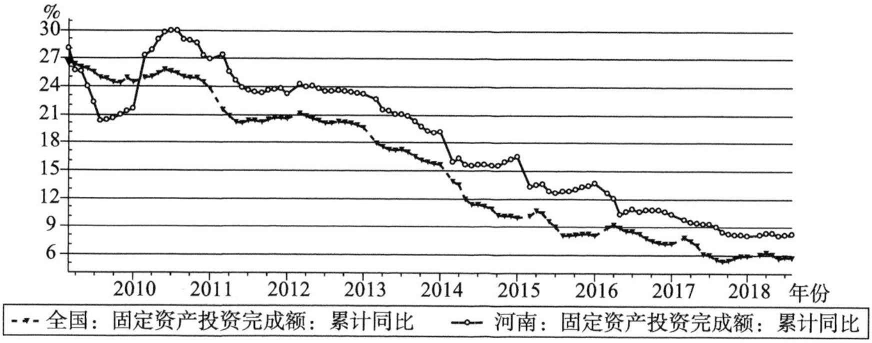

图 3-85　全国及河南固定资产投资增速

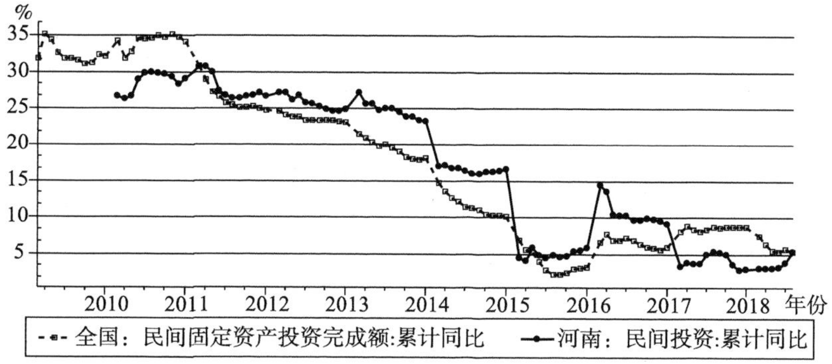

图 3-86　全国及河南民间投资增速

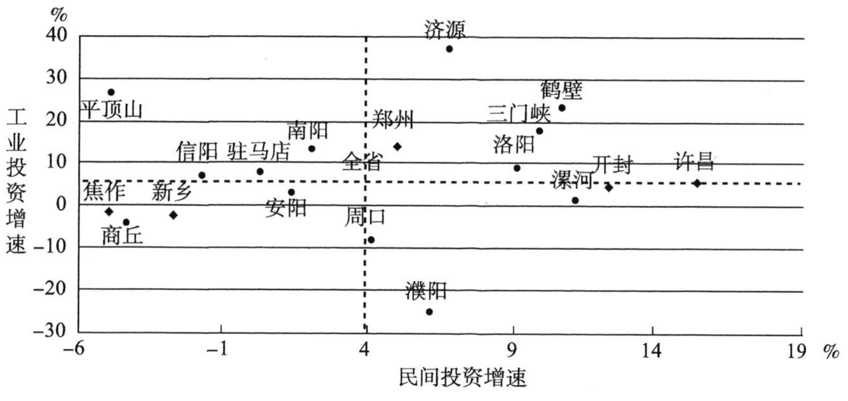

图 3-87　2019 年上半年河南各市民间投资与工业投资增速

从各市数据来看，传统工业大市投资增速疲弱。“十三五”前三年，安阳、焦作、新乡等传统工业大市年均投资增速分别为-1%、4%、8%，远低于河南整体水平，且民间投资、工业投资出现持续下滑态势。黄淮 4 市与南阳等地投资增速相对较快，但民间投资增速不容乐观。

（五）投入产出效率偏低，要素区域配置还需优化

1. 河南地方财政税收收入 1/3 集中在郑州，各市税收贡献率差异巨大

从总量上看，2018 年河南省地方财政税收收入 2656.5 亿元，其中郑州贡献 859.5 亿元，占 32.3%。从单位 GDP 税收贡献率看，郑州为每百元 GDP 产生 8.5 元地方财政税收，18 个省辖市中仅有济源、漯河、三门峡、平顶山、鹤壁、开封与河南省 5.5 元的水平基本相当，而南阳、周口、信阳不足 3.5 元。

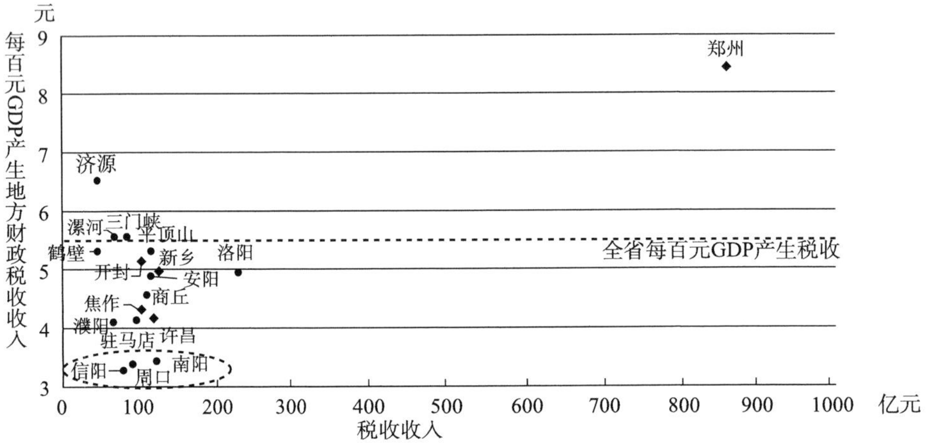

图 3-88　2018 年河南各市百元 GDP 产生税收及税收收入

2. 豫北劳动生产率整体高于豫南地区，人力资源流动将持续在城乡和区域间流动

2018 年，河南平均劳动生产率为 6.6 万元/人，郑州、济源、三门峡超过 10 万元/人，黄淮 4 市和南阳集中在 3 万~4 万元/人的水平。从一产劳动生产率看，开封、鹤壁得益于生态农业、观光农业，劳动生产率较高，周口、南阳劳动生产率较低，预示着未来农业人口可能会进一步转出。

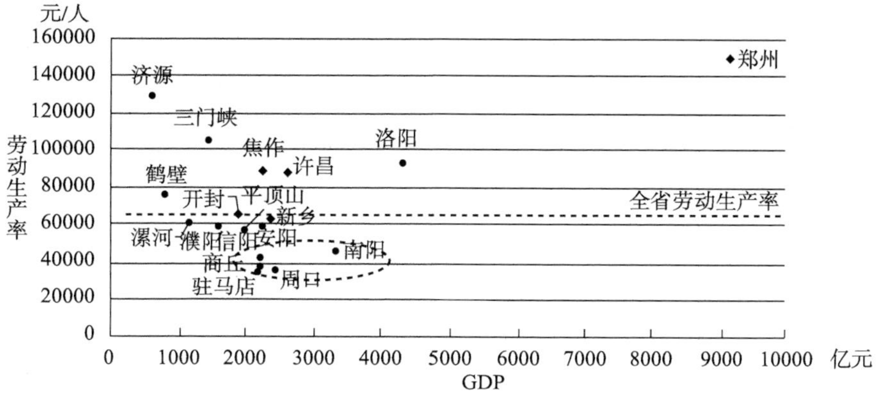

图 3-89　2017 年河南各市人均劳动生产率及 GDP

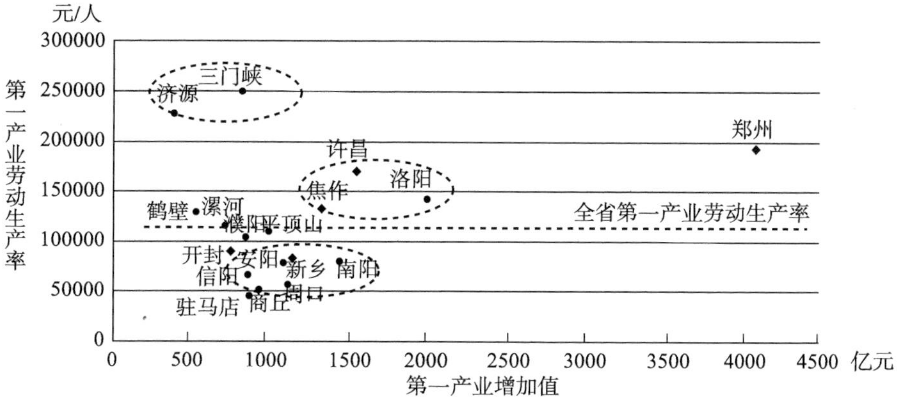

图 3-90　2017 年河南各市一产人均劳动生产率及增加值

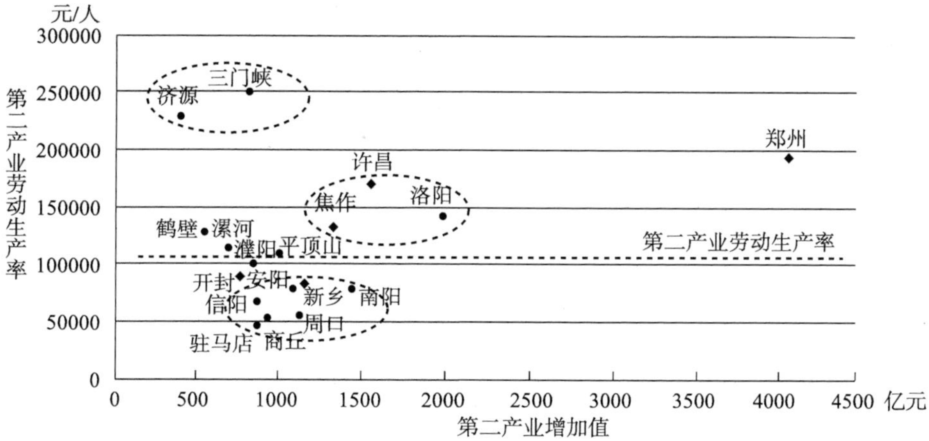

图 3-91　2017 年河南各市二产人均劳动生产率及增加值

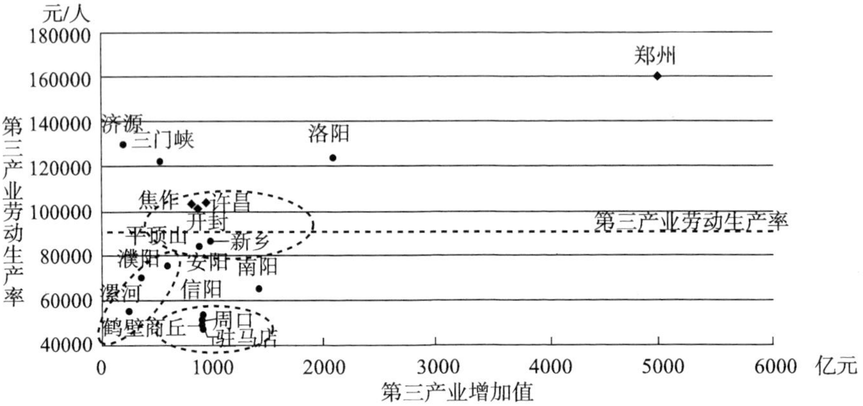

图 3-92　2017 年河南各市三产人均劳动生产率及增加值

3. 投资边际效益较低，资源型城市和农业大市表现更为突出

郑州投资效率为河南省平均水平的 1.5 倍，但鹤壁、三门峡等资源型城市和信阳、南阳等农业大市较低，仅约为河南省水平的 2/3。

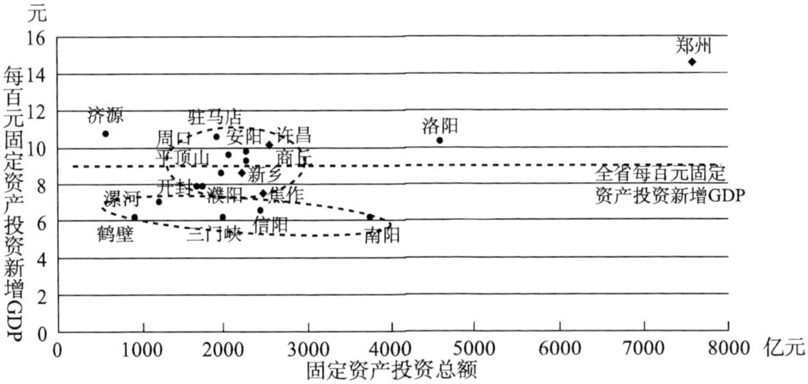

图 3-93　2017 年河南各市百元固定资产投资新增 GDP 与投资总额

第四章

关于河南区域协调发展的认识与思考

总的来看，河南近年来快速发展有两种方式：一为主动改变、抢抓机遇、无中生有，如高速公路建设、航空货运优先发展、空陆网海“四路并进”与内陆开放高地建设；二为形势所迫、被动改变、谋求突围，如近年来的化解过剩产能、优化营商环境等。无论是主动还是被动，其工作基点都是顺应把握发展改革大势、在服务全国大局中谋求自身发展，实现“河南快速发展—服务大局能力增强—要素倾斜创新再发展”的良性循环。在谋划未来一个时期区域协调发展乃至中长期发展规划时，需要继续秉承这个思路，切准河南争先进位出彩与“两个百年目标”的契合点，顺大势、抓机遇、勇突破。下面就结合河南区域协调发展与“十四五”谋划重点分析几个问题。

一、对新时期我国区域协调发展战略重点的分析

习近平总书记强调，“当今世界正处于百年未有之大变局，这是一个船到中流浪更急、人到半山路更陡的时候，是一个愈进愈难、愈进愈险而又不进则退、非进不可的时候”。近年来，国际形势急变、黑天鹅事件、灰犀牛事件迭出，贸易保护主义、单边主义躁动泛起，全球技术革命与产业变革、经济增长动力与实力格局、全球治理体系与经贸规则、国际贸易结构与贸易方式、国际金融货币体系与能源结构地域格局都面临前所未有的大变革。综合来看，蕴含在众多变化中的一条主线就是中美全方位竞争，特别经济科技竞争由“合作为主、竞争为辅”转向“竞争为主、合作为辅”的新格局。近年来，美国对中国快速崛起产生强烈的不安全感和竞争遏制心态，在各个领域采取一切措施实施极限施压，妄图阻断供应链、破坏产业链、打乱研发步伐、最终达到战略遏制的目的，中美贸易战、科技战、金融战、网络战、法律战、舆论战大概率会长期存在。对于我国而言，就是准确把握形势变化，超前谋划、妥善应对、变中求机，不让外部环境变化延缓甚至打断中国现代化进程。

结合习近平总书记在中央财经委员会第五次会议和黄河流域生态保护和高质量发展座谈会上的讲话精神，未来一个时期我国区域协调发展的重心可归结为两点：一是以“做好自己的事”为基石营造良好的外部环境。充分发挥集中力量办大事的制度优势、超大规模市场优势和区域不平衡的巨大潜力空间和韧性空间，以土地制度、区域协调机制变革激发区域经济发展活力、应对国际形势压力，以国家中心城市、都市圈、城市群、大湾区的崛起代表国家参与全球竞争、赢得发展先机，以综合实力提升的强大基石参与全球治理体系变革、引导能源等高端要素配置格局优化，为加快现代化进程营造良好的外部环境。二是提升中国在新一轮全球分工体系中的地位。把握新一轮技术革命和产业变革带来的技术变轨跨越、全球分工重塑、价值链重构的历史性机遇，顺应和引领贸易结构、贸易方式和投资贸易规则制定，提升产业基础高级化、产业链现代

化水平，在全球产业链、供应链、价值链中占据有利位置。需要特别说明的是，要高度重视中央财经委第五次会议释放的三个重磅信号，这也决定了未来较长一个时期我国推进区域协调发展的战略导向和重点任务。

（一）中心城市引领城市群发展模式将主导我国城镇化进程

新中国成立以来，对于城镇化路径的选择，社会各界一直存在着两种声音：一个是主张集中式发展，优先发展大城市，依靠大城市带动周边中小城市发展，但这种“摊大饼”的模式会让城市效率变得越来越低；另一个是主张分散式发展，积极发展中小城市和小城镇，但这种自下而上的模式局限于优越的地理位置与良好的经济基础，中西部地区和东北地区部分小城镇存在凋敝苗头。我国城镇化70年历程，经历了“严格控制大城市，积极发展小城镇”到“大中小城市和小城镇协调发展”，再到“推进以城市群为主体形态的城镇化发展”的过程。习近平总书记在中央财经委第五次会议上强调，“我国经济发展的空间结构正在发生深刻变化，中心城市和城市群正在成为承载发展要素的主要空间形式”，这意味着我国的区域协调发展路径和战略导向将出现部分调整，并产生深远影响。

1. 以效率优先的思路缩小区域协调发展政策单元、重新组织生产力空间布局

较长一个时期以来，我国区域政策以四大板块为基础，支持落后地区发展加快，走共同工业化、城镇化的路子。根据恒大研究院统计，我国19个城市群以全国25%的土地，集聚了全国75%的人口，创造了全国88%的GDP，其中城镇人口占比78%。在要素资源特别是土地指标配置上向三四线城市倾斜，与人口向大城市流动的方向背离，形成“人”“地”分离、土地供需错配，在一定程度上推动一二线城市房价和三四线城市库存双双高启。2006—2016年1000万人以上城市人口增长36.0%，但土地供给仅增长14.4%；20万人以下城市人口增长3.0%，而土地供给大幅增长26.1%。

未来，全球城市网络从传统的制造、物流和金融网络转向科技创新和文化网络，中心城市上升路径更加多元，全球经济的经济单元不再是国家，而是那些对全球有影响力和控制力的城市群。按照人口、土地、资本等要素向回报率高地区流动的客观规律，预计国家将进一步落实全国发展“一盘棋”理念，将会把板块区域政策缩小为次区域、城市群甚至是都市圈的精准政策，落实取消落户限制政策，放宽对经济发达地区特别是大城市的建设用地指标管制，支持优势地区加快发展，防止“屁股决定脑袋做决策”，杜绝低水平重复建设，推动“强者恒强、强者更强”的效率优先型发展，真正将各地区比较优势与协同配合发挥到极致。

2. 中心城市、都市圈发展导向由“控人口”向“增强经济和人口承载能力”转变

近年来，城市间发展不平衡凸显，出现“大城市病”与中小城市人口流出并存，大城市过度膨胀与产业基础差的中小城市急剧收缩并存，京、沪等大城市“控制人口总量”与中小城市建新城盲目扩张并存，人口流动陷入“大城市容不下肉体、小城市留不下灵魂”的尴尬局面。我国的人口、资本、产业、土地等核心生产要素面临全面洗牌，“19+2”城市群将成为集聚承载人口、资源、产业和要素的重要平台和战略空间，规模经济效应逐步增强，基础设施密度和网络化程度加快提升，创新要素集聚推动新的主导产业跨越式发展，将形成由大城市尤其是特大城市更多提供市场和就业，中小城镇侧重于为转移人口提供住房和教育、医疗等公共产品的都市圈“同城化”互补联动格局。

3. 都市圈和城市群以外的其他地区由“齐头并进”推进工业化城镇化向注重提升粮食安全、生态安全、边疆安全功能转变

从中央财经委第五次会议精神来看，未来“其他地区”要接受人口增长缓慢甚至持续流失的现实，将发展重点由过去的追求经济增长、城市规模扩张，转变到保障粮食安全、生态安全、边疆安全上来。“其他地区”将不得不转变惯性增量规划思维，严控增量、盘活存量，引导人口和公共资源向城区集中，提高城市运营效率，把人财物和环保容量等资源腾出来给都市圈、城市群的发展。同时，都市圈、城市群也将通过转移支付、生态补偿等二次分配模式弥补“其他地区”基础设施、公共服务均等化等财力不足和投入不足，最终实现区域间人民生活水平大体相当。

（二）产业基础高级化和产业链现代化攻坚战将引领我国工业化进程

习近平总书记提出的“打好产业基础高级化、产业链现代化攻坚战”，将成为“十四五”乃至较长一个时期我国深化供给侧结构性改革、建设现代化经济体系的战略指引。

1. 产业基础高级化、产业链现代化攻坚战是应对新一轮科技革命和产业变革的前瞻性顶层设计

新一轮科技革命和产业变革的重大影响可归结为以下几个方面：

（1）生产方式和产业组织将呈现出生产方式智能化、产业组织平台化、技术创新开放化的特征。产业链分工在新技术的支撑下更加深化细化，全球合同制造、生产活动外包快速发展，全球化、碎片化供应链网络逐步完善，原有的纵向垂直分工逐步被新的横向水平分工替代；平台型企业“赢者通吃”的特征更加明显，对产业链、供应链、价值链的掌控能力空前提升，市场垄断和自由竞争的边界更加模糊，超大型、跨行业的跨国平台打造将成为各国竞争的焦点。

（2）个性化定制需求倒逼大规模集中生产向分布式生产转型。研发、设计、制造一体化趋势加强，研发、设计等产业链前端沿链向下包容性提升，生产制造与终端消费间环节压缩，制造环节在价值链上的价值创新能力、供应链上的战略地位提升，低技术含量、技术邻近度高的环节进一步融合，“微笑曲线”有可能变成“沉默曲线”，甚至在一些领域变成“悲伤曲线”。

（3）国家（地区）间的比较优势将从传统资本、工业技术、低成本劳动力，转向核心关键技术、市场规模、创新人才。发展中经济体的低成本土地、劳动力等不可移动要素方面的优势有所减弱，潜在市场优势不断提升；发达经济体资金、复合型人才、数据基础设施、经营管理经验、核心技术积累、营商环境等竞争优势将会提高。新兴经济体技术追赶提速，传统发达国家的技术领先优势将会有所减弱，未来制造业可能向人才、技术、创新、资本密集的区域集中，将会引发强者愈强、弱者愈弱的“马太效应”。

（4）数据成为新的关键生产要素。数字经济快速发展，数字附加值在价值链中的比重日益提升，后发追赶变得越来越困难，后发国家赶超方式将由以前的“弯道超车”转变为“换道超车”。就是抓住技术革命与产业变革机遇窗口，突破新技术、布局新产业、开发新资源（如数据资源）、开拓新市场，重构产业链、供应链、价值链，打破传统追赶与发展模式，跳出路径依赖或定位锁定。

（5）传统通过劳动密集制造环节切入全球产业链的模式将受到严重冲击。人工智能（机器人）将快速替代低端劳动，一些劳动密集型产业将转变为资本、技术密集型产业，跨境投资呈现服务业、无形资产投资占比上升和制造业、有形资产投资占比下降的趋势。麦肯锡全球研究院在2017年发布的《失业与就业：自动化时代的劳动力转型》报告中预测，到2030年，全球将有多达8亿人的工作可能被自动化机器人取代，相当于当今全球劳动力的1/5；保守估计仍有4亿人可能会因自动化寻找新的工作。

总的来看，未来国际竞争的焦点将围绕产业链、供应链、价值链的掌控能力，以及产业特别是制造业的创新能力展开激烈争夺。

2. 产业基础高级化、产业链现代化攻坚战是应对全球产业链风险挑战的战略举措

改革开放以来，我国的制造业从产业链中游的非核心零部件、下游的组装集成做起，对上游的控制力较弱，"压缩式的工业化"导致"缺芯""少核""弱基"等"卡脖子"问题严重。相关数据显示，我国核心基础零部件、关键基础材料、基础技术和工业等产业对外技术依存度在50%以上；以集成电路产业为例，我国每年消费的集成电路价值约占全球出货量的33%，但集成电路产业规模仅占全球集成电路总规模约7%，80%依赖进口。

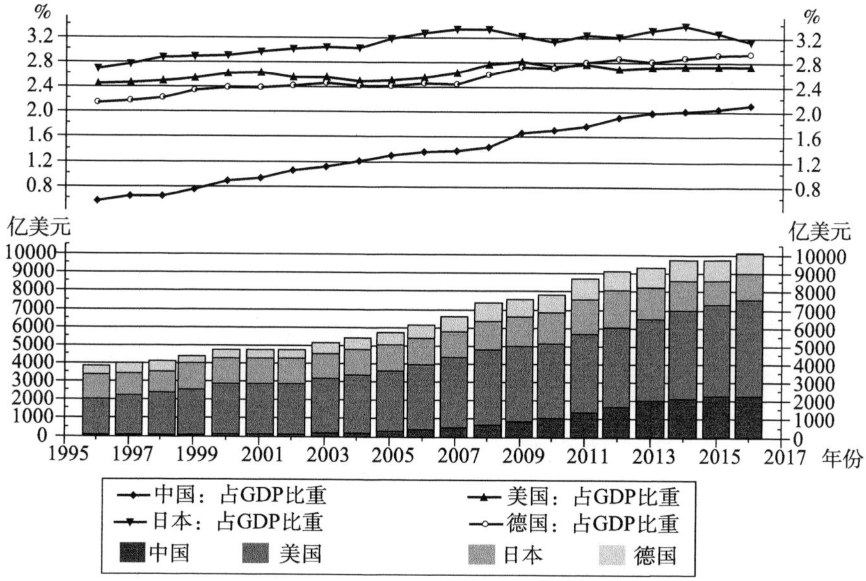

图 4-1　中、美、日、德四国研发支出总量及占 GDP 比重

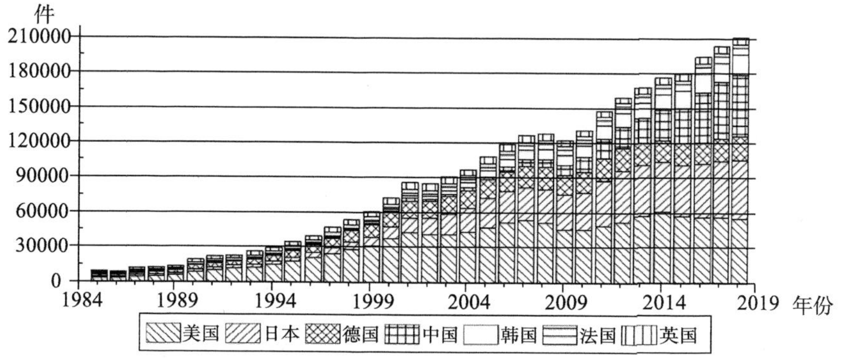

图 4-2　主要国家 PCT 专利申请量

从发展中经济体追赶路径来看，不同国家和地区探索走出了不同模式，主要包括墨西哥和巴西的进口替代模式，韩国和中国台湾地区的出口导向模式，新加坡和中国香港的转口贸易模式，以及我国出口导向和内需拉动并重的模式。从第五轮国际产业转移背景和内外部环境看，我国将面临双重竞争挤压。一方面，需要警惕国内产业过快对外转移产生的负面影响，特别是来自发展中国家日益增强的竞争与挑战。另一方面，我国与发达国家的竞合关系将由互补逐渐转向竞争，发达国家为防范我国快速的技术追赶，大概率会在贸易、投资、技术等领域出台针对性的战略遏制措施。近期，中美贸易摩擦中，美国对华为、中兴等高新企业断供；日韩贸易冲突，日本对向韩国出口的半导体关键原材料（氟化聚酰亚胺、光刻胶、高纯度氟化氢）进行限制等，已经为我们上了一课。只有打好产业基础高级化、产业链现代化攻坚战，才能确保我国产业链有战略性调整的弹性、韧性和空间，以及应对国际间竞争博弈、合纵连横的底气和基础。

3. 准确把握产业基础高级化、产业链现代化攻坚战的核心要义

我们理解，攻坚目标是“自主可控、安全高效”，即对产业链上游能掌控、对产业链各环节能配套，做到独立自主、不依赖于人、不受制于人；同时做到产业质量效率高、创新能力强、核心关键技术领先、能源资源消耗低、生态环境影响小。推进路径是“发挥两优势、做到三坚持、依靠一主体”，即充分发挥“集中力量办大事”的制度优势和超大规模的市场优势，坚持应用牵引、问题导向，坚持政府引导和市场机制相结合，坚持独立自主和开放合作相促进，以企业和企业家为主体，做好顶层设计，分类组织实施。重点任务是实施产业基础再造工程，即在“三个坚持”的指导下，通过举全国之力对“卡脖子”核心关键技术进行集中攻关，实现“点”突破；加强产业链上下游的产业协作、技术合作，形成“线”联动；着力挖掘培养“专精特新”隐形冠军企业，在“面”上全面展开，进而推动一些产业链的核心技术从无到有，另一些实现从有到优、由优到强，不断向产业链现代化跨越。

（三）区域发展支持政策由面上覆盖向精准落地转变

中央财经委第五次会议在以往市场一体化发展、区域合作互助、基本公共服务均等化、区际利益补偿等区域协调发展机制的基础上，特别强调了3点：

（1）“加快养老保险全国统筹进度，在全国范围内实现制度统一和区域间互助共济”，这意味着中央有可能推动发达省份支持欠发达省份，来解决人口流出地养老保险金后续不足甚至击穿的问题。

（2）“改革土地管理制度，增强土地管理灵活性，使优势地区有更大发展空间”，这意味着土地指标分配向中心城市倾斜，中心城市耕地红线可能调整、土地用途管控措施可能会更加灵活，减少的农田通过市际、省际统筹异地补偿，全国性地票制度有望试点探索推进。同时，新修正的《土地管理法》明确了集体经营性建设用地同等入市，并赋予集体经营性建设用地使用权转让、互换、出资、赠予、抵押等权能，必将为都市圈发展提供更大的发展空间。

（3）“完善能源消费总量和强度双控制度，全面建立生态补偿制度，健全区际利益补偿机制和纵向生态补偿机制”，这意味着可能会进一步严格落实主体功能区规划，在环境容量和资源指标的一次分配上再优化调整，并加快完善资源权属交易机制、扩大交易范围与规模，通过市场机制对重点区域发展提供保障。在2019年9月18日黄河流域生态保护和高质量发展座谈会上，总书记强调要“以水定城地人产”、区域中心城市等经济发展条件好的地区要提高经济和人口承载能力也说明了这一点。

二、对河南区域协调发展重点导向任务的理解

推进河南区域协调发展工作，要吃透中央精神，根据国家战略导向对河南的具体工作进行前瞻性谋划和创新推进。

（一）促进区域协调发展的导向原则

中央财经委员会第五次会议精神的核心为3点：①按照客观经济规律，充分发挥各地比较优势，在承载经济、人口和保障粮食、生态、边防安全上分工合作、各司其职。②深化供给侧结构性改革，打好产业基础高级化和产业链现代化攻坚战，推动经济高质量发展。③保障民生底线，推进基础服务均等化，健全区域补偿机制和加大中央有效转移支付规模，在发展中营造平衡。

对于河南而言，我们建议：

（1）解决发展不充分是区域协调发展的重点，以充分发展解决发展的不平衡问题，在发展中不断营造平衡，不能各地口径一般粗；不平衡是促进区域协调发展的潜力空间，摆脱“齐头并进”推进各地工业化城镇化的困扰，把握人口流动方向与经济要素向回报率高的地方集聚的趋势，发挥各地的比较优势，分类明确各地的功能定位和发展方向，最终实现人口与经济、公共服务水平与人均收入水平的大致均衡。

（2）持续深化供给侧结构性改革，在产业基础高级化和产业链现代化攻坚战中，开展优势领域产业链安全评估机制，在基础零部件、基础材料、基

础工艺、基础技术、基础平台及软件方面主动认领河南任务，集全省之力打好打赢一批优势产业领域的攻坚战，加快区域经济高质量发展。

（3）进一步向国家阐明河南在保障国家粮食安全、黄河安澜、生态安全和推动人力资源总量扩张、人力资本质量提升等方面的重大作用和付出的艰辛努力与“牺牲”，争取更多的重大生产力战略项目在豫布局和更大规模的中央有效转移支付，夯实经济实力和财政支撑基础，不断提升省域基本公共服务均等化的质量水平。

（二）促进区域协调发展的空间布局

按照国家将中心城市、都市区（圈）、城市群作为承载经济、人口重要空间形式的导向，结合人口流动方向及趋势，深刻认识四个协同区“合作不足、竞争有余、分散突围”的现状，进一步优化生产力空间布局，明确都市区、都市圈、中心城市等经济人口承接空间，黄河生态经济带、大运河文化带、南水北调中线生态走廊、沿淮生态保育带和太行山、伏牛山、桐柏—大别山等生态空间的主导功能，大都市区周边市县融入次级经济区进行分散突围的战略导向，建立更加有效的区域协调发展机制和措施。建议河南区域协调发展的重点，近期可从郑州大都市区、洛阳都市圈和安阳、商丘、信阳、南阳、三门峡5个城市圈三个层面进行考虑，远期形成以郑州、洛阳为中心，包括开封、新乡、焦作、许昌、平顶山、漯河、济源在内“郑洛（或河洛）同城化大都市圈”，周边5个城市圈强化与周边经济区、城市群紧密联系，共同拱卫“郑洛大都市圈”，形成“内收、外放、核突破”的优势互补高质量发展区域经济格局。

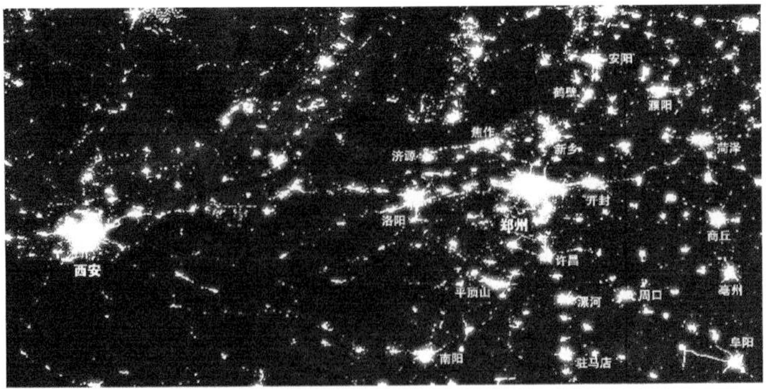

图 4-3　2016 年河南夜景卫星图（NASA）

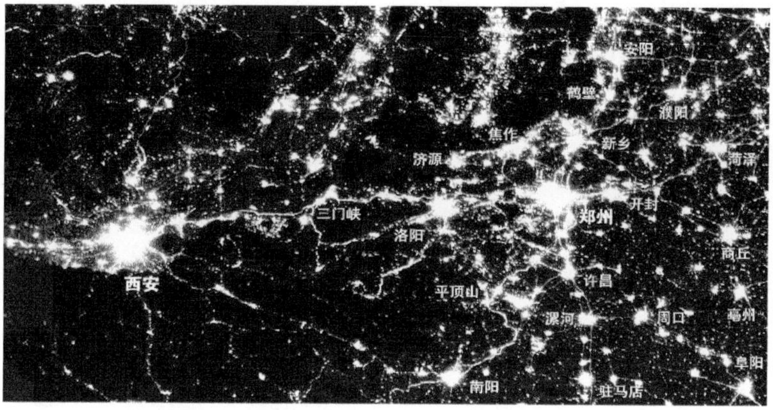

图 4-4　2018 年河南夜景卫星图（NASA）

（1）“内收”，体现在集中全省高端要素资源，打造郑州大都市区和洛阳都市圈，形成一体化发展向心力，为构建形成“郑洛（河洛）都市圈”奠定基础。将郑州大都市区作为一个基本区域单元，以互补共进的导向科学确定“开新焦许”四市的功能定位和发展重点，细化发展领域的负面清单，在做“加法”的同时更要做好“减法”，在“有所为有所不为”上一以贯之，科学推进郑开、郑许、郑焦、郑新一体化发展，大幅提升郑州大都市区经济、人口承载能力。建议洛阳都市圈重点考虑向北、向东发展，可将济源市和孟津、孟州、偃师、伊川、宜阳、新安、义马等县（市）纳入，进行统筹规划，实现同城一体化发展。同时，加强与平顶山、漯河的经济交流和产业合作，推动平顶山与宝丰、鲁山、叶县的一体化发展，促进郑州大都市区与洛阳都市圈连绵成片。

（2）“外放”，体现在郑州大都市区、洛阳都市圈外围城市圈的培育与发展，促进其与周边经济区、城市群的组团联动，形成分散突围、共同拱卫的区域协调发展格局。引导安阳、鹤壁、濮阳组团发展，向北积极与京津冀协同发展区对接；商丘向东、向南发展，紧密与淮河经济生态带的经济联系，推动周口—阜阳—亳州组团基础设施和产业园区共建；加快南阳—襄阳组团一体化进程，合力打造城市圈；推进三门峡市区—平陆县城一体化发展和义马—渑池同城化发展，提升对黄河金三角区域的辐射力和带动力。

（3）“核突破”，体现在全力抓好郑州国家中心城市这个带动经济社会发展和改革开放的龙头，强化“四路协同”“五区联动”，不断提升经济开放度和国际化水平，集全省之力打造“三中心一枢纽一门户”，使郑州国家中心城市成为引领郑州都市区乃至中原城市群，参与全球竞争、集聚高端资源的门户枢纽和战略平台，发挥带动全省区域协调发展的辐射带动作用。

（三）促进区域协调发展的顶层谋划

1. 围绕推动区域经济高质量发展，建议重点绘制四张图

（1）空间功能定位图。贯彻“多规合一”理念，结合主体功能区规划实施，进一步优化生产力布局，按照提升中心城市和城市群经济、人口承载力的导向调整各地功能定位和空间规划，并结合大数据手段制作区域功能、主导产业、基础设施、公共服务分布的现状全景图和未来发展蓝图，形成“十四五”乃至未来一个时期发展空间形态变化的动态指引。

（2）产业转型升级路线图。深入推进供给侧结构性改革，在“追”与“转”中加快高质量发展，重点加强对自主可控产业链的选择、聚焦和调整，研究制定各地产业链基础高端化、产业转型升级路线图，形成“优势产业升级+新兴产业扩规+未来产业培育”的梯度培育发展路径，培育本土龙头骨干企业、独角兽企业、“隐形冠军企业”、瞪羚企业、中小微创新型企业的雁行企业梯队。

（3）资源要素分布图。结合各地功能定位和产业转型升级，重点对高端人才（团队）、“专精特新”企业、先进技术、重要载体平台等全国性、行业性资源要素进行数据整理，形成精准招商、精准对接的资源分布图谱。

（4）区域协同发展图。进一步细化明确洛阳都市圈和其他中心城市城市圈的发展范围与发展重点，以及与周边经济带、合作区的合作互动领域，健全交通互联互通、产业联动发展、生态合作、扶贫协作、人才交流、规划衔接、机制协调等关键领域的机制，将“内收、外放、核突破”的思路落实到具体工作层面。

2. 算清“人”“地”“钱”和资源环境四笔账

（1）人口账。加强对户籍人口、常住人口、人口流动、年龄结构、人才结构等方面数据的整理和预测分析，研究制定鼓励生育、劳动力素质提升、高端人才引进、公共服务优化，特别是应对人口老龄化等方面的储备性政策。

（2）土地账。对全域建设用地总量、年度新增建设用地、存在的可盘活土地、可入市的农村集体经营性土地进行摸底核算，研究土地资源向郑州大都市区、洛阳城市圈和重点中心城市倾斜的相关措施。

（3）资金账。综合考虑财税收入增速下行风险，对税源税基、财政收入、地方政府负债、中央转移支付与公共财政支出、基础设施建设等进行测算，摸清可用资金规模，划定政府债务安全底线。

（4）资源环境账。结合能源总量强度“双控”和能源利用增幅及结构变

化等，测算能源外引内节、污染物排放的总量及结构，研究环境容量指标向重点区域倾斜的市场化机制，将以水定城、以水定地、以水定人、以水定产落实到经济空间布局规划中。

三、对河南“十四五”部分重点问题的认识

（一）关于中长期发展动能转换

实现新旧动能转换是一项长期性、系统性的工程，贯穿其中的始终是坚持要素供给侧结构性改革的路径和经济社会高质量发展的目标。新旧动能转换的外在表现主要体现在产业结构的转换和产业自身的升级，但背后的核心驱动力则在于劳动力、实物资本投资、技术变革和制度创新等各种要素及其结构的转换和重组。河南已经进入也必然经历新旧动能转换艰难进程，当前大数据、人工智能等战略性新兴产业新动能发展较快，但支撑带动作用不足，传统制造业、能源原材料、食品加工等旧动能在相当长一段时间内仍是经济增长的重要动力源，传统产业的转型升级、实体经济与数字经济的融合发展将是未来一段时期动能转换的主战场。从孕育产业变革的要素禀赋驱动力转换角度看，新旧动能转换的基础支撑点在于传统的劳动力和资本要素优化重组，而根本落脚点则在于包括技术和制度变革在内的趋势性、阶段性的转化。

表 4-1 基于新古典经济增长模型的动能转换分析框架

生产要素		历史表现（旧动能）	当前挑战（转换动机）	未来趋势、改革方向（新动能）
劳动力要素	劳动力数量	人口大省、劳务输出大省，人口净流出 一产剩余劳动力持续向二、三产业和发达地区转移 劳动生产率长期偏低	劳动力供给减少，越过刘易斯拐点 “未富先老”，抚养比快速攀升	稳定劳动力供求关系 放开落户和生育限制 鼓励返乡农民工培训就业 积极应对人口老龄化 探索退休人才返聘机制
	人力资本	人力资本快速积累，平均受教育年限、每百万人大学生数大幅提高，但与全国水平尚有较大差距	高端教育资源和人才资源汇聚不足 人力资本结构难以适应产业结构的快速调整和新产业新业态新模式发展需要	提高劳动力素质和质量 免费技术培训 高校专业设置与市场对接 大力发展职业教育 导入高端人力资本 持续开展“招才引智” 引进高端科教资源

续表

生产要素		历史表现（旧动能）	当前挑战（转换动机）	未来趋势、改革方向（新动能）
实物资本投资		高储蓄率支撑高投资率 传统产业重复低效投资 依靠粗放式固定资产投资产生的规模效应来实现经济总量的快速扩张	投资边际效益递减，传统产业大规模扩张阶段基本结束 前期刺激性政策导致产能过剩，形成“僵尸企业”和“两高一剩”企业	利用投资方向调整引导、撬动产业结构转型升级 发展完善金融产业，培育壮大“金融豫军”，提高金融服务实体经济能力
创新驱动	技术创新	通过承接产业转移和部分领域自主创新，建立比较完备的工业体系 凭借要素低成本优势承接成熟的技术转移	成熟技术转移红利被收割完毕，而本土企业和产业自主创新能力不足，难以支撑产业转型升级与新兴产业发展	加强知识产权保护 建立技术创新风险投资机制 完善新型基础设施 搭建创新载体平台 优化技术创新生态
	制度创新	农村联产承包制和城市的企业承包制改革 计划经济转向市场经济 住房商品化、取消农业税 加入 WTO 开放创新与改革红利叠加	制度障碍导致要素配置扭曲、市场失灵 百年未有之大变局呼唤重大制度变革	处理好政府与市场的关系 构建一流营商环境 坚持“两个毫不动摇”，对公有非公有经济一视同仁 持续推进供给侧结构性改革“三去一降一补” 完善要素流动机制（新土地管理法、放宽落户限制） 深度融入“一带一路”建设 加快推进“四路协同”“五区联动”，打造内陆开放高地
长期经济增长		高速增长阶段	增速放缓、中高速增长	高质量发展阶段

1. 人口数量红利收缩快于质量红利扩大，劳动力要素面临数量、质量“双重转型”

作为人口大省，河南拥有丰富的劳动力资源，但随着近年来人口净持续流出、老龄化程度快速提升，本土适龄劳动人口总量呈下降趋势，人口“未壮先少”“未富先老”日益明显，而劳动生产率长期偏低，产业结构与就业结构偏离度长期偏高，以平均受教育年限、每百万人大学生数等衡量的人力资本积累与全国水平还有较大差距，劳动力资源面临数量进入减少通道、质量结构亟须优化提升的“双重转型”。这就决定了河南未来要从“向人口数量要红利”转向“向人口质量要红利”，以人力资本的提升弥补劳动力数量的不足。一方面，在数量上要通过放开城市落户限制、吸引农民工回流创业就业等手段增加劳动力存量，通过放宽生育限制等手段对冲人口老龄化并增加劳动力资源储备；另一方面，在质量上要通过调整高校专业设置、大力开展职业培训等手段提高现有人力资本积累，通过“招才引智”、合作办学、联合研究等手段引育高端人才资源。

2. 粗放型投资拉动增长模式基本终结，经济发展向精准投资和消费需求“双重拉动”模式转变

由于产业转型力度持续加大和投资的边际效益递减，传统的投资拉动型经济增长模式难以为继，将由粗放投资拉动为主向精准投资和消费升级为主的内需拉动转变。一方面，在储蓄率和传统投资回报下降的情况下，提高资金的使用效率和精细化运作水平，引导资金向生产率高、创新密集和成长性好的产业部门流动，特别是重点加大5G、人工智能、工业互联网、物联网、城际轨道交通、充电桩、节能环保等新型基础设施建设；另一方面，应充分认识到河南人均可支配收入和人均消费支出均不足全国平均水平的八成，未“藏富于民”一定程度上抑制了居民消费欲望的现状，通过改革收入分配、消费刺激政策等手段激发消费潜力，促进形成强大的消费市场。

3. 传统技术落差收窄，创新驱动模式由“技术转移红利”向“自主创新红利”转变

改革开放初期，河南技术储备水平与先进技术水平落差较大，充分发挥后发优势以较低的成本引入先进技术，通过“消化吸收再创新”实现技术提升。随着国际形势变化和新技术革命快速推进，河南传统技术落差收窄，从国内外市场获取高新技术的路径减少，自主创新能力难以有效弥补传统技术落差收窄的空白。传统的“技术转移红利”减弱后，将更多地依靠“自主创新红利”来驱动产业转型和经济发展。一方面，要强化与国内先进地区的技术研发与应用合作增强“合作创新能力”，利用国内市场便利和技术落差继续挖掘“技术转移红利”；另一方面，要充分调动各方力量，结合自身条件基础和比较优势，集中优势兵力瞄准新一轮技术变革技术的若干“引爆点”发起冲锋，锤炼“自主创新能力”，利用创新驱动重构经济增长的动力机制。

4. 上一轮改革红利基本耗尽，制度创新由政策的“边际创新”阶段向制度的“集成创新”阶段转变

改革开放前30年，中国经济三次低谷时均会发生一次重大制度变革，如20世纪80年代初的农村联产承包和企业承包制度改革，90年代初的市场化经济改革，世纪之交的国企改革、住房商品化改革以及加入WTO，其中房地产成为过去十几年经济高速增长的重要引擎。党的十八大以来，随着改革开放迈向深水区、经济发展走进高原区、技术创新闯入无人区、国际局势步入调整区，外部压力和内部阵痛对经济社会转型升级的负面影响日益显现，前期的政策红利基本耗尽，适应新时代形势变化的新一轮制度创新关口已悄然到来。

中共十八届三中全会后，“一带一路”建设、供给侧结构性改革、农村集体经营性建设用地同等入市等，将为我国高质量发展打开新空间、提供新动力。我国新一轮制度集成创新的红利包括改革红利和开放红利，改革的核心是通过供给侧结构性改革、营商环境优化、要素资源科学配置和经营主体市场化改革等措施减少内部摩擦和耗损，从而降低整个经济体的运行成本，提高生产效率；开放的核心则是通过“一带一路”倡议等方式扩大对外开放尤其是内陆开放，主动融入全球产业链、价值链，更大程度地利用不同经济体的资源禀赋优势，在全球经济增长中扮演更加重要的角色。

在做好中央政策遵循延伸、强化落实的边际创新“规定动作”的同时，面对百年未有之大变局，考虑河南省情的特殊性，要注重在制度的“集成创新”和“自选动作”上下功夫。一方面，进一步加强对中央基础性、全局性的重大制度变革的深入研究，准确把握中央战略意图和发展规律的“一般性”与“长期性”，更好地服务全国发展大局；另一方面，在全国政策框架下瞄准自身深层次矛盾的“特殊性”与“阶段性”，加强本土制度的微创新和微改进积累，以“五区联动”为先导促进制度集成创新成果向全省扩散，以“四路协同”形成开放倒逼内部改革的环境压力，从而实现适应和满足高质量发展的创新政策供给。

（二）关于中长期发展目标变化

“五年规划”是具有中国特色的宏观性、全局性、综合性、引领性的行动纲领，既是我国最为重要的经济制度安排，也是保障国家中长期目标实现能力的框架蓝图；既是年度规划和专项规划的依据，又是实现长远目标和长期规划的基础，具有十分重要的地位和作用。面对新一轮的全球竞争和技术变革，近年来世界各大城市和国内发达地区在研究中长期发展规划或“十四五”规划愿景时，普遍更加突出以人为本的绿色可持续发展、强调民生三感（获得感、幸福感和安全感）、认同以科技创新为核心竞争力推动城市转型、注重政府能力建设与治理模式转变。新中国成立以来，我国已经历了13个五年规划，“十四五”规划编制既是历年五年规划的常规性延续，更是应对各种内外部风险挑战、行稳致远开启建设现代化强国新征程的创新性举措。

表4-2　部分地区未来发展战略规划中的愿景及目标

地区	规划名称	愿景目标
纽约	One NYC（2040）：一个强大而公正的纽约	将纽约建成“蓬勃发展的城市、公平平等的城市、可持续发展的城市、面对挑战具有抗性和弹性的城市”，以“巩固纽约在全球城市中的领导地位”
新加坡	挑战稀缺土地——2030新加坡概念规划	在熟悉的环境中打造新居；高层建筑的城市生活享受——迷人魅力景观；更多休闲娱乐选择；更大的商业发展弹性；全球商业中心；四通八达的铁路网；强调各地区的特色
台北	生态城市——2030台北规划	建设一个绿色休闲、民主人文、安康便捷、信息高效、国际互动的台北
伦敦	2036大伦敦空间发展战略规划	将伦敦市建设成为国际大都市的典范，为民众和企业拓展更为广阔的发展机会，实现环境和生活质量的最高标准，领导世界应对21世纪城市发展，尤其是气候变化所带来的挑战
首尔	全球气候友好城市——2030首尔规划	以人为本，低碳绿色的气候友好城市、绿色增长城市和先进的适应性城市
巴黎	确保21世纪全球吸引力——2030大巴黎规划	着眼于可持续发展的理念，目标在于提升巴黎的吸引力，同时提升大区的辐射力度，将整个巴黎区域纳入新的发展模型中，具体包括：连接和架构，实现一个更加紧密联系和可持续发展的地区；极化和均衡，建立一个更加多元化、宜居和有吸引力的地区；保护和提高，发展一个更加有活力、更绿色的大区
香港	香港2030：亚洲国际都会	追求真正的可持续发展模式，使香港成为亚洲城市的典范，包括：提供优质生活环境，保护自然和文化遗产，提升香港作为经济枢纽的功能，加强香港作为国际及亚洲金融商业中心、贸易、运输及物流中心的地位，进一步发展成为华南地区的科技创新中心等

续表

地区	规划名称	愿景目标
悉尼	大悉尼 2056：3 个城区构成的大都市圈	将大悉尼分为 3 个主要城区，通过更有效地利用土地、提高居民住房可负担能力、缓解交通拥堵问题，实现平衡发展，改善整个地区的自然环境，打造一个更具有生产力、宜居和可持续的城市
北京	北京 2035：建设国际一流的和谐宜居之都	将北京建设成为全国政治中心、文化中心、国际交往中心、科技创新中心
上海	上海 2035：卓越的全球城市	基本建成“四个中心”和具有世界影响力的社会主义现代化国际大都市；将上海建设成为令人向往的创新之城、人文之城、生态之城
浙江	“十四五”基本思路初步构想	立足“一极三区一高地”的战略定位，打造长三角“金南翼”。到 2025 年初步实现现代化；2030 年基本实现现代化；2035 年高水平基本实现现代化
广东	“十四五”主要经济发展目标测算	经济增长保持在 6%左右，到 2025 年 GDP 突破 14 万亿元（2020 年价），人均 GDP 超过 12 万元人民币（按汇率不变测算约达 1.8 万美元），达到高收入国家和地区的中等水平
四川	中长期经济发展目标初步测算	“十四五”时期，地区生产总值增速 7%，人均 GDP 达全国平均水平的 80%，经济总量达 6.6 万亿元左右；“十五五”时期，地区生产总值增速 6%，人均 GDP 达全国平均水平的 85%，经济总量达 8.9 万亿元左右；“十六五”时期，地区生产总值增速 6%，人均 GDP 达全国平均水平的 90%，经济总量达 12 万亿元左右

资料来源：根据胡曙虹《全球主要城市未来发展战略规划中的愿景及目标》和相关省市材料整理。

1. “十四五”规划背景的四个变化

（1）总目标的调整。按照新时代“两步走”的战略部署，总目标由“十三五”规划的全面建成小康社会调整为“十四五”规划的开启全面建设社会主义现代化新征程，从站起来、富起来转变为强起来，同时“四个全面”的战略布局也会出现微调。

（2）主要矛盾的调整。我国的主要矛盾已经由“人民日益增长的物质文化需要同落后的社会生产之间的矛盾”转化为“人民日益增长的美好生活需要和不平衡不充分的发展之间的矛盾”，民生保障不再是简单托底数、满足基本需求，而是要抬高基数、实现高品质生活。例如，“收入增长与经济增长同步”可能会调整为“收入增长快于经济增长”，迈过人均国民收入 12055 美元的高收入经济体门槛（2018 年我国人均国民收入为 9732 美元），成功跨越“中等收入陷阱”。

（3）“三大攻坚战”的调整。精准脱贫攻坚可能调整为产业基础高级化和产业链现代化攻坚，以期解决“高度压缩工业化”带来的基础创新能力不足和关键核心技术“卡脖子”的问题。

（4）区域协调发展战略导向的调整。区域协调发展导向更加“重人轻物”，预计可能由“效率”“平衡”兼顾导向调整为遵循经济客观规律的“效率”优先导向，由过去注重人均经济总量转变为更加注重人均收入、公共服务、生活水平的差距缩减，突出全国“一盘棋”分工协作和各地优势充分发挥，在发展中营造平衡。这意味着未来对人口、人才的吸引将成为各地竞争的焦点。

2. “十四五”规划发展指标体系

结合各地公布的高质量发展指标体系和“十四五”前期研究成果，预计“十四五”规划指标体系将进一步突出反映发展的质量变革、效率变革、动力变革，以及创新引领力、产业带动力、区域协同力和持续竞争力的指标，预计会减少简单基础指标，增加劳动效率、资本效率、土地效率、资源效率、全要素生产率等效率指标，企业利润、居民收入、政府税收等收入分配指标，生产、流通、分配、消费等经济循环通畅指标，经济结构、空间结构等结构性指标，以及应对人口老龄化、优化营商环境、防范化解系统性风险等指标，并将底线约束、弹性控制、地方特色、协同共治等理念融入其中。

3. “十四五”时期经济增长目标预计

随着我国经济潜在增长率趋势性下降，预计全国“十四五”经济增长预期空间为 5%~6%，河南经济增长预期目标建议设定在 6%~7%，才能不断缩小与国内发达省份的差距，在质的大幅提升中实现量的有效增长，同时也有利于引导全省上下积极作为、力争更好的结果。从过去的经验看，过高的预期目标一般会使各市规划预期目标跟随性加码，最终导致在实施过程中采取不必要的刺激性政策，产生杠杆攀升、债务增加、续约频现、产能过剩等副作用。

（三）关于促进城乡融合发展

城乡关系是任何国家或地区在工业化和现代化过程中必然要面临和处理的重大关系。习近平总书记指出，在现代化进程中，如何处理好工农关系、城乡关系，在一定程度上决定着现代化的成败。西方发达国家经过 200 余年的工业化、城镇化、农业现代化、信息化顺次发展的串联式过程才完成了现代化。我国要在21世纪中叶全面建成社会主义现代化强国，只能走工业化、城镇化、农业现代化、信息化、绿色化同步发展的并联式道路。新中国成立70年，城乡关系始终是贯穿于社会经济发展过程中最重要的关系之一，先后经历了城乡二元分割阶段（1949—1978年）、以城市为重点的城乡关系调整阶段（1978—2002年）、城乡统筹阶段（2002—2012年）等阶段的探索与淬炼，目前正向城乡融合发展（2012年至今）的新阶段演变。城乡融合发展的实质就是通过市场配置资源和要素、打通城乡之间制度性壁垒，实现降低发展成本、激发经济活力，进而推动经济增长、发展成果共享。在各类资源和要素中，“人”的流动是核心驱动力，进而形成了地、钱、基础设施、公共服务等随人走，人随产业走，产业随综合竞争优势走的良性循环。因此，下一步需要高度关注以下发展趋势：

1. 从发展潜力看，推动城乡融合发展和乡村振兴将是未来经济发展的最大潜力空间

按到2035年基本实现现代化目标、人均GDP达到2万美元、城镇化率达到70%以上测算，未来河南将有2000多万人口由农民转为市民，创造出比从事农业生产更多的价值，也将拉动2万亿城市基础设施投资，增加大量消费内需（1个城镇人口的消费相当于3个农村人口的消费）。同时，新土地管理法中的土地改革举措将激活的乡村振兴浪潮，也必然使农村成为极富活力的生产生活沃土。经济增长模式由投资拉动向创新、消费驱动转变，将进一步拓展消费市场空间、拓宽经济回旋余地，为河南长远持续健康发展提供最大的发展动力和潜力空间。

2. 从城乡发展态势看，经济和人口空间布局将面临重塑

一方面，城市发展态势将由齐头并进向加速分化转变。城乡人口流动将随着家庭变迁、经济地理与产业布局的重新调整，形成乡村与城市间纵向迁移、不同等级城市间横向迁移的复杂交织局面，以中心城市为龙头的城市群的经济和人口集中度将进一步提高。高等级、高能级的城市将会成为国家中心城市、区域中心城市，部分资源型城市、转型慢、不具有产业竞争力的城市可能会收缩，甚至出现衰退。另一方面，乡村将由普遍萎缩向点状集中转变。随着农村大量青壮年劳动力持续外流，位置偏远、交通不畅、资源环境承载力弱的农村将会出现农村空心化、农业副业化、劳动力老龄化等现象。

在提高公共服务设施配置效率的前提下，大量农村将面临迁并和整合的现实选择，事实上，已有一部分乡村出现了这种迹象。

3. 从关键制度改革看，土地制度改革和户籍制度改革将成为释放要素活力的主要突破口

（1）更加注重人口城镇化，赋予农业转移人口市民权利。未来将逐步纠正之前片面注重农村或城市发展的政策取向，摒弃传统的低价征用或者只管进城就业、不管公共服务的方式，通过户籍制度改革使农业转移人口平等地享受城市的各项公共服务，共享工业化、城镇化成果。

（2）打破城乡二元土地制度、构建城乡统一的土地要素市场，将对现有土地财政形成冲击。新修订的《土地管理法》第六十三条提出“土地利用总体规划、城乡规划确定为工业、商业等经营性用途，并经依法登记的集体经营性建设用地，土地所有权人可以通过出让、出租等方式交由单位或者个人使用”，事实上已经为集体经营性建设用地入市、建设城乡统一建设用地市场奠定了法律基础。随着国家“三块地”改革的深入推进、新修订的《土地管理法》颁布实施，城乡一体化土地市场将加快形成，预计缩小农用地征收范围、集体经营性建设用地入市和农村宅基地制度改革探索的具体举措将在“十四五”期间全面推开。未来依托集体建设用地入市合法化与征地制度等综合性改革，将在优化建设用地等资源配置的同时兼顾收入分配问题，逐步解决土地指标向三线城市倾斜、人口向大城市流动的“人地背离”格局，遏制土地过快城镇化倾向，这势必会对地方政府现实存在的“土地财政”模式造成巨大冲击。

4. 从融合方向看，培育发展县域综合竞争优势将是城乡融合发展的重要切入点

县域经济在城市经济和乡村经济间具有“承上启下”“有机衔接”的重要作用。随着户籍制度和土地制度改革的加快推进，县域城镇建设用地瓶颈会在一定程度上得到缓解，再加上人口就地城镇化持续推进，产业转型与发展、空间的布局与融合进程将会加速。郑州大都市区内县域经济可能伴随着城市经济的繁荣与辐射加速提质增效，率先转为城乡一体经济，其他区域的县域经济也将随着人口自由迁徙、生态环境改善、技术转移、资本流动形成新优势，实现新发展。

5. 下一步促进城乡融合发展的政策思路

由于欠账过多、基础薄弱，河南城乡发展不平衡不协调的矛盾依然比较突出，主要表现在：①城乡要素流动仍然存在障碍，乡村发展缺乏要素支撑；②农业产业链短、附加值低、竞争力弱，供给质量和效益都亟待提高；③农民增收长效机制有待完善；④城乡融合发展存在一些明显的制度短板和薄弱环节等。解决这些问题，不能就农业谈农业、就乡村谈乡村，必须树立城乡辩证统一、统筹考虑的全局观，立足城市发展相对滞后、“三农”基本庞大的省情，从城市和乡村两头着手，持续发力、久久为功，为促进城乡融合发展、实现农业农村现代化提供可靠的制度保障。

（1）政策趋向在于建立新型工农城乡关系。以建立“工农互促、城乡互补、全面融合、共同繁荣”的新型工农城乡关系为导向，真正形成“以工促农、以城带乡”的良性循环和城乡融合发展体制机制，走出一条具有中原特色的城乡融合发展之路，为实现中原更加出彩提供坚实支撑。

（2）政策的核心在于城乡要素自由流动和平等交换。重点是建立健全统一有序的城乡要素市场，发挥市场在资源配置中的决定性作用，统筹抓好农民进城和人才资本入乡、探索推进“三块地改革”、创新农村金融体系与利益联结机制、鼓励引导涉农科技成果下乡，促进“人地钱技”等要素在城乡间双向自由流动，提高要素利用效率和经济社会运行效率。

（3）政策的重点在于以“人”为本合理配置公共资源。河南城镇化率刚刚跨过50%关口，未来还将有大量农业转移人口进城，因此更要妥善处理好农民与土地、农民与集体、农民与市民“三大关系”，紧扣人口自由迁徙“题眼”破解城乡户籍、土地、资本、公共服务等二元体制障碍，着力推动人与产业及人与地、钱、基础设施、公共服务良性正相关演进。一方面，基于人的城镇化与土地城镇化相协调，逐步弥合流动人口与户籍人口之间的基本公共服务差距，根据人口分布与迁徙流量流向，合理推动公共服务和基础设施向乡村延伸、社会事业向乡村覆盖；另一方面，研究应对人口迁居化带来的城市基层社区和村庄组成结构、生活方式、沟通方式变化等问题，推进城乡社会治理创新，促进社会治理体系和治理能力现代化，实现人的全面发展。

（4）政策落脚点在于保障农民的长期权益。相关调查发现，我国不同收入群体呈现出一个马鞍型结构，即高收入人群固化、中等收入群收入增长速度下降、中低收入人口仍然在总人口中占大头，而其中绝大多数是农村人口。

因此，建立长效的农民收入政策体系来保障农民利益不受损，既是重大政治任务，也是社会稳定发展的必然要求。要通过发展非农产业、盘活农村集体经营建设用地增加财产性收入，从粮食安全、绿色生态等农业多能性的角度对从事农业生产的经营者予以补贴及支持等措施多管齐下，重塑农业农村支持政策体系，以期达到转移的农民可进城、城市资本可下乡，农民收入与社会平均收入的差距不断缩小，农产品供应与国家粮食安全能得到有效保障的政策目标，从而实现“帕累托式”的政策改革。

（四）关于人口老龄化应对

人口问题始终是人类社会共同面对的基础性、全局性和战略性问题。当前我国所面临的人口与劳动力转型问题正成为深刻影响我国经济可持续发展的长期性、基础性、约束性因素。随着长期计划生育政策效应显现和健康生命周期延长，2008 年以后，我国人口老龄化速度明显加快，人口数量红利逐渐消失。根据中国人口与发展研究中心预测，2029 年前后我国人口规模将进入负增长，在 2020—2035 年、2035—2050 年两个阶段，处于 13.5 亿人以上的人口高峰期。

表 4-3 2020—2050 年中国人口结构发展趋势

指标	2020—2035 年	2035—2050 年
总人口规模	2029 年前后达峰值 14.39 亿，之后开始平缓下降，2035 年约 14.31 亿	人口规模继续缓慢下降，2050 年约 13.7 亿（联合国人口署预计为 14 亿）
老年人口规模	老年人口规模快速攀升，高龄化进程提速	老年人口比例增速相对较慢，老年人口高龄化趋势明显
总抚养比	总抚养比上升速度较快，劳动年龄人口承担相对更重的抚养负担	总抚养负担持续增长，老年人将成为劳动年龄人口肩负的主要压力
劳动年龄人口规模	劳动年龄人口规模快速下行，此后进入中年成熟劳动人口主导期	劳动力规模下降速度趋缓，占比与同期发达国家持平，劳动力年龄结构变动较为平缓

资料来源：根据贺丹等《中国人口老龄化发展态势、影响及应对策略》整理。

1. 人口与劳动力结构将呈现的三个趋势性特征

（1）人口老龄化与经济增长的矛盾凸显。按 2010 年不变价美元计算，在 65 岁及以上人口占比达到 12%左右时，中国的人均 GDP 不到 1 万美元；而在相同老龄化水平时，德国、美国和日本人均 GDP 分别高达约 1.8 万美元、2.9

万美元和 3.8 万美元，“未富先老”成为我国经济社会发展的重大挑战。

（2）计划生育周期滞后性引发“少子化”。20 世纪八九十年代实施并趋紧的计划生育政策助推生育观念发生根本性转变，婚姻推迟、生育推迟对于生育水平下降起到了决定作用，而育龄妇女总量下降和年龄结构变化进一步导致出生率大幅走低。值得注意的是，从统计数据上看，河南的少年儿童抚养比相较其他省份而言偏高，但这并不意味着河南的“少子化”问题相对较轻，主要是因为河南有近 1200 万的外出务工人员，稀释了统计意义上“少年儿童抚养比”的分母，河南的“少子化”、留守儿童、劳动力结构变动等问题或恐更加隐蔽、复杂。

（3）劳动年龄人口减少，劳动力老化趋势加速。人口老龄化、“少子化”带来劳动力供给的持续萎缩，2009 年我国 15～64 岁的劳动人口比例达到 74.5%的顶峰之后逐渐下降，2011 年起，我国劳动年龄人口绝对量也开始逐步减少，预计 2011—2050 年将由 9.40 亿缩减到 7.13 亿，减少 24.2%。同时，随着劳动年龄人口的中位年龄快速上升，经济增长和创新活力不断减弱。国际经验表明，日本、意大利、韩国随着中位年龄的提高，经济增长率直线下降。有数据显示，过去 7 年我国 50～64 岁劳动力人口占劳动力人口总数的比重提高了约 3.3 个百分点，单位劳动产出增速同期则下降了约 2.3 个百分点。

2. 人口与劳动力结构变化产生的重大影响

由于生育率的不可逆性、生育政策调整的滞后性、生育观念的稳定性等因素，我国人口老龄化程度加深、“少子化”倾向加重和劳动年龄人口下降的趋势不会改变，并将对经济社会发展产生重大影响。

（1）从对经济增长和劳动力供给的影响看，老龄化和少子化可导致有效劳动力供给相对或绝对减少进而削弱劳动投入，有研究显示人口老龄化对劳动参与率的影响显著为负。

（2）从对未来产业和消费结构影响看，人口老龄化导致公共养老投入增加，在一定程度上挤压生产性投资空间，经济潜在增长率随之下降；同时，老龄化形成的“安享晚年”观念以及少子化形成的“优生优育”观念，将会使健康、养老、儿童教育等产业兴起成为新的消费增长点，进而带动产业结构转型与消费升级，消费需求转型将为经济结构转型提供条件，促使经济增长动能从投资向消费转变。

（3）从对养老和医疗卫生服务的影响看，人口老龄化、少子化的持续加剧亦将对现有社会养老保障和医疗保障体系带来严峻挑战。一方面，人口快速老龄化将大幅增加养老金支付压力，未来养老保障体系的可持续性还会面临入不敷出的挑战；另一方面，老龄化的快速提升将对医疗卫生、健身保健等公共服务带来更多的压力，老年照护服务供给不足正在成为日益凸显的社会问题。传统的孝道文化不足以持续支撑“8421”家庭的养老，如果这个问题不解决，则未来养老问题可能会压垮年轻人。

3. 应对人口老龄化挑战的出路

未雨绸缪应对人口老龄化，需要在适老型城市规划、养老产业发展、护理与培训、养老保险医疗保险市场保险三结合等方面早作前瞻性谋划安排。

（1）向质量要红利。顺应重复性工作技能人员需求下降、组合性技能人员需求上升的大趋势，通过基础教育、通识教育提升平均受教育年限，加大技能培训、职业培训等提升劳动力整体质量，从而获得新的人口质量红利；加快科技创新成果推广步伐，通过“机器代替人”等措施来弥补劳动密集型产业劳动力短缺、提高技术密集型产业生产效率。

（2）向制度要保障。进一步加大生育政策调整力度，政策的总体取向从限制生育转向鼓励生育，促进总和生育率向合理水平回归；改革和完善社会保障制度，坚持“低水平、广覆盖”原则，推动公共医疗养老资源向老年人集中的地区倾斜，增强社会保障制度兜底功能；建立健全社会适老化政策制度体系，完善养老医疗照护体系，构建适老社区和城市，疏通养老照护行业职业发展通道，建立多层次、广覆盖的养老照护网络等。

（3）向市场要服务。把国家兜底来满足基本需求、提供基础服务与市场补充、满足个性需求提供高品质产品相结合，大力发展社会化养老护理市场，培育康复保健、医养结合、健康管理等新兴产业，建设中国特色的健康养老服务体系。

第五章

相关对策及建议

面对新时期“中部崛起”战略，站位要高、视野要广、格局要大、眼光要远，从趋势导向、产业谋划、发展平台、生态文明、政策储备等方面大处着眼、小处着手，超前谋划、因势利导。

一、贯彻政策大导向，确立中心城市引领城市群发展的区域协调格局

顺应把握国家缩小区域协调发展单元，以都市圈、城市群为重点优化生产力空间布局的导向，优化郑州大都市区、洛阳都市圈和安阳、商丘、南阳等中心城市为框架的区域协调发展格局，在具体工作层面突出“内收、外放、核突破”。

（一）优化区域协调发展格局

按照黄河流域生态保护与高质量发展座谈会和中央财经委员会第五次会议精神，在优化河南全省区域协调发展格局时，建议聚焦都市区（圈）、大河流域、省际经济合作区和山川生态屏障，结合豫北7市和位于平汾平原的豫西地区环保压力相对较大、豫东豫南地区环保压力相对较小的现状，注重向心发展与分散突围、经济社会发展与生态屏障保护“两个并重”，形成“一带引领、两心集聚、五向合作、三山拱卫、廊带增彩”的区域协调发展格局。

“一带引领”，即强化黄河流域生态保护与高质量发展，以水定城、以水定地、以水定人、以水定产，强化水、路、岸、产、城联动，引领绿色发展、高质量发展。

“两心集聚”，即集中优势力量，科学配置资源要素，推动郑州大都市区、洛阳都市圈一体化发展。

“五向合作”，即安阳、鹤壁、濮阳等豫北地区积极对接京津冀协同发展战略，承接更多的优质产业主体和公共服务资源转移；三门峡等豫西地区深入实施黄河金三角发展规划，加快产业转型升级；商丘、周口、漯河等豫东地区加强与淮河生态经济带合作，积极承接长三角产业转移；豫南和豫西南地区聚焦绿色发展主题，强化“两山两源”（伏牛山、桐柏—大别山，南水北调源头、淮河源头）生态功能，加快绿色发展步伐；其中，信阳、驻马店等豫南地区加强与长江经济带的经济联系，南阳等豫西南地区加强与汉江经济

带特别是襄阳的经济合作和产业协同，推动一体化组团发展。

“三山拱卫”，即太行山、伏牛山、桐柏—大别山生态屏障纳入区域协调发展体系，综合考量和优化城镇、农业、生态布局。

“廊带增彩”，即强化南水北调中线生态走廊、大运河（隋唐）文化带的文化保护传承利用与农商文旅融合发展，优化人居环境，推动高质量发展。

1. 持续做优郑州大都市区

目前，都市区是基于“1+4”市行政区经济的松散式联合，受发展理念、既有利益、攀比模仿心理及政绩考核体系等多种因素的影响，5 市按照自己独立的行政边界制定政策、配置资源，倾向于最大化自己的 GDP、税收，按照户籍身份提供公共服务、就业岗位，战略思路、发展规划基本趋同，功能同质、产业同构，不可避免产生地区封锁、市场分割和不合理竞争。“产业共兴”基本停留在一起招商、办展会，产业协同主要集中在市际接壤地区，方式以合作开发为主，做得比较好的是交通互联互通，真正的一体化还未取得全方位突破。

在做好郑州大都市区空间规划落实，生态、交通等专项规划制定，开港、许港产业带和沿黄生态带项目建设的同时，建议在一体化发展的顶层机制上再下番功夫。

（1）进一步完善税收分成、成本分摊、利益共享、环保共治、绩效考核等顶层机制设计，健全淡化行政级别和经济规模实力的平等协商机制，破解合作意愿强烈、实际行动不足的矛盾。

（2）研究建立根据各市功能定位的产业发展、招商引资“负面清单”的可行性，避免经济同质、产业同构的直接竞争，实现在都市区统筹配置资源和组织生产力布局。

（3）探索“新型飞地经济合作”“托管式合作”、合作园区等合作模式，以市场化运作的方式强化地区间的经济联系和产业分工，进而消除地区间的产品和要素流动壁垒。

2. 稳步发展洛阳都市圈

鉴于洛阳的辐射带动能力相对较弱，建议在规划洛阳都市圈时空间范围不宜过大，可考虑分两步推进。近期，重点考虑向东、向北方向发展，将济源市和孟津、孟州、偃师、伊川、宜阳、新安、义马等县（市）纳入一体化范围，进行统筹规划，实现同城一体化发展；同时，有序推进平顶山与宝丰、鲁山、叶县的联动协同发展。远期，在东向和北向发展的基础上，考虑向南延伸，加强与汝州、平顶山的经济交流和产业合作，与郑州大都市连绵成片，最终形成一个经济、人口高密度承载区域，打造引领带动中原城市群发展的核心区域。

（二）推进要素资源科学配置

河南常住人口城镇化率突破50%关口，迈入城镇化中后期，人口流动将由城乡纵向迁移向城市间横向迁移、城乡纵向迁移并重转变，都市圈对人口的吸引力进一步增强，县城及县级市发展态势出现分化。构建形成优势互补高质量发展的区域协调发展格局，需要通过政府、市场两种力量科学配置资源要素来引导和支撑。

1. 前瞻性研判各县（市）发展导向

把握经济发展客观规律和人口流动趋向，对各县级城市的经济和人口进行预测，按扩张、平稳、收缩三个趋向进行分类，为资源要素的科学配置奠定基础，避免“一刀切”或平均分配。特别是对于有收缩倾向的县城，要遏制其扩大城市规模的冲动，严控土地增量，注重盘活和高效利用存量，提高城市集约化水平。

2. 推动土地、水、环境容量等指标向经济发展条件好的地区倾斜

积极稳妥推进土地制度改革，制定农村集体建设用地同等入市细则，在年度新增建设用地指标、占补平衡指标、增减挂钩指标上向都市区（圈）倾斜，提高“人地钱”挂钩配套政策精准度。落实以水定“城地人产”机制，在保障沿黄农田灌溉的基础上，适当增加都市区（圈）黄河取水指标份额。扩大污染物排污权有偿使用和交易规模，加快推进用能权交易试点建设，积极开展碳排放权交易，充分利用市场化机制扩大优势发展地区的资源权属类指标供给。

3. 优化城乡间建设用地配置

根据恒大研究院研究报告，2016年中国常住人均乡村、城镇建设用地分别为326平方米、119平方米，乡村是城镇的2.7倍，由于城乡二元户籍制度和土地制度阻碍，导致规模庞大的农民工群体“双重占地”，加剧土地资源紧张。一方面，依法收缴土地闲置费或收回闲置土地。另一方面，加快推进“增存挂钩”机制，减少批而未供、闲置土地多和处置不力地区的新增建设用地计划；积极

探索对增量宅基地实行集约有奖、对存量宅基地实行退出有偿，同时对退出宅基地合理复垦。

4. 强化区际利益补偿

完善多元化横向生态补偿机制，争取更多的生态纵向转移支付额度，创新与粮食主销区的合作模式，扩大省内资源权属交易规模，探索利用市场化方式消弭生态功能区域和粮食主产区域的基础设施、公共服务均等化等资源要素投入不足缺口的途径。

（三）积极稳妥推进行政区划调整

调整行政区划设计，是优化城市空间布局、提升城市功能形象、完善重大基础设施、转型经济发展动能、强化普惠民生保障、塑造区域竞争优势的基础性工作。近年来，国务院先后批复开封县、许昌县、陕县、淮阳县等撤县设区和长垣撤县设市，为河南进一步加快城镇化进程、提升城镇化质量打下了长远的坚实基础。武汉先后于 1992 年、1995 年、1998 年分三次将汉阳县、武昌县、黄陂县、新洲县撤县设区，形成下辖 13 个行政区的大都市格局，而郑州至今仍然还只有一个县。这次国家重新开启行政区划调整窗口，是河南加快区域协调发展和城市化进程的一个重要战略机遇。

1. 充分认识行政区划调整过程中财政收支与各方面期许间落差的匹配难度

无论是“县改区”还是“县改市”，其核心都是主导功能由农业为重点向工业、服务业为重点转变，部门设置和编制由涉农部门较多向城市经济、城市管理部门设置为主转变，农业领域的转移支付和专项扶持资金将大幅减少甚至取消，这与群众增加收入以及养老、医保、失业、生育等各类保险和住房公积金提升等期许存在巨大差距，这在“撤县改区”的过程中表现得更为明显。例如，淮阳县根据 2018 年数据测算，撤县设区后每年一般转移支付将减少约 1.1 亿元，而财政供养人员同城待遇形成的各项支出将增加 3.6 亿元，公安、国土和综合执法等部门公职人员对职能划转还有认识上的包袱。建议在行政区划调整特别是撤县设区工作中，进一步加大争取国家相关部门支持的工作力度，争取设置 3~5 年的政策过渡期，推动各项工作平稳过渡。

2. 分批次、积极稳妥推进撤县设区（市）

在具体工作中，建议重点考虑郑州大都市区内、区域中心城市周边的撤县设区和经济实力较强的省直管县撤县设市，分批次、积极稳妥推进，对于财政自给率高的县可优先考虑。例如，郑州市中牟县（60.2%）、洛阳市孟津县（50.5%）、新乡市新乡县（55.3%）、平顶山市宝丰县（36.5%）、鹤壁市淇县（42.4%）的撤县设区以及武陟县（43.6%）的撤县设市可率先启动；对安阳市安阳县（17.6%）、濮阳市濮阳县（20.6%）与清丰县（16.8%）、周口市商水县（20.0%）的撤县设区和固始县（15.8%）、潢川县（16.4%）、新蔡县（13.6%）等撤县设市，建议开展前期研究和相关谋划工作，适时推进。

表 5-1　2017 年河南各县（市）财政自给率

单位:%

序号	名称	自给率	序号	名称	自给率	序号	名称	自给率
1	封丘县	9.42	26	鲁山县	19.46	51	洛宁县	31.82
2	正阳县	11.97	27	南乐县	19.75	52	尉氏县	32.73
3	上蔡县	12.35	28	平舆县	19.75	53	郏县	32.78
4	光山县	12.53	29	叶县	20.03	54	禹州市	33.90
5	息县	12.56	30	濮阳县	20.06	55	卫辉市	34.09
6	淮滨县	13.47	31	郸城县	20.09	56	桐柏县	34.48
7	新蔡县	13.64	32	南召县	20.11	57	宜阳县	34.93
8	商水县	13.96	33	扶沟县	20.43	58	舞阳县	35.24
9	台前县	14.02	34	邓州市	20.85	59	鄢陵县	36.31
10	夏邑县	14.94	35	卢氏县	21.02	60	宝丰县	36.52
11	淮阳县	15.37	36	新县	21.35	61	汝阳县	37.21
12	唐河县	15.71	37	方城县	21.60	62	延津县	37.67
13	宁陵县	15.77	38	镇平县	22.01	63	温县	38.46
14	固始县	15.78	39	内黄县	22.43	64	淇县	42.35
15	潢川县	16.41	40	获嘉县	22.54	65	长垣县	42.91
16	商城县	16.70	41	西平县	22.65	66	武陟县	43.61
17	西华县	16.84	42	民权县	22.66	67	汤阴县	43.80
18	清丰县	16.84	43	鹿邑县	23.32	68	临颍县	44.49
19	罗山县	16.86	44	嵩县	23.33	69	林州市	45.00
20	睢县	17.49	45	新野县	23.54	70	西峡县	46.12
21	柘城县	17.54	46	项城市	24.04	71	襄城县	46.52
22	安阳县	17.62	47	沈丘县	24.57	72	舞钢市	47.53
23	社旗县	17.65	48	通许县	25.26	73	登封市	47.63
24	太康县	17.76	49	原阳县	25.65	74	永城市	48.21
25	滑县	18.33	50	浚县	25.70	75	博爱县	48.41

续表

序号	名称	自给率	序号	名称	自给率	序号	名称	自给率
76	范县	18.72	86	遂平县	28.20	96	汝州市	50.00
77	汝南县	18.88	87	确山县	29.34	97	伊川县	50.47
78	虞城县	18.94	88	内乡县	29.94	98	孟津县	50.51
79	泌阳县	18.98	89	兰考县	30.04	99	灵宝市	52.66
80	淅川县	19.29	90	杞县	31.10	100	沁阳市	53.08
81	新乡县	55.27	91	栾川县	62.80	101	新安县	66.77
82	长葛市	56.73	92	孟州市	62.96	102	荥阳市	71.35
83	新密市	59.71	93	辉县市	64.16	103	新郑市	74.96
84	中牟县	60.20	94	巩义市	65.05	104	渑池县	75.19
85	修武县	61.95	95	偃师市	66.31	105	义马市	80.47

二、展开产业大谋划，攻坚产业基础高级化和产业链现代化

攻坚产业基础高级化和产业链现代化必须坚持问题导向、找准发力点，针对关系河南产业基础夯实和产业链升级的核心领域、关键问题和主攻方向精准施策。

（一）实施小微企业“千帆竞发”战略，夯实实体经济基石

1. 实施小微企业治理结构和业务结构“双优化”工程

持续开展“个转企”“小升规”“规升巨”等企业转化和发展计划，牢牢抓住扩大小微企业数量和提升转型发展质量两个着力点，培育一批“专精特新”中小微企业。强化小微企业信息化管理，建立完善河南省小微企业信息系统，区分重点领域、重点行业、重点对象，建立分县区、分行业小微企业重点培育库，从产业导向、要素支持、公共服务等方面制定针对性工作措施。优化小微企业内部治理，支持小微企业完善财务制度，强化内部经营管理、产品质量管理、产品科技创新和品牌建设，引导小微企业明确企业股东会、董事会、监事会和管理层的权利义务，逐步完善现代企业制度。优化小微企业业务结构，利用大数据分析绿色环保、新兴战略、现代制造、高新技术等领域市场主体分布情况，有针对性地引导小微企业进入核心技术、潜在增长领域或进行工业技术改造，培育细分行业“隐形冠军”，强化企业自主品牌培

育，推动产业结构向中高端迈进。

2. 支持小微企业“上云上平台”，实施数字化智能化升级

支持行业龙头企业应用工业互联网新技术实现内部管理和生产的数字化管控，与行业协会和产业生态圈各类小微企业共同打造行业级平台。推动中小微企业围绕研发设计、生产管控、经营管理、售后服务等环节，依托工业互联网平台商和服务商，实施核心业务系统“上云上平台”，进一步降低经营成本、提升生产效率、提高产品质量、降低能耗排放、优化产业协同。从政策、资金等多角度对企业“上云上平台”给予扶持，建立“企业买票、云商让利、财政补贴”的联合激励机制，引导和支持科技型、创新型、高成长型企业、“专精特新”企业、国家及省各类试点企业加快上云步伐。

3. 强化对中小微企业的全面服务

（1）优化民营经济发展环境。细化做大做优做强民营经济的政策体系，落实推进投资创业便利化、支持民营经济转型升级、改善要素市场环境、强化法治保障的一系列措施，强化民营企业与国有和集体企业权利平等、机会平等、规则平等，推动民营资本参股国有企业，开展垄断和特许经营领域向民间资本开放试点，实现民间资本“法无禁止即可入”，为民营经济发展全面减负、保驾护航。

（2）为中小微企业提供定向优质金融服务。实施小微企业金融服务专项行动和科技助推工程，鼓励银行单列中小微企业信贷计划，合理确定贷款利率水平，确保中小微企业贷款足额投放，支持正常经营的小微企业融资周转“无缝衔接”。支持利用股票、债券、私募股权等多种渠道扩大直接融资规模，降低小微企业的综合融资成本。引导建立企业内部科技研发准备金制度。

（3）强化对中小微企业的公共服务。加强民营中小企业综合服务机构建设，建立一批以中小企业服务中心为枢纽的服务机构，认定一批省级中小企业公共服务示范平台。组建一批有影响力的产业联盟，推进行业关键共性技术研发、上下游产业链资源整合和协同发展。充分发挥行业协会商会、中小企业服务平台及创业创新示范基地等各类平台基地服务功能，为小微企业提供政策宣传、需求调研、服务对接和跟踪反馈等服务。在全省有条件的地区推广发放中小微企业服务券，对中小微企业购买国家级、省级中小企业公共服务示范平台的人才培训、投资融资、技术创新、管理咨询、市场开拓等服务的给予补助。“个转企”“小升规”后，符合条件的企业可按国家有关政策规定享受企业所得税、教育费附加、地方教育附加、残疾人就业保障金、工会经费等税费减免。

（二）大力实施质量兴省和品牌强省战略，促进产业基础高级化

1. 以“标准化”为抓手实施“中原质量提升工程”

研究出台河南省质量标准建设行动一揽子方案，加快推进“标准化+实体经济”“标准化+美丽乡村”“标准化+政务一体化服务”“标准化+农产品品牌”“标准化+服务质量认证体系”等专项行动，推动标准化与公共服务、电子商务、产品生产、服务质量体系等重点领域跨界融合，不断加大“河南质量”“河南标准”建设力度，推动经济发展的规模优势、质量优势逐步转化为价值优势和效益优势。分行业制订实施“中原质量提升工程”行动方案，在此基础上统一配套方案措施和支持标准，大力传承和弘扬企业家精神和“工匠精神”，探索在企业和行会实施首席品牌官、质量官制度。大力培育并发挥全国知名品牌创建示范区、全国产品质量提升示范区、全国质量强市示范城市等示范带动作用。优化“省长质量奖”评选规则，扩大评选范围，细分评选领域，设立企业家“终身成就奖”，提升获奖者的荣誉感和责任感。

2. 以“百家百年品牌”培育为引擎开展河南品牌振兴计划

把品牌建设作为推进河南供给侧结构性改革和经济高质量发展的重要举措，以百家“百年品牌”双百培育工程为引擎，组织实施品牌质量、品牌形象、品牌文化和品牌传播四大提升工程，力争5~10年内培育100家左右企业进入中国品牌价值500强或细分领域优秀品牌行列。尤其是要支持民营企业创建品牌，推动大中型民营企业设立商标品牌管理部门，实施商标品牌发展战略，提升品牌知名度。推进现有证明商标、集体商标发挥区域品牌的带动作用，将富有地方特色的农产品及时纳入地理标志商标注册保护范围，推进本土商品境外商标注册，参与“一带一路”建设，参与国际市场竞争。支持地的市政府、行业协会举办各类文化创意产业博览交易会、优秀广告作品展等广告节会，组织广告创意大赛和公益广告大赛，以广告业发展推动品牌传播推广。充分发挥高端品牌的催化作用，“十四五”期间打造一批誉满全国的地方公共品牌、工业品品牌、服务品牌、农产品品牌，通过加入国家品牌推广计划、丰富传播手段、强化与文化旅游结合等多种措施不断扩大河南品牌知名度、美誉度与社会影响力。

（三）实施一揽子创新支持计划，形成产业现代化有力支撑

1. 构建新型研发机构体系

鼓励支持各级政府、产业园区、骨干企业联合国内外一流高等学校、科研院所组建具有独立法人资格的新型研发机构。尽快启动河南省产业技术研究院筹建工作，与中国科学院（或国内外知名产业技术研究机构）合作共建，实行理事会领导下的院长负责制，把服务实体经济作为主要业务，聚焦新一代信息技术、生物、高端装备、先进材料、新能源、新能源汽车、节能环保等战略新兴产业发展和传统优势产业改造，有前瞻性、导向性地组织开展产业战略研究和重大技术创新集成项目。健全技术创新的市场导向机制，建立专业研究所预备制度和动态管理机制，支持探索“不求所有、但求所用”的会员加盟模式和“民办公助”的科研机构管理模式，鼓励、支持民间投资和企业通过多元投资和多种机制组建专业研究所，以需求为导向进行共性关键技术研发，以产品为目标汇聚创新成果进行二次开发，以企业为对象开展高质量合同科研服务。

2. 启动实施科创新科技成果转化与扩散工程

进一步拓展省技术产权交易平台功能，征集企业创新需求，完善技术成果、专利信息、技术需求等数据库，建立企业需求 48 小时响应机制，打造“互联网+技术转移”高效成果转化服务平台，架起企业与科研人员间的桥梁，有效解决“中小企业找专家难、科研机构找需求难”的问题。实施技术转移中介服务机构发展壮大行动，不定期发布经专家评估并标定推广补贴定价的重大科技成果和技术需求，引导科技成果转化中介机构按市场需求开展技术转移、成果转化以及围绕技术转移进行二次开发与技术熟化等各类服务活动，并对成功转化的项目给予事后补贴支持，从而推动技术转移中介服务机构朝着经营专业化、功能投行化、收益股份化、信誉品牌化方向发展。

3. 打造一批产学研用融合示范平台

以培育新时代产业工人和服务“双创”为主线，发挥院所高校、企业和城市主体作用，开展产学研融合型城市、企业、院所高校培育试点，推动校企双方围绕先进制造业、战略性新兴产业、现代服务业等深化产学研融合、校企合作，谋划建设一批高水平专业化产学研融合示范基地（园区）。

4. 支持关键行业领军企业启动“诺亚方舟计划”

研究出台强有力的措施，普及推广华为的做法和模式，支持本土已进入“无人区”的企业、重点行业领域的“隐性冠军”企业，从全产业链角度查漏补缺、提强补弱，提高产业集群配套能力，做好技术、产品的研发储备和国际市场开拓的梯次备选预案。

5. 加大首台（套）计划实施力度

大力推进首台（套）示范应用，甚至可考虑在关键材料、中间品领域实施“进口替代计划”，让处在成长期的“瞪羚企业”在扩大市场份额中有能力加大研发投入，不断提升产品质量和可靠性。

6. 多举措支持金融产品创新

鼓励社会资本按市场化方式设立天使基金、创投基金、产业加速基金等股权投资基金，为“双创”企业提供融资支持。设立省级联合科技信贷风险准备金，为科技型中小微企业创新发展提供融资担保服务。持续推动银行业金融机构加大融资担保方式创新，不断扩大抵质押标范围。积极稳妥推进互联网金融发展，拓宽创新企业融资渠道。

（四）以“三化融合”培育发展数字经济，推动产业链现代化

1. 推进数字产业化

围绕大数据、工业互联网、人工智能、5G、新型显示和智能终端等重点领域，加快引进一批行业龙头企业研发总部、区域运营总部和生态圈企业群落，落地一批引领型、标志性重大项目。积极参与“数字丝绸之路”建设，围绕数字经济前沿技术研究、关键共性技术攻关和重点领域应用，支持骨干企业联合高校、科研院所共建一批产业技术创新战略联盟，布局建设一批重点实验室、产业技术研究院、工程研究中心等创新平台。以郑开双创走廊为依托，以郑东新区智慧岛为龙头，以云湖智慧城、白沙大数据产业园、科学谷、郑州高新区、开封运粮湖数字港等为支撑，打造国内一流、国际先进的数字经济发展高地和数字化新业态集聚区。建立数字产业园区发展动态评价制度，由第三方机构对数字经济产业园区进行综合排序和动态调整，引导企业和园区形成良好生态和良性竞争。

2. 推进产业数字化

以产业数字化带动数字产业化、以数字产业化支撑产业数字化，加快推

进现有产业园区数字化、智慧化，做大做强智能制造业，建设一批智能化示范园区，提升产业园区的数字化水平。加强产业互联网生态培育，加快制造业数字化转型、推动服务业数字化升级，提升农业数字化能力，扶持壮大一批数字工程服务公司，提高重点产业数字化改造覆盖率。引领产品贸易和服务贸易数字化规则制定，利用跨境电商模式创新先发优势和成功案例积极支撑国家有关部门在全球数字贸易规则制定、WTO 改革及国际贸易多双边协定谈判中形成定义权、话语权，更多地提出“河南方案”和建议，推进实体货物、数字产品与服务、数字化知识与数据实现便利、安全、可靠交换。加快郑州国际数字贸易功能集聚区建设，利用跨境电商丰富的产业生态，瞄准 B2B、B2C、C2B、C2C、B2M2C、C2M2B 等市场需求，培育形成物流链、金融链、制造业链、创新链、文化链、贸易链、数据链、综合服务链等链条和生态圈，打造全国、全球性跨境电商产业中心。

3. 推进城乡治理智能化

抓住 5G 技术商用、区块链技术应用及大数据、云计算、物联网、人工智能技术快速发展的机遇，以“智慧城市”建设统筹城乡各行业各领域数字化建设，创造环境培育更多的应用场景，为城乡产业重塑和大众消费升级提供更多的新动能。加快 5G、工业互联网、数字经济新业态公共试验平台等重大信息网络基础设施和新型数字基础设施建设，夯实数字经济发展基础，以信息基础设施建设一体化统筹新时代城乡融合发展。深化“放管服”改革，加快政府数字化转型，营造一流数字经济营商环境，着力消除阻碍新业态、新模式发展的各种行业性、地区性、经营性壁垒，提升制度供给竞争力。构建“政府管平台、平台管企业、行业协会及公众共同参与”的多方治理机制，建立政府、平台、用户互动的治理模式。全面实施党政干部数字经济培训和全民数字再教育计划，通过公益宣传、科学普及、场景体验、在线互动等形式引导全体社会成员了解数字经济、拥抱数字社会。

（五）以空港建设为依托，大力发展航空经济

1. 构建以机场为中心的综合交通枢纽和物流通关体系

随着无人机技术的发展，未来客货机场分离的现象将进一步加速，可能还有更多专业航空货运枢纽涌现。目前，UPS 联合包裹斥巨资在美国肯塔基州路易斯维尔建设航空物流中转中心，DHL 国际快递在德国莱比锡打造世界

第三大货运机场的转运中心，亚马逊投资15亿美元在美国辛辛那提开工建设航空枢纽（预计2021年正式投用）。国内，总投资610亿元的顺丰鄂州机场预计2021年投用，是亚洲第一个专业货运机场，使武汉大都市区“客货双枢纽”战略得以确立。京东在南通机场、圆通在嘉兴机场加快“客改货”进程，打造自己的专业航空货运枢纽。近年来国家加快临空经济示范区的统筹布局，相继批复设立了北京新机场、北京顺义、青岛胶东、重庆、广州、上海虹桥、成都、长沙、贵阳、杭州、宁波、西安、南京等13个临空经济示范区，形成了“1+13”的全国临空经济发展格局，区域间政策差异缩小，高时效、高质量、高附加值产品和服务竞争日趋激烈。

为巩固提升郑州航空货运枢纽优势，建议以郑州机场为中心，构建涵盖铁路（高铁）、公路等交通运输方式，能够实现高效转换的多式联运基础设施体系，并以此为基础打造集疏运紧密衔接的现代物流网络，进而形成航空枢纽网络与铁路、公路、支线航空等物流网络“喂给”（通过多式联运）和“分疏”（通过分工互补）的关系，有效联结产品产地与消费市场、机场核心区与航空产业集聚区。利用发达的机场枢纽和国际航空网络，配套综合交通和物流集疏分拨系统，集中打造高效率的通关口岸体系，提供便于交易的支付结算和商业服务，培育形成能融入全球供应链的产业体系，从而保证资金流、物流、信息流和各类资源在郑州航空网络枢纽周边汇集，各类要素能够宽幅、快速、大量、高效地集疏流动，进而促进形成具有良好航空经济创业氛围、产业氛围、文化氛围的宜居城市。

2. 加快绘制航空产业图谱

立足现有基础，遵循航空经济发展规律，全景式分析当今航空经济发展趋势、最新动态以及河南航空经济发展现状、产业空白、优势禀赋、突出短板，加快绘制河南航空产业图谱。从航空产业构成来看，核心产业包括航空飞机制造总装、航空零部件制造等；基础产业包括机场建设运营、航空物流等；运维配套产业包括MRO（维修、修理和大修）、基础设备与空管设备、人员培训和机场服务等；外围衍生产业包括航空金融、航空食品、航空会展、教育体验等相关服务业；航空指向性产业电子消费品、生化医药等，从功能架构来看，航空产业由物流、制造、贸易、金融自下而上依次构建。充分研判航空产业发展的基础、现状、优势和战略机遇，在产业图谱基础上，借助航空枢纽优势、物流网络优势，按照“导入核心产业、集聚产业群、形成产业生态圈、营造产业发展环境”的发展逻辑，研究制定产业培育导入支持政策、科学制定产业发展时间表和空间布局规划以及依托枢纽经济的发展培育促进新产业、新业态、新模式成长的政策环境，最终形成各产业协调融合发展的航空经济生态圈。

3. 建设以航空经济为引领的现代产业基地

在航空港采取更加灵活的国土规划、行政区划、招商引资、财政税收、人才管理等政策，制定科学、合理、实用的高标准产业布局规划，体现现代化和专业化相结合，集约高效布局一系列高端航空制造业与服务业，重点发展航空设备制造及维修、特色产品物流、航空快递物流、国际中转物流、航空金融、航空会展等产业，形成高端航空港经济产业体系，进而辐射带动全省电子信息、生物医药、新型材料、精密机械、高档消费品以及电子商务、服务外包等航空关联产业发展。加大招商引资力度，吸引大型跨国公司和行业龙头企业入驻航空港，率先在机场周边聚集核心经济形态，形成全球化背景下广泛垂直分工体系和网络化发育成长的企业和产业体系，以此引领和带动技术创新与经济形态转换，逐步扩展至更广大的区域范围，进而以航空经济引领区域现代产业体系构建和经济转型发展。

（六）加快培育内河临港产业，对接海上丝绸之路

1. 拟定中长期内河水运发展战略

以通过内河通道对接海上丝绸之路为目标，近期加强与淮安港合作，通过淮河—京杭运河南下上海港、北上连云港，打通水运出海口；同时，加强与南京港、苏州太仓港、上海港等长江内河大港合作，通过引进资金、技术、运营团队等形式实现合作共赢。远期在“引江济淮”工程和滨海直连工程建成投用后，积极加强与合肥港、芜湖港的合作，通过淮安港、合肥港两条线路并行，有效拓展河南内河水运发展和“四路并举”的战略空间。

2. 组建河南省港口集团统筹全省港口航运发展

充分发挥周口、漯河和淮滨分别位于沙颍河、淮河航道的区位优势，引入具备先进港口运营管理、临港产业发展经验的战略投资者（如中远、中海、中外运、上港等）组建河南省港口集团，形成港口投资、开发、运营、临港产业发展多元化市场经营主体。

3. 开辟加密多式联运内外贸航线

加强与国内港、航、货、物流企业的战略合作，适时开通周口—漯河的“水上穿梭巴士”，谋划开辟“周口（漯河、淮滨）—蚌埠—淮安—连云港”“周口（漯河、淮滨）—蚌埠—淮安—上海”“周口（漯河、淮滨）—合肥—芜湖（南京）—上海”的集装箱中转航线，加强与上海港国际远洋班轮对接，逐步完善内贸外贸集装箱航线网络。

（七）培育发挥企业家精神和工匠精神，营造创新创业氛围

1. 引导企业家和技能人才树立崇高理想信念

加强对企业家和技能人才的理想信念教育、爱国主义教育和社会主义核心价值观教育。注重吸收民营企业家和企业技能人才中的优秀分子加入党组织。发挥优秀企业家和技能人才的示范带动作用，在省、市开展劳动奖章、青年五四奖章、劳动模范和三八红旗手等相关评选表彰活动中，推荐评选名额适当向诚信守法、热心公益、艰苦创业的优秀民营企业、企业家及企业技能人才倾斜。

2. 加强企业家和技能人才的正向激励导向

合理安排企业家和技能人才担任人大代表、政协委员的规模，打破传统束缚、大胆创新改革，积极把管理能力强、政治素质好、社会评价优的企业家引入党政管理队伍。建立企业家和工匠荣誉制度，按照国家和省有关规定，对优秀企业、企业家和技能人才进行表彰，给予一定的精神和物质奖励，引领全社会形成崇尚企业家精神和工匠精神的风尚。各级政府安排专项资金用于企业家和工匠培训，每年组织优秀企业家赴国内外培训考察，参加高校高级研修班和跨国企业实训研修。

3. 营造积极向上的舆论氛围

倡导培育开拓进取的企业家精神和精益求精的工匠精神，大力宣传优秀民营企业、企业家和技能人才，相关宣传工作要列入年度宣传工作计划。组织引导新闻媒体策划优秀企业、优秀企业家、杰出技能人才的专版、专栏和专题，积极开展“中原企业家风云人物”“中原杰出工匠”选树活动，注重发现和选树企业家队伍和技能人才队伍中的先进典型。通过主流媒体、互联网新媒体等渠道，对河南省百强民营企业、专精特新民营企业、高成长中小

企业、军民融合企业和优秀民营企业家及技能人才进行宣传报道，弘扬新时代豫商精神和工匠精神。

三、建设发展大平台，夯实“十四五”高质量发展的载体支撑

近年来，河南经济的快速发展得益于开放，关键在平台。随着经济发展模式转换，已有发展平台面临功能转型、能级提升的重要关口，与新经济新业态新模式相适应的新平台发展较为滞后，需要统筹谋划，在内陆开放、产业载体、交通枢纽、数字经济等领域打造一批高能级、强带动的战略性平台。

（一）谋划建设“空中丝绸之路”综合试验区

经过40余年的改革开放，河南已由内陆腹地迈向开放前沿，对外开放已经成为中原大地的一张亮丽名片。习近平总书记在2019年5月21日中部崛起座谈会上，多次对河南对外开放给予肯定，也提出了更高的要求。总书记在2019年9月视察河南工作时强调，河南具有产业基础、区位交通、开放通道等优势，要抓住促进中部地区崛起的战略机遇，既立足当前抓好“六稳”，又着眼长远谋势蓄势，加快建设现代化经济体系；要积极融入共建“一带一路”，用好中国（河南）自由贸易实验区等国家级战略平台，加快打造内陆开放高地。其中，“开放通道优势”为总书记首次提出，并强调要发挥自贸试验区在融入共建“一带一路”中的重要作用。目前，河南“四路”“五区”建设发展取得了显著成效，展示了河南品牌与中原开放风采。但面对新形势、新标准、新要求，国家战略和战略平台间首尾呼应、气脉相通的叠加协同效应还未充分发挥，改革开放创新举措的带动作用还未完全达到预期，全省经济发展还未充分共享国家战略和战略平台的溢出红利。建议将“空中丝绸之路”综合试验区谋划设立提上议事日程，将其作为“四路协同”的龙头牵引、“五区联动”的突破口，以及提升郑州国家中心城市开放能级的具体抓手，为探索建设内陆型自由贸易港探路试水。

1. 总体框架设想

建议由相关省直部门会同郑州市研究起草总体方案，将“空陆网海”4条丝绸之路实施载体以及航空港经济综合实验区、自主创新示范区、跨境电子商务综合试验区、自由贸易试验区、大数据综合试验区等国家战略平台纳

入，将经济发展、改革开放、创新创业的战略部署、重大工程与融入“一带一路”建设紧密结合，由河南省人民政府批复设立“空中丝绸之路”综合试验区，作为落实习近平总书记“积极融入共建‘一带一路’，加快打造内陆开放高地，加快建设现代化经济体系”重要指示精神的战略抓手。在工作导向上，建议强化突出地方特色与服务全国大局的契合、开放创新与全省改革的联动、战略平台建设与全省经济转型的互动，淡化空间范围，聚焦短期解决切口小、见效快和长期破解深层次、结构性问题的具体事项，凝聚全省力量务实推进，争取在贯彻开放发展新理念、增创开放型经济新优势、构建全面开放新格局上贡献河南方案、中原力量。在工作重点上，建议在国际多式联运、跨境电商、航空经济等领域上着力，开展国际投资贸易、产能合作、开放创新、资金流动等领域的探索创新，以机制制度创新、产业转型升级、创新能力开放合作服务经济高质量发展。

2. 做强“五区联动”的枢纽

建立健全省级统筹的组织领导机制、利益共享机制、协调会商机制和协同推进机制等，实现领导配置、人才引进、政策制定、科技创新、金融服务、信息集成等方面互联互通，形成优势互补、利益共享、多方共赢的战略平台联动共同体。具体建议是：“戴好一顶帽子、强化连接枢纽”。“一顶帽子”，即“空中丝绸之路”综合试验区，就是将战略平台联动和产业集聚平台转型升级、各功能片区提质发展等纳入“空中丝绸之路”综合试验区框架内，将精耕细作“工笔画”的“一带一路”建设新要求落到实处、付诸行动，从而争取国家更大的支持。“联结枢纽”，不仅要建立一个制度联动创新的软枢纽，更要确立一个集成再创新、压力测试、供需对接的硬枢纽。“软枢纽”即自贸试验区，将战略平台间网状联动简化为各战略平台与自贸区的轮辐式联动。“硬枢纽”即航空港经济综合实验区，将自贸、自创、跨境、大数据等制度集成创新成果，甚至是多个平台的支持政策和创新制度再集成再创新，形成“需求—创新—推广—应用—新需求”的良性循环，打造全域复制推广前的中试车间、催化多种制度产生化学反应的实验室、创新政策机制和新业态新模式新产业的策源地。

3. 健全“四路协同”的机制

建议综合利用“空中丝绸之路”高效便捷的客运、货运优势，“陆上丝绸之路”安全可靠的物流优势，“网上丝绸之路”的贸易商流优势，对接“海上丝绸之路”大宗商品低成本运输优势，强化物流能力与商流、信息流、资金流的紧密联动和业务协同，吸引跨国企业设立跨国采购中心、出口集运中心、进口分拨中心、转运配送中心，以人流、商流、资金流扩大物流规模，以高效便捷的物流体验扩大国际贸易辐射范围，以人才、资本、技术、产业要素有序流动推动国际产能合作，促进多种运输方式高效衔接、物流与贸易联动、货物贸易与服务贸易协同。同时，积极探索国内出口货物入港参与集拼等高效监管模式和多元化运作模式，提升国际中转集拼比例，扩大空陆联运、公铁联运和铁海联运规模；建立完善以“一单制”联运为核心的便捷运输制度，研究构建基于联运单证的国际贸易、物流、融资、结算的一体化贸易规则。

（二）有序推进城市更新和产业集聚区二次开发

经过40多年的城市化工业化发展，中心城市规模显著扩大，经济人口承载能力大幅提升。当城市经历飞速发展阶段后，土地集约复合利用率低、绿色开敞空间少、职住不平衡、交通拥堵、中心城区基础设施陈旧、历史文化街区消失、城市文化断裂等“城市病”逐步显现。为促进以人为本、绿色低碳发展，上海、深圳等地率先在全国启动实施城市更新，并取得了显著成效。目前，粗放式发展模式带来的弊端也在河南各区域中心城市显现，建议将城市更新计划提上议事日程，并率先用城市更新理念对全省180多个产业集聚区进行“二次开发”。

1. 做好城市更新顶层设计

落实以人为本的民生理念、“绿水青山就是金山银山”的生态理念，将城市更新与城市“双修”、城市功能与空间结构、普惠民生与产业持续发展、基础设施改造与智慧城市建设紧密结合，力争在节约集约利用土地、保障城市发展空间、完善公共服务设施、持续提升城市发展能级品质、促进高质量发展等方面尽快取得突破性进展。

（1）制订规划蓝图。结合城市空间规划修订，引导各市科学编制城市更新中长期规划，明确各中心城市更新的总体目标、发展方向和实施策略，评估交通市政基础设施支撑能力和公共服务设施供给能力，协调城市更新与土地整备、棚户区改造等其他存量土地开发模式的关系，合理提出城市更新实施时序，明确年度工作计划，加强过程跟踪和评估考核。

（2）分类明确导向。中心城区强化城市功能与生态宜居导向，增加绿色开敞空间，推进老旧小区节能宜居改造，提升建筑中原文化韵味和可阅读性，提升土地集约复合利用水平，降低建筑覆盖率，保护历史文化建筑，增加核心功能和主导产业用地；中心城区周边强化产城融合，注重知识密集型产业植入、主导产业转型升级、公共设施配置，实现职住平衡和产业持续健康发展。

（3）实施灵活措施。注重规划制度的刚性与具体工作措施的弹性，一方面，严格落实城市规划的控制性内容、技术规范等管控要求，确保法定图则主导功能不变、公共配套设施类别及用地面积不减少；另一方面，鼓励支持基层充分发挥主观能动性，以实施为导向，对用地布局、建筑功能配比、公共配套设施位置及规模、次干道以下路网等内容进一步优化，同步对城市设计等内容进行深化。注重试点先行推进，将各类产业园区、城市功能新区和产权清晰的老旧小区作为试点先行区，对低效使用、闲置未用、批而不用、功能配置不合理利用的区块先行先试，及时总结典型问题及可推广、可复制的解决方法，形成“从个别到一般，再由一般到个别”的良性循环的工作机制。

（4）完善相关土地政策。建立退出机制，规范和引导企业在不转换土地使用性质的情况下进行建筑使用性质变更，促使各类园区用地的再利用，同时实施更为严格的退出跟踪机制，促使闲置用地特别是工业用地再利用；建立利益分享机制，对由于级差地租、土地出让年期带来的土地增值，研究政府、企业、开发商的利益分享机制，既调动企业的积极性，也避免由于过高利益预期导致更新进程受阻；建立政府收储机制，政府应当控制重点发展区域的土地资源，退出一块收储一块，即使一些用地属于工业遗产类，也应当首先转变土地使用性质，再给予特殊的更新政策；建立跟踪调适机制，定期评估土地资源空间的总量和空间分布变化趋势，以判定是否需要对政策、机制进行调整，对总量实施动态监测，对土地使用的空间绩效进行适时评价。

2. 引导产业集聚区二次开发

我国产业园区的发展一般会经历要素聚集、产业主导、创新突破、现代都市四个阶段。经过11年的建设发展，河南180多个产业集聚区规模以上工业产值占全省总量的比重接近70%，对工业增长的贡献率达到90%以上，已经成为区域经济发展的主要增长极。当前，在国内外需求总体不足、经济下行压力加大的大背景下，停产半停产企业增多、招商引资难度加大、产业集群发展质量不高、管理服务能力不强等问题逐步显现，正处于高位过坎、攻坚转型的关键时期，需要以新思路新举措让这个产业平台载体焕发生机。

（1）以产业链现代化为目标重新整合定位产业园区功能。突出以园区特色论英雄，在充分考虑各区域经济发展态势的前提下，根据实际状况对本地产业园区发展定位、产业结构、产业体系、空间布局等进行一系列科学规划。中心城区产业园区依托人才和市场优势重点打造会展、金融、培训、研发等都市型产业集群；县域产业园区依托产业和禀赋优势重点打造智能制造、现代农业等专精产业集群。通过分区规划管理、区域合作协调、城市综合体和复合型城区等空间规划，引导新增优质产业项目根据产业需要和园区定位，向各类高新区、经开区和各种新区、试验区、保税区、示范区等园区集中，促进产业集聚化、高端化发展。对资源消耗大、污染重的劳动密集型企业设置合理的退出机制，为新兴产业发展腾挪空间。结合园区定位和发展方向，在政策允许和权限范围内从优惠政策、队伍建设、目标确定、信息筛选、宣传推广到招商方式、项目落地的全过程提高招商引资精准性，聚焦优势产业和主导产业谋划建链、补链、展链、强链项目，吸引相应的配套技术和服务供应商入驻，从而促进园区产业链生态系统的形成。

（2）以提高亩均产出为导向盘活土地资源。突出以效益亩产论英雄，抓住建设用地调整入市等契机，整合若干小散产业园区为一定规模的综合或特色园区，为现代产业发展创造高效环境平台。以产业集群为依据、以生产效率为标准，引导零散分布的各类优质企业逐渐向集中成片的相关产业园区集中，置换出的零散建设用地、工业用地可为城市居住、公共基础设施或配套设施建设提供土地供应。鼓励现有企业向研发、设计、品牌推广、高端制造和产品展示等供应链和价值链高端拓展，争取以最小的土地资源实现最大的经济效益。

（3）以“三转变”为切入点推进产业园区管理体制改革。突出以体制生态论英雄，在管理体制方面，淡化传统的行政色彩，探索“管委会+企业”等市场导向管理模式，完善容错、纠错、防错和科学保护一线干部的制度体系，激发广大干部职工干事创业的积极性。在全员聘任制方面，打破行政事业、编制内外身份界限，对在编在岗人员的职务、职级、工资、身份等全部封存，采取直接聘任、竞争聘任、双向选择聘任、社会招聘等方式，推行因事设岗、以岗选人、人岗相适的聘任制度，实现干部人事管理由“身份管理”向“岗位管理”转变。在绩效薪酬方面，明确业绩衡量指标，建立一定比例的末位淘汰制，推动干部考核由“主观评价”向“量化考评”转变，逐步扩大绩效薪酬的比例并向一线工作人员、招商岗位倾斜，推动薪酬管理由“死工资”向“活薪酬”转变。

（三）持续提升物流通道枢纽能级

1. 强化分布式枢纽网络构建

随着我国高铁网络完善，目前米字形高铁枢纽已经有郑州、武汉、西安3个，未来还可能有合肥、重庆、贵阳、南昌、长沙加入，交通网络去中心化趋势更加明显，这将对郑州综合交通枢纽建设带来巨大挑战。在交通多元化、去中心化的趋势下，要进一步强化枢纽节点集疏功能，依托郑州综合枢纽，逐步整合全省物流通道、货源、信息流等资源，梳理研究各省辖市枢纽节点功能与定位，形成全省枢纽平台“一核多极”分布式联动发展局面，并通过枢纽节点货源沉淀过滤、高效分拨转运实现由流量经济向联结经济、枢纽经济转型。完善县、乡、村三级物流网络建设，疏通农产品外运和消费品下乡的“毛细梗阻”，推动农副产品物流通道网络和集散枢纽节点建设，畅通乡村物流网络微循环。

2. 以多式联运标准化为重点增强枢纽集疏运系统效能

统筹航空、铁路、公路、航运各类枢纽建设，强化信息标准、单证标准、箱体标准、安检标准、操作流程无缝对接，扩大空陆联运、公铁联运和铁海联运规模，探索国内出口货物入港参与集拼等高效监管模式和多元化运作模式，提升国际中转集拼比例，持续巩固强化公铁集疏、陆空衔接、高效便捷的物流通道枢纽竞争优势。加快高铁引入机场、规划机场快线、加密机场周边高速公路和城市快速路等，推进空港集疏运系统的规划建设，构建以机场为核心，多种交通方式衔接一体、运转高效的综合交通枢纽。完善铁河海联运集疏体系，支持周口、漯河、淮滨三港口开辟铁路集装箱专用通道，推进铁路专用线进港到区，实现铁路、公路货运场站与港区无缝衔接，通过建设铁路专线衔接郑州航空港和郑欧班列，进一步开辟“东部沿海—周口（漯河）—郑州”铁水联运通道和集装箱班列。建立完善以物流全程“一单制”为核心的便捷运输制度，制定推行企业互认的单证标准，实现一站托运、一次收费、一单到底、多式联运、物流全球。以提单物权化为突破口探索建立基于联运单证的国际贸易、物流、融资、结算的一体化贸易规则。整合省内物流市场，扶强扶优、形成若干多式联运物流集成商。

3. 提升口岸平台的双向开放窗口功能

将枢纽口岸、功能口岸、海关特殊监管区域作为嵌入全球产业链、价值链、创新链的战略枢纽和口岸经济新业态新模式的策源地，进一步丰富药品、植物种苗、木材等功能口岸数量和品类，推动外向型企业、项目集群集聚发展。逐步完善国际贸易“单一窗口”的服务贸易、基础性金融服务、物流贸易信息数据共享枢纽、“通关+物流”等功能，强化与国家“单一窗口”、省网上政务服务平台的对接，推动国际贸易物流全链条的信息共享和业务协同，打造集合各类信息资源、覆盖各个产业园区、服务各种国际贸易形态和市场主体的国际贸易物流信息大平台。以关检机构改革为契机，超前谋划推进多式联运监管流程和机制优化方案，评估和推广一般纳税人、贸易多元化、内销选择性征税等试点措施，加快构建高效服务“四路并进”“平台协同”的新型大通关机制。

4. 考虑增设水运二类口岸

以周口港、淮滨港为依托建设内陆水港，不断拓展经济腹地，发展以港口为中心的联运业务。建议依托周口、淮滨等地内河港设立水运二类口岸、进境粮食和木材指定口岸、保税物流中心（B 型）等海关特殊监管区域。大力发展口岸物流、保税物流、粮食保税加工、保税服务等外向型业务，积极发展跨境电商，培育大宗商品现货保税交易、期货保税交割、国际货运代理等高附加值的物流衍生业务。加强与下游港口合作，探索港口“飞地经济”发展模式，对接“海上丝绸之路”。

（四）积极打造新型互联网平台

1. 积极加入世界电子贸易平台（eWTP），争取建设内陆数字枢纽（e-hub）

依托跨境电商综合试验区，与阿里巴巴等企业深度合作，主动参与建设 eWTP（Electronic World Trade Platform，世界电子贸易平台），推动内陆地区与 eWTP 服务体系的贸易模式创新和实践，增强在 eWTP 标准化规则体系中的话语权和标准制定权，为 eWTP 建设贡献河南智慧。积极与菜鸟等企业沟通对接，依托郑州航空港等平台，争取在郑州布局国家智能物流骨干网的全球第 7 个、国内第 3 家 e-hub 节点并早日落地（菜鸟首批全球六大 e-hub 已陆续在杭州、香港、吉隆坡、迪拜、莫斯科和比利时列日骨干节点相继启动，杭州、吉隆坡 e-hub 已落地），为中小企业提供一切全球贸易的基础设施，成为国家参与全球化商流、物流、信息流和资金流全面整合的重要一极，使总书记“买全球卖全球”的要求进一步落地。在 eWTP 框架下积极探索改善跨境电商基础设施的建设路径，为全球中小企业提供电子服务、物流、云计算、移动支付和人才培训等电子商务基础设施服务，解决交易、通关、物流、金融成本等实际问题。

2. 加快建设国家级工业互联网平台应用创新展示中心

依托国家大数据（河南）综合试验区和郑东新区龙子湖智慧岛，积极申请建设国家级工业互联网平台应用创新展示中心。积极构建全省工业互联网的网络、平台、安全三大功能体系，从平台、技术支撑服务和典型应用三个层面持续加强平台建设和应用推广，加速形成建平台与用平台双轮驱动的良性循环。梳理整合全省工业互联网平台资源，组织建设一批跨行业跨领域以及面向行业和区域的工业互联网平台。扩大平台集成创新应用试点规模，支持工业企业业务系统和重点设备上云，建立省级工业互联网资源服务池，鼓励多方共建共享基础共性、行业通用的工业 APP 和微服务资源池，培育资源富集、创新活跃的工业 APP 开放生态体系。

3. 筹备成立河南省“互联网+”产业联盟

下设 5G、AI、工业互联网等专委分会，建立各方交流沟通机制，为联盟成员提供公共测试平台、网络云平台服务，推动联盟成员联合开展技术创新、产品孵化、项目申报等，促进产品服务需求与应用方案对接，发挥行业渠道优势收集整理并向政府相关部门报送行业发展动态、行业意愿和诉求，为政府决策及制定相关产业政策提供支撑和服务。

（五）建立河南省规划综合管理信息平台

国家在《关于统一规划体系更好发挥国家发展规划战略导向作用的意见》中明确，要建设规划综合管理信息平台，将各类规划纳入统一管理，强化规划衔接协调，跟踪监测规划编制和实施进程，推动规划基础信息互联互通和归集共享。目前，浙江规划管理数字化平台已上线运行。建议借鉴浙江经验模式，对省、市、县三级规划和发展规划、专项规划、区域规划、空间规划四类规划进行详细梳理，搭建符合河南实际的规划管理平台，满足省市县各级政府部门对“三级四类”规划全流程管理的功能需要，以及各级政府部门和规划咨询机构的规划内容分析比对、规划指标关联分析、规划模板示例示范等规划研究编制需求。

1. 系统梳理家底

对“三级四类”规划的编制主体、前期研究、规划内容、规划解读、事中事后评估等进行系统梳理，突出平台的基础性和开放性，逐步完善服务省、市、县相关职能部门的通用功能和个性化功能，并委托专业机构进行系统设计。

2. 优化再造规划管理流程

对照规划管理新要求和具体程序，以规划管理信息平台为载体，实现对规划立项、前期研究、规划编制、审批发布、规划实施、监测评估、修订调整等全周期环节的高效管理。

3. 注重全方位协同

纵向上，紧密跟踪国家规划管理信息平台建设进度，预留接口，统一标准，打通向上通道；各市县层面，全省规划管理平台由省级统一开发建设，延伸至市县。横向上，与省级各相关政务平台全面打通，实现从规划战略谋划到重大项目落地推进，以及经济运行分析、环境质量监测等工作的有序协同。

4. 分步有序推进

前期可在部分省直部门和省辖市开展试应用，在应用中不断修改完善和迭代升级；时机成熟时，组织开展全省业务培训，加快普及贯通进程，完善规划大数据库，为全省各类规划编制提供支撑保障。

四、做足生态大文章，勇担黄河流域生态治理和高质量发展重任

2019 年 9 月 18 日上午，习近平总书记在郑州主持召开黄河流域生态保护和高质量发展座谈会，将黄河流域生态保护和高质量发展上升为重大国家战略。建议以此为契机，与其他沿黄省区一起“共同抓好大保护，协同推进大治理”，做足生态大文章，协调好“绿水青山”与“金山银山”的关系，“让黄河成为造福人民的幸福河”。

（一）倡导成立黄河流域跨区域合作机制

1. 构建政府搭建平台、企业深度参与、社会组织发挥作用的跨区域合作机制

加强省（区）间协调沟通，搭建共商共建共享的交流合作平台和统一的

政策框架，为企业等市场主体深度参与黄河流域生态保护和高质量发展战略创造条件。同时，充分借助文化旅游协会、企业行业协会等社会组织和高校科研院所等智库的力量，从不同领域共同推动合作发展。

2. 倡导成立黄河生态经济联盟

牵头成立黄河生态经济联盟，旨在加强沿黄各地政府与民间生态及经济合作项目开发实施，协调开展自然资源调查、生态保护共治、经济发展合作、治理经验交流，加强互联互通，推动流域绿色可持续发展。牵头成立黄河研究院，对黄河流域生态保护和高质量发展的战略价值、生态治理、发展空间、产业方向、合作机制等进行全面深入研究，定期形成系列研究报告，为决策部门研判黄河流域生态保护和高质量发展战略态势提供参考。定期举办黄河流域绿色发展高端论坛，激活企业与民间资本，推动黄河流域地区间、城市间的生态治理、贸易投资、产能合作、资本互通、人文科技交流，争取将永久会址设在郑州。

3. 加强与水利部黄委会及沿黄各省的战略沟通与协调，建立沿黄生态经济带省（区）联席会议制度

争取国家相关部委支持，倡导建立沿黄九省（区）主要党政领导定期会晤机制，在此基础上积极推动不同职能部门的跨区域协作机制构建，加强各地政府部门、城市间的政策协调，破解长期以来黄河流域产业发展同质化、生态保护地方化、文化传承碎片化的窘境。

（二）谋划打造黄河流域高质量发展示范区

1. 打造黄河生态环境保护的新典范

秉承“重在保护、要在治理”的原则，落实最严格的黄河河道管理制度，促进河流生态系统健康。做好沿黄生态修复，逐步修复沿黄湿地生态系统，使生物多样性实现最大化。省级统筹建设集防洪保障线、抢险交通线、生态景观线于一体的标准化防洪工程，确保黄河大堤万无一失。进一步完善生物防护工程体系，改善沿黄生态气候，打造沿黄绿色生态屏障。充分利用好黄河河南段地形地貌丰富的禀赋，突出特色性、多样性、系统性，打造“千里黄河、九转回旋”的美丽沿黄生态景观带。

2. 打造黄河水资源集约利用的新标杆

继续实施最严格的水资源管理制度，以用水计划管理为手段，以优化配置黄河水资源为重点，实现黄河水资源的统一调度和高效使用。从严控制区域用水总量，研究以水定产、以水定地、以水定城、以水定人的具体落实机制，把水资源、水环境承载能力作为制定国民经济和社会发展政策的刚性约束，不断促进用水管理的精细化、科学化，全面提高用水效率。推进节水型社会建设，加强灌区节水改造，全面提升黄河水资源节约集约利用水平。

3. 打造北方经济转型升级的新高地

始终将绿色生态作为黄河流域的底色，坚持绿色发展理念，着力改变“倚能倚重”的经济结构，打好产业结构优化升级牌，持续压减低端低效供给、化解过剩产能，大力培育发展绿色食品、生态旅游、节能环保材料等产业。积极推动依托黄河生态资源的生态经济、绿色经济发展，不断提高沿黄地区粮食生产和农业发展的集约化、现代化水平。

4. 打造统筹保护、发展和民生的新样板

坚持以人民为中心，持续推进黄河滩区脱贫迁建工程，加快沿黄地区公共服务共建共享、基础设施互联互通进程，探索生态补偿、粮食交易、产业导入等稳定脱贫长效机制。支持郑州、开封、洛阳、新乡、焦作、濮阳、三门峡、济源 8 个省辖市和安阳市滑县建设沿黄生态经济核心区，打造黄河流域生态建设与经济高质量发展先行区。

（三）探索沿黄地区生态补偿机制可复制推广经验

1. 建立完善“统筹型”全流域生态补偿机制

将沿黄市县划定为沿黄生态治理特区，赋予对生态功能区转移支付和生态补偿机制先行先试的政策支持，提升沿黄生态功能区市县生态指标考核权重（如提升到 60%），降低 GDP 指标权重。建立全流域跨区域跨层级纵横向生态补偿财政转移支付机制，横向上，根据跨省市县河流交接断面水质监测结果开展流域上下游横向生态保护补偿；纵向上，建议由国家、省、市（县）财政按一定比例分担建立生态补偿专项资金，通过上级财政统筹，与“生态补偿系数”（综合考虑资源环境承载力、山水林田湖草气等区域生态环境质量、生态系统生产价值核算等）挂钩进行分配，由各省、市（县）统筹用于生态保护和绿色产业发展。另根据流域生态保护、出境水水质、生态公益林等表现设立各级奖惩机制，进一步提升生态补偿强度。

2. 构建多层次生态保护补偿市场体系

积极发挥政府在生态保护补偿市场中的引导和调控作用，协同推进生态产品市场交易与区域生态补偿财政转移支付，构建多层次的生态保护补偿市场体系。优化碳排放权、排污权、水权等产权配置机制，争取国家有关部委支持，研究制定黄河流域碳排放权、排污权、水权等自然产权交易管理办法，完善重点企业能耗数据第三方核查、重点区域生态价值第三方评估机制。将生态、社会效益显著的林业碳汇项目优先纳入流域生态产品市场；建立健全黄河流域跨区域排污权交易制度，探索排污权抵押贷款、租赁等融资方式；合理界定和分配水权，明确权属人、用途和水资源使用量。

3. 建立完善黄河流域生态补偿可持续融资机制

适时推行黄河流域绿色金融创新试点，在防控系统性金融风险的前提下鼓励有条件的地区运用政府和社会资本合作（PPP）模式吸引符合资质条件的社会资本参与生态保护工程。鼓励各类金融机构研究以特定黄河生态保护项目为标的的绿色证券、绿色基金等多元化绿色金融产品，并建立沿黄省区联合基金予以支持。在生态核心区建立强制责任保险制度，鼓励有资质、有实力的金融机构和公益组织开发环境污染责任保险、森林保险、农牧业灾害保险等绿色险种。支持有条件的生态保护区通过市场化融资探索创立森林银行、湿地银行、栖息地银行等专业化生态银行。

（四）筹备设立黄河流域水权交易所

1. 控股成立黄河流域水权交易所

建议由省直属国有投资公司控股、多方参与，在郑州注册成立黄河流域水权交易所股份有限公司，建立层次清晰、制度完备、运作规范、良性发展的水权交易平台体系，开展经相关主管部门认可的黄河流域水权交易。由水利部及黄河水利委员会加强水权交易业务监督管理，规范市场准入、交易信用、技术经纪、信息披露、交易结算等交易行为；省直相关部门按照国家和地方交易场所管理相关规定，做好交易业务的日常监管工作。同时，利用水交所自身优势，通过业务协调会形式为相关流域机构、水行政主管部门、交易双方提供交流对接平台，以保障交易相关方权益、体现水资源真实价值。

2. 研究完善黄河水权交易制度及规则

组织力量系统研究国务院《取水许可和水资源费征收管理条例》《南水北调工程供用水管理条例》、水利部《水权交易管理暂行办法》、中国水交所

《中国水权交易规则（试行）》等有关法律法规和规范性文件，根据《河南省南水北调水量交易管理办法（试行）》、黄委会《黄河水权转让管理办法》等文件制定黄河水权交易细则，谋划建立水权交易市场主体准入机制、定价机制、第三方影响评价机制，对水权交易平台运营、有效监管具体实践问题提出框架性方案。

3. 持续完善黄河水交所平台功能

充分发挥交易平台的水权调蓄功能，开展水权回收回赎、集中保管、重新配置后出售等业务，探索建立水权集中收储制度。主动跟踪、撮合黄河流域跨区域大宗水权交易，总结实践经验，不断完善交易制度。根据市场需求有序推进流域片区分支机构建设，实现水权交易业务的稳步发展。创新服务和产品，在主营业务之外，探索在法律许可范围内开展排污权等交易活动，提供水权交易咨询、技术评价、信息发布、中介服务、公共服务等配套服务。定期组织召开水权交易与生态治理领域的高端论坛、学术研讨会、新闻发布会、交流研讨会等。

（五）以“华夏滥觞、河洛之光”为主题创新传承华夏文明

习近平总书记在黄河流域生态保护和高质量发展座谈会上指出，黄河文化是中华文明的重要组成部分、是中华民族的根和魂，要推进黄河文化遗产的系统保护，深入挖掘黄河文化蕴含的时代价值，讲好黄河故事，延续历史文脉，坚定文化自信。2017 年 2 月，总书记在北京通州区调研时指出：“保护大运河是运河沿线所有地区的共同责任”；之后又对“保护好、传承好、利用好”大运河文化遗产多次做出重要批示指示。

1. 将黄河文化与大运河文化的保护传承和弘扬利用有机结合、统筹谋划、共同推进

2019 年 2 月，中办、国办印发了《大运河文化保护传承利用规划纲要》。河南作为隋唐大运河的责任主体，研究制定了《大运河河南段文化保护传承利用规划》。考虑将黄河文化与大运河文化保护传承和弘扬利用有机结合，主要有 3 点考虑：①隋唐运河源起黄河，隋唐运河文化是黄河文化的一个重要分支。战国时期魏惠王开挖鸿沟，首次沟通黄河水系与淮河水系；隋炀帝开凿通济渠和永济渠，沟通海河、黄河、淮河、长江、钱塘江五大水系，可以说运河的建设与黄河的治理紧密联系，所蕴含的文化核心底蕴一脉相承。例如，方正择中、四方辐辏的都城文化，仓储天下、粮稳国安的农本文化，治黄保运、调水补水的水利文化，水陆交汇、南北贯通的枢纽文化等。②地理

承载空间高度重合。黄河在河南境内全长711千米，流经郑州、开封、洛阳、新乡、焦作、濮阳、三门峡、济源8个市72个县（市、区）。大运河主河道在河南流经洛阳、郑州、开封、商丘、焦作、新乡、鹤壁、安阳、濮阳9市40个县（市、区）。两者有6个省辖市重合，6市占全省经济总量的49%，人口占全省的36%。③顺应国家区域协调发展最新导向。如能将黄河流域和隋唐运河流域统筹一并考虑，势必会在生态保护、商文旅融合、城乡互促、产业转型升级等方面发挥出预想不到的作用。

2. 培育黄河历史文化旅游带

习近平总书记在视察河南工作时对黄河文化、中原文化进行了系统梳理，还形象地说，"伸手一摸就是春秋文化，两脚一踩就是秦砖汉瓦"，并要求坚持不忘本来、吸收外来、面向未来、传承创新发展优秀传统文化。

（1）整合省内沿黄资源。深入挖掘历史线索，保护、传承、弘扬黄河文化，开展以黄河为主题的文旅活动，加快沿黄市县文体旅融合发展，打造集生产生活、旅游、休闲、健身、观光、乡村振兴于一体的黄河文化风情带，培育凸显黄河元素、独具中原特色、富有现代气息的河南文旅名片。

（2）充分挖掘和利用黄河流域独一无二的历史优势和文化资源。充分借助青海、甘肃、宁夏、陕西、山西、山东等沿黄省区历史遗迹和历史名城，整合串联黄河上游的河湟文化，中游的游牧文化、三晋文化、关中文化，中下游的河洛文化、中原文化和齐鲁文化，培育无与伦比的黄河历史文化旅游带。借鉴大运河旅游、环西部游等旅游项目经验，通过发行黄河旅游联票、开通黄河旅游线路、举办沿黄公路自行车赛等带动区域经济发展。

（3）创新文化传承弘扬手段。落实习近平总书记的重要指示，关键在于破解中原地区文化的"厚重"，创新"活化"的手段。近年来单霁翔院长对故宫硬设施的改造、游客体验的提升、文化创意产品的设计与定位，为河南提供了借鉴。例如，在文创产品的设计风格上，有针对青少年的萌系、针对中老年的雅系。初期，建议不考虑深度创新，积极争取把北京的先进理念、措施、方法、手段搬过来进行本地化改造并使用，最有效的路径可能就是引进有实力、有想法的运作团队。

3. 以重大工程项目为抓手丰富华夏历史文明传承创新区内涵

持续实施中原优秀传统文化传承工程"七大行动"，加强黄河、大运河河南段保护传承利用。聘请专业文旅策划团队，以少林寺、陈家沟等武术圣地为依托，开展"中华武术铸魂之旅"；以汉魏（隋唐）洛阳城、郑州商城、北宋东京城、安阳殷墟等古都遗址为依托，开展"中原古都神游之旅"；以黄帝故里拜祖大典、世界姓氏祭祖（寻根）大会等为依托，开展“华夏儿女寻根之旅”；以黄河小浪底风景区、三门峡天鹅湖湿地公园、郑州黄河风景名胜区等为依托，开展“黄河母亲感恩之旅”，以四大“文化旅游工程”为骨架充实具有鲜明特色的“心灵故乡·老家河南”文化旅游品牌，打造成为保护、展示、传承和弘扬中华历史文明的重要品牌。

4. 牵头申报黄河“世界文化与自然双重遗产”

发起成立沿黄九省（区）联合申报工作组，系统梳理黄河流域人文和自然遗产家底、摸清开发保护现状，恳请国家支持以河南为主体，整合包装黄河流域丰厚的人文历史遗存和瑰丽的自然山水景观，会同沿黄省（区）联合申报世界文化与自然双重遗产，向世界展示黄河沿岸的奇特风貌、悠久历史和厚重文化，提升黄河文明的世界影响力。

5. 共建“一带一路”中讲好“黄河故事”、传播黄河文化

可以考虑依托郑州航空港经济综合实验区和河南自贸区等平台和开放通道优势，建设中原文化（黄河文化）产品和服务出口基地，探索设立文化保税功能设施，发展文化跨境电商，拓宽对外传播渠道，扩大文化交流合作，把更多具有沿黄特色的优秀文化产品推向世界，在广泛传播中交流互鉴、共同提升，增强中华文化自信。

五、下番研判大功夫，预研预判实现“两个百年目标”征程中的重大问题

针对影响河南中长期发展和在新一轮中部崛起中争先进位的突出短板和重大问题，不回避、不拖延，积极主动、迎难而上，预研预判“两个百年目标”征程中可能遇到的重大问题，多出先招、亮招、实招。

（一）研究产业政策与营商环境优化举措

1. 加大普惠性产业政策研究储备

（1）结合实际情况，优化“瘦身”差异化、选择性政策。贯彻中央经济工作会议对结构性政策的新要求，坚持相机抉择、预调微调和逆周期调节，使政府“有形的手”从一般竞争性领域逐步退出，在战略性领域、“卡脖子”技术领域和竞争前领域上聚焦，在产业的起步期、衰退期发力，提高产业政策的稳定性、及时性、针对性与灵活性。

（2）强化以基础能力建设和激励创新创业为核心的功能性、普惠性政策供给。在产业链各环节抓“两头”放“中间”，不断探索由“红头文件”管理向“行政法规+规范标准”管理转型的有效路径。同时，在政策出台前充分听取企业的意见，政策出台后加强宣传解读和督导落地，释放连续性、稳定性、可预期、高透明的信号，解决“最后一公里”问题，加快构建市场友好型产业政策体系。

（3）超前谋划和储备航空货运、中欧班列（郑州）、跨境电商等补贴取消后的应对措施。习近平总书记在第2届“一带一路”国际合作高峰论坛上强调，要“在行政许可、市场监管等方面规范各级政府行为，清理废除妨碍公平竞争、扭曲市场的不合理规定、补贴和做法”，这意味着在不远的将来，国家势必会全面清理有违市场规律的各类补贴。建议未雨绸缪、做好应对，摆脱单纯依靠补贴培育产业和市场的线性思维，着力研究替代性政策，注重采用市场化手段培育产业生态圈，增强航空经济、跨境电商发展的内生动力，以期在未来政策变化导致的重新洗牌中抢占先机、变中赶超。

2. 加大各类产权保护力度

（1）以地方立法形式加大对私有产权的保护力度。建议修订《河南省专利保护条例》等地方性法规，保护企业家专利、商标、版权、商业秘密等知识产权形式创新成果。注重对非公有财产的法律保护，保障民营企业家的人身财产安全，消除各种隐性壁垒，保证各种所有制经济依法平等使用生产要素、公开公平公正参与市场竞争、共同履行社会责任，最大限度地激发民营经济的发展活力。

（2）完善知识产权保护体系。全面推进知识产权强省强企工程，支持企业专利运营、专利导航及知识产权贯标，加快培育一批拥有自主知识产权、市场竞争力较强的企业。培育知识产权市场，建立产业知识产权战略联盟，促进企业自主知识产权技术和产品发展、推进产业协同创新和知识产权协同运用。充分发挥知识产权法庭的作用，建立收集假冒产品来源地信息工作机制，加大知识产权侵权行为惩治力度，综合运用执法司法手段惩处侵犯知识产权行为，提高知识产权侵权成本。

3. 建立健全省级企业家参与涉企政策制定机制

（1）建立广泛参与的涉企政策四方会商机制。充分发挥河南省工商业联合会、河南省企业家联合会、河南省民营企业家协会、河南省青年企业家协会等社会团体广泛联系企业及企业家的优势和作用，组织相关省直部门、优秀企业家代表以及相关专家学者，共同构建政府、协会、企业、专家广泛参与的涉企政策四方会商机制，提高涉企政策前期调研、制定起草、效果评估、动态调整、意见反馈的精准性、适用性。

（2）畅通企业家提出意见诉求的渠道。充分发挥政务服务平台作用，利用企业听证会、论证会、实体政务大厅、政府门户网站、网上政务平台、商业网站、移动客户端、微信小程序、广播电视、报纸杂志等线上线下载体，完善涉企政策互动交流和信息反馈渠道，为企业家和社会公众参与政策制定、反映问题、表达诉求、监督举报创造便利条件。

（3）强化政府与企业家常态化沟通联系。积极发挥工商业联合会、企业联合会、行业协会商会的桥梁纽带作用，加强与当地企业家的日常沟通联系，把企业家座谈会固定为日常性制度，及时按程序报告企业反映集中的重大问题和意见建议。充分发挥企业家中人大代表、政协委员参与涉企政策制定的积极作用，通过适当方式对提出建设性意见和建议的企业家给予褒奖，推动形成企业家建言献策的良好氛围。

4. 全面清理地方保护和行政垄断行为

（1）落实非公有制企业在投融资、招投标等方面与公有制企业享有同等待遇。逐步全面清理、废除妨碍统一市场和公平竞争政策文件以及排除、限制竞争的政策措施，全面执行公平竞争审查制度，开展市场垄断行为专项治理。对准入负面清单以外的项目，做到“宽准入”，不以规范性文件、会议纪要等任何形式对民间资本设置附加条件、歧视性条款和准入门槛。

（2）鼓励民间资本进入市场化运作的领域。对交通、水利、市政公用事业等领域，重点支持民间资本组建或参股相关产业投资基金参与投资运营。对教育、卫生、养老等社会事业，重点推动民间投资项目在土地使用、用水用电、税费征收等方面享受与政府投资项目同等待遇。保障民间资本、民营企业按同等标准、同等待遇公平参与政府和社会资本合作（PPP）项目。

（二）形成推动劳动力总量与结构供需再平衡的系统方案

1. 以“招才引智”品牌为统领深化人才引进战略

（1）实施顶级拔尖人才“引凤工程”。立足新旧动能转换、重点产业转型升级需要，围绕装备制造、生物制药、人工智能、工业互联网、现代农业、现代服务等领域发展需要，面向海内外“一事一议”引进顶尖人才、创新团队、高端院校及优质项目。加大对“候鸟专家”“双休人才”的柔性引进力度。探索创建人才特区，研究适合河南省需求的“人才绿卡”制度和高层次境外创新人才个税优惠政策，借助自贸区、自创区等平台争取开展海外技术移民制度试点和国际人才职业资格的有效互认或先认试点。针对河南“双一流”仅2所（全国137所），硕士、博士招生数量分别仅占全国的2.52%和0.83%，要通过非常规措施吸引部属高校来豫建立分校，加大开展国际教育合作、引进国际名校合作办学的支持力度，吸引更多的优质高等教育资源在豫布局。

表5-2　2018年全国高等教育资源部分数据

板块/指标	普通本科院校数（所）	普通高校专科招生数（人）	普通高校本科招生数（人）	普通高校硕士生招生数（人）	普通高校博士生招生数（人）
全国	1245	3688341	4221590	762464	95502
山西	33	79459	122038	11994	660
安徽	45	143104	163886	21272	2594
江西	43	154476	141845	14198	553
河南	55	342293	279947	19203	793
湖北	68	192218	214554	45895	5982
湖南	51	197749	183895	25711	3042
河南占比（%）	442（%）	928（%）	663（%）	252（%）	83（%）

（2）实施豫籍在外人才“回归工程”。将“招才引智”大会日常化，设立海内外招才引智工作站。挖掘用好河南籍在外人才资源，通过各种渠道宣传“河南老家乡愁”“富贵不回乡如锦衣夜行”，详细绘制“中原英才地图”，定期联系走访豫籍企业家、河南校友。开展河南籍海外人才普查，广泛开展“招才引智”海外专场，吸引在外高层次人才返乡创新创业，遴选一批发展潜力大、市场前景好的留学人员创新创业项目给予专项对接扶持。发挥群团组织、商会、企业家协会、同学会（同乡会）、校友会等组织自身优势，广揽天下英才，引导毕业生回乡就业创业。同时高度重视返乡创业，创新开展在外务工人员返乡创业服务工作和免费就业培训计划。

（3）实施急需紧缺人才“慧聚工程”。围绕骨干企业需求和产业转型升级需要梳理紧缺专业、急需人才清单，精准引进急需紧缺专业人才和博士、硕士研究生等高学历人才，重点加大对航空经济、跨境电商、文化创意、智能制造、数字经济等领域人才（科研团队）的引育力度。对企业市场化聘用的职业经理人和技术领军人才，制定专项优惠政策。围绕“乡村振兴”战略，加快推动农业农村现代化，定向引进一批高层次人才和科技创新团队。

（4）实施民企人才引进“伯乐工程”。对高级研发管理人才、高级技能人才、全日制博士毕业生、硕士毕业生和“双一流”本科毕业生在省内自主创办企业或到民营企业就业的，制定完善的奖励扶持政策，由省、市两级财政和用人单位按比例予以补贴。将符合条件的民营企业高层次人才纳入省高级人才服务对象行列，与国有企事业单位高层次人才在社保缴纳、职称评定等方面享有同等待遇。

（5）实施人才服务保障“筑巢工程”。落实引进高层次人才住房保障及子女受教育政策，享有本地职工同等公共服务待遇。强化人才购房住房保障，对新引进的国内外高层次人才和择业期内来豫工作的研究生给予一定的租房购房补贴，建立健全人才公寓的分配机制，将民营企业关键技术骨干及核心管理人员优先纳入人才公寓分配范围，按规定享受有关安居政策。对外地户籍的高层次人才子女接受九年义务教育的，按照“免试就近入学”原则，由所在地教育部门统筹协调在其居住地公办学校相对就近入学。

2. 以“乐业中原”品牌为牵引盘活人才资源存量

（1）开展高端人才成长“启明计划”。对推动河南经济社会发展和科技进步做出突出贡献的人才加大奖励扶持力度，对新入选两院院士、国家“千人计划”“万人计划”、百千万人才工程国家级人选、科技部创新人才推进计划人选的，获得国家自然科学奖、技术发明奖、科学技术进步奖的高端人才及其所在单位，研究制定奖励细则。扩大对行业顶尖人才和急需人才的支持范围和支持额度，从资金、平台、事业、生活等方面关心和支持高端人才在豫安居乐业。

（2）开展专技人才培养“攀登计划”。通过出国研修、定向培养、在职培养等方式，加快培养大批具有专业技能和工匠精神的高级专业技术人才和应用技术人才。定期组织企业紧缺技术人才和专业技术人才继续教育。探索全面下放职称评审权限，由“管单位”“管人才”到“管资本”“管标准”转变，在高校科研院所、新型智库和研发机构全面开展职称自主评审，落实单位用人自主权，激发广大专业人员的学习创造动力。

（3）开展青年人才储备“菁英计划”。围绕经济社会发展重点领域，针对45岁以下人员，每年资助相关专业若干名高学历人才、副高级以上职称专业技术人才、优秀中青年骨干以及企业经营管理人员等出国研修或参加国际学术交流会议。鼓励企事业单位与国内外高等院校深入合作，采取委托培养、定向资助等方式，支持在职人员出国研修、进一步深造。

（4）开展民企人才培训“筑基计划”。开展“河南省中小企业人才免费培训计划”等企业通识培训计划，组织民营企业积极参与。鼓励有条件的民营企业创建博士后科研工作站、博士后创新实践基地，滚动实施“千名博士进企业”计划，从高等院校、科研机构动员青年博士到企业挂职服务，支持双方联合申报各类科技项目、联合转化科研成果。支持企业设立技能大师、特级技师、企业首席技师制度，鼓励职业院校与民营企业联合招生、联合培养现代学徒。鼓励民营企业开展技能人才评价，自主开展企业主体系列职称评审，有针对性地组织就业培训和服务。

（5）企业家发展“领航计划”。充分利用高校、科研院所、龙头企业和培训机构等资源，推荐一批民营企业家、企业二代接班人到国内“双一流”大学培训学习，免费培训一批民营企业高层管理人员和专业人员，增强民营企业生产经营和管理能力。依托全省重点高校和骨干企业，建立河南省企业家培训中心（基地），每年选拔若干批优秀青年企业家进行培养锻炼、到世界500强企业总部和国内知名企业总部实践学习。

（6）高级技能型人才培养“蓝领计划”。加大企业后备技能人才培养力度，提升“蓝领”技术工人的规模和质量，稳步推进企业现代学徒制、企业新型学徒制试点工作。打通高技能人才与工程技术人才职业发展通道，扩大职称评审范围，拓宽技术工人职业发展渠道。实施企业“技能大师”“蓝领精英”培养资助项目，建立一批省级职业院校（技工院校）教学团队、人才公共实训基地和企业级技能大师工作室。

（7）开展本地大学生就业“留豫计划”。鼓励引导在豫高校毕业生在河南就业创业，对在豫学习深造、实习实训的高校毕业生给予生活补贴、租房补贴、购买人身保险，对吸纳高校毕业生多的企业给予奖励。针对在校大学生或毕业未满5年的高校毕业生在河南创办企业，经申报评估应给予一定的启动资金扶持，同时对新办大学生创业企业提供工商注册、经营场所、招用员工等便利和补贴政策。

（8）开展退休人才返聘“红烛计划”。充分利用好“闲置人力资源”，细化完善相关制度，允许退休的公务人员、教师、医生、研究人员和科技人员更好发挥“又红又专”的作用，在符合一定条件下被企业或相关机构有偿聘用，借助这些人员的专业能力和专业经验积淀，增加高素质劳动力供给。

（三）健全有效应对人口老龄化的政策体系

1. 着力构建适老城市（社区）

（1）进行硬件设施适老化改造。全面普及社区日间照料机构，逐步提高老年大学办学点、学习网点的覆盖率。大力推动住宅、公共交通设施适老化改造，公共场所无障碍改造，建设老年友好型社区。

（2）完善居家社区养老服务体系。通过设置公益岗位，建立一支社会工作队伍；推广时间银行等志愿服务。整合社区物业、邻里、卫生医疗、120 急救、公安、消防等资源，建立紧急救援系统。针对空巢留守、失能、重残、计划生育特殊家庭等特殊困难老年人建立社区探访制度。探索采用“B2B2C”等模式引导养老服务和家政服务企业进社区，与社区联合集中开展配餐、教育、出行、就医、保健、护理、娱乐等多样化服务。

（3）营造适老环境。推进老年友好环境建设，营造老年人宜居宜行的生活环境和舆论氛围，大力弘扬尊老敬老的中华传统美德。

2. 推动健康养老产业融合

（1）实施“互联网+”医养工程。依托互联网建设省级智慧养老服务信息化平台，整合社区卫生服务中心、日间照料中心、居家养老服务中心等机构，打造居家社区智慧养老新模式。支持养老机构和居家社区利用大数据和移动应用平台获取医疗服务和远程医疗项目，开通养老机构和协议合作医疗卫生机构双向转介“绿色通道”。鼓励互联网保险业务与医疗健康、养老护理结合创新。

（2）稳步发展养老综合体。引导更多的养老产业项目朝着养老综合体方向迈进，打造具有行业引领能力的领军型企业。充分发挥养老地产的示范带动效应，积极打造一批养老特色小镇和示范基地，引入国内大型房企开发“医康养教娱”等多主题融合的地产项目。

（3）推动健康大数据建设。全力实施健康医疗大数据应用发展行动计划，积极推动郑州市创建健康医疗大数据中心国家试点，集聚健康医疗大数据，推进全民健康信息互联互通。拓展健康大数据应用，统筹互联网医疗、人工智能医疗和养老服务紧密结合。

3. 探索建立长期护理保险制度

（1）分步探索长期护理保险制度。首先在医保基金有较大盈余的城市开展试点，从医保个人账户中划转一定比例到城乡居民的长期照护保险账户；待条件成熟后城乡居民个人开始缴费、政府给予补贴，城镇机关企事业单位由单位、个人共同缴费，在省级层面建立调剂金。同时，建立定点服务机构管理办法，委托泰康、人寿等第三方机构经办，明确准入、退出机制；引入第三方机构对服务机构的评估过程、服务质量、费用支付、管理水平等情况进行日常监督检查和专项监督检查。

（2）根据地方实际建立完善照护服务等级标准。借鉴国外经验，按照ADL（日常活动自理能力）和IADL（工具性日常活动能力）等国际通行评估工具确定若干失能等级，全面调研掌握全省失能人口总数、各失能等级人口数，以及老年长期护理服务需求和有效需求的情况，综合平衡护理等级和实际需求，研究制定符合地方实际的、与不同失能水平相对应的护理服务分级标准。

（3）构建长期照护服务供给体系。成立长期照护工作高层协调机制，试点建设“长期照护管理示范中心”，辅导各区域医疗网络及成立专责单位，推动区域及地方之长期照护服务体系与服务。优化配置长期照护相关资源，充分开发利用现有的基层医疗机构和社区卫生服务中心资源，鼓励设置专业康复护理院、居家护理服务机构及医养结合机构。鼓励社会资本参与长期护理服务供给，通过政府购买服务、养老群体个性化消费等方式，引导市场资源流向长期照护服务领域，逐步构建完善民营机构为主体良性竞争、公办机构为辅助有效补充的供给服务体系。

（4）建设高素质的长期照护服务人员队伍。在有相关专业基础的高等院校和中等职业技术学校增设养老服务相关专业，培养专业人才。建立政府与市场相互协作的养老照护员标准培训体系，进行常态化培训，提升护理人员的服务技能水平。设立照护从业资格认证、职称序列，打通照护服务人员职业发展通道。

参考文献

［1］任泽平，罗志恒．大国兴衰和中美贸易摩擦［R］．北京：恒大研究院，2019.

［2］国务院发展研究中心“国际经济格局变化和中国战略选择”课题组，李伟，隆国强，张琦，等．未来 15 年国际经济格局变化和中国战略选择［J］．管理世界，2018，34（12）：1-12.

［3］国务院发展研究中心“国际经济格局变化和中国战略选择”课题组，戴建军，熊鸿儒，马名杰．全球技术变革对国际经济格局的影响［J］．中国发展观察，2019（6）：11-20.

［4］联合国．2019 年世界人口展望［R］．纽约：联合国，2019.

［5］陈文玲．世界经济正处于历史的十字路口［J］．全球化，2019（5）：13-32+134-135.

［6］国务院发展研究中心“国际经济格局变化和中国战略选择”课题组，何建武，朱博恩．2035 年全球经济增长格局展望［J］．中国发展观察，2019（Z1）：37-44+60.

［7］任泽平，熊柴．中国人口大迁移［R］．北京：恒大研究院，2019.

［8］梁中华，吴嘉璐．别只盯着中美贸易，WTO 改革才是今年重点［R］．上海：中泰宏观，2019.

［9］詹姆斯·曼伊卡，苏珊·伦德．数字全球化：全球流动的新时代［R］．芝加哥：麦肯锡全球研究院（MGI），2016.

［10］世界贸易组织（WTO）．2018 年世界贸易报告［R］．日内瓦：世界贸易组织（WTO），2018.

［11］黄奇帆．国际贸易格局已发生根本变化［EB/OL］．新浪财经意见领袖专栏，https：//finance. sina. com. cn/zl/2019-04-25/zl-ihvhiewr8091359. shtml.

［12］国务院发展研究中心“国际经济格局变化和中国战略选择”课题组．未来全球产业分工格局变化分析［J］．中国发展观察，2019（12）：31-38+43.

［13］黄永富．新时代推进人民币国际化坚信“星星之火，可以燎原”［J］．清华金融评论，2019（6）：66-68.

［14］张明，陈骁，魏伟，等．人民币国际化依然任重道远——关于国际货币地位消长的四个特征事实［R］．北京：平安证券研究所，2019-06-12.

［15］前瞻产业研究院．2019—2024年中国可再生能源产业市场前瞻与投资战略规划分析报告［EB/OL］．https：//bg. qianzhan. com/report/detail/458/190 129-a90c2f68. html.

［16］BP集团．BP世界能源展望（2019年版）［R］．伦敦：BP集团，2019.

［17］国际能源署．2017年世界能源展望［R］．巴黎：国际能源署，2017.

［18］杨永明．2019全球主要能源展望报告对比与启示［J］．新能源经贸观察，2019（Z1）：70-83.

［19］郭兰峰．新中国成立以来促进区域协调发展的成效与经验［N］．中国经济导报，2019-07-02（003）．

［20］袁惊柱．区域协调发展的研究现状及国外经验启示［J］．区域经济评论，2018（2）：132-138.

［21］陈秀山．区域协调发展的目标选择、实现路径与动态评价研究［R］．北京：中国人民大学公共管理学院，2013.

［22］肖金成，安树伟．从区域非均衡发展到区域协调发展——中国区域发展40年［J］．区域经济评论，2019（1）：13-24.

［23］孙久文．“十三五”中国区域发展战略前瞻［J］．人民论坛·学术前沿，2015（15）：17-26.

［24］贾若祥，张燕，王继源，等．我国实施区域协调发展战略的总体思路［J］．中国发展观察，2019（9）：24-27.

［25］国家统计局．2018年农民工监测调查报告［EB/OL］．http：//www. stats. gov. cn/tjsj/zxfb/201904/t20190429_ 1662268. html？bsh_ bid=4418846621. 2019-04-29.

［26］程伟波，等．纵览经济版图，试看谁沉谁浮［R］．深圳：招商银行研究院，2018-01-13.

［27］工业和信息化部赛迪研究院．2018中国数字经济指数白皮书［R］．北京：赛迪研究院，2018-04.

［28］程伟波，等．细观投资消费，且辨孰强孰弱［R］．深圳：招商银行研究院，2019-01-17.

［29］郑斌，等．把脉地方财政，聚焦债务风险［R］．深圳：招商银行研究院，2019-01-17.

[30] 王元亮. 河南区域协调发展的历程、成就与启示 [J]. 开发研究，2015 (3)：61-64.

[31] 吴海峰. 在新的起点上壮大河南县域经济 [J]. 中州学刊，2008 (6)：75-77.

[32] 上海城市创新经济研究中心. 大城小镇70年：中国城镇化路径发生了什么变化? [EB/OL]. https：//www. sohu. com/a/328668875_ 748530. 2019-07-23.

[33] 任泽平，熊柴. 中国城市群发展潜力排名2019 [R]. 北京：恒大研究院，2019.

[34] 任泽平，熊柴. 中国土地资源稀缺吗? [R]. 北京：恒大研究院，2019.

[35] 韩鑫. 产业基础高级化发展迈向高质量（经济新方位）[N]. 人民日报，2019-08-30 (02).

[36] 姚荣伟. 未来已来，何以竞胜（下）：大尺度大视野编制"十四五"规划 [EB/OL]. http：//www. sohu. com/a/336367844_ 748530. 2019-08-26.

[37] 张明等. 中国经济长期增长分析框架：成功经验、当前挑战、改革方向与投资潜力 [R]. 北京：平安证券研究所，2019-02-27.

[38] 鄢一龙. 五年规划：一种国家目标治理体制 [J]. 文化纵横，2019 (3)：76-86+143.

[39] 胡曙虹. 全球主要城市未来发展战略规划中的愿景及目标 [EB/OL]. http：//www. sohu. com/a/339772911_ 468720. 2019-09-09.

[40] 张翼. 以城镇发展促进人的全面发展 [N]. 人民日报，2019-09-19 (13).

[41] 朱弢. 李铁：城乡融合将激发增长新动力，改革仍在路上 [EB/OL]. http：//magazine. caijing. com. cn/20190515/4588281. shtml. 2019-05-13.

[42] 于晓华，钟晓萍，张越杰. 农村土地政策改革与城乡融合发展——基于"中央一号"文件的政策分析 [J]. 吉林大学社会科学学报，2019 (5)：150-162+222-223.

[43] 贺丹，刘厚莲. 中国人口老龄化发展态势、影响及应对策略 [J]. 中共中央党校（国家行政学院）学报，2019，23 (4)：84-90.

[44] 迟福林. 人口老龄化：怎么看，怎么办 [N]. 光明日报（理论版），2019-07-18 (12).

[45] 姜全保，杨淑彩，李树茁. 中国出生人口数量变化研究 [J]. 中国人口科学，2018 (1)：60-71+127.

[46] 易富贤. 从人口结构看中国经济中心西移 [Z]. 北京：《财经》年刊

2019：预测与战略，2019.

[47] 全国老龄工作委员会办公室．人口老龄化国情教育知识读本［M］．杭州：华龄出版社，2018.

[48] 李建伟，周灵灵．中国人口政策与人口结构及其未来发展趋势［J］．经济学动态，2018（12）：17-36.

[49] 冯剑锋．中国人口老龄化对经济增长的影响研究——基于劳动视角的分析［D］．天津：南开大学，2016.

[50] 张大卫．在第三届全球跨境电商大会上的致辞［EB/OL］．http：//zyzk.henu.edu.cn/info/1040/2542.htm.2019-05-14.

[51] 耿明斋，张大卫，等．航空经济概论［M］．北京：人民出版社，2015.

[52] 张大卫．关于航空经济和区域发展的几个问题［EB/OL］．http：//www.cciee.org.cn/Detail.aspx？newsId=14420&TId=231&from=groupmessage&isappinstalled=0.2017-12-02.

[53] 张大卫．郑州航空港经济综合实验区——经济全球化时代推动发展方式转变的探索与实践［J］．区域经济评论，2013（3）：5-15.

[54] 杨帆．上海城市土地空间资源潜力再开发及城市更新研究［J］．科学发展，2015（11）：34-41.

[55] 于忠珍．以创新引领打造产业园区建设发展新模式——硅谷高科技产业园发展经验借鉴［J］．中共青岛市委党校（青岛行政学院）学报，2018（3）：22-27.

索 引

后　记

2019年5月20—22日，习近平总书记在江西考察并主持召开推动中部地区崛起工作座谈会，为当前和今后一个时期做好中部地区崛起工作提供了基本遵循。随后河南省政府和省发展改革委相关领导同志指示我们就河南在新一轮中部崛起中的方位和作用展开相关研究。5月底接到该课题任务以来，河南省宏观经济研究院上下高度重视，随即组织科研骨干成立课题组，认真学习习近平总书记的重要讲话，在现有材料和成果的基础上，进一步开展系统深入研究和科研攻关。

近年来，在党中央、国务院和河南省委、省政府的坚强领导下，河南发展成果有目共睹，但在全国大局中处于怎样的方位？在新一轮中部崛起中又应有哪些历史担当和主动作为？放眼世界，面对百年未有之大变局，河南又将何去何从？随着研究的逐步推进，我们对河南如何在新一轮中部崛起中争先进位谋出彩的认识也在不断深入。其间，黄河流域生态保护和高质量发展座谈会在郑州召开，国家关于建立健全城乡融合发展体制机制和政策体系的意见等政策文件相继出台，政界、学界对黄河生态经济带的研究也在有条不紊地展开，特别是中央财经委员会第五次会议更是指明了新时期深化区域协调发展的战略方向。这一系列重大战略部署也促使我们进一步思考河南在全国区域协调大局中的方位问题、新时代河南内部区域协调空间布局问题和即将来临的“十四五”期间河南省经济社会发展重大全局性问题等。课题组不断讨论、修改、选材、测算、制图、论证、撰稿，题目数次修改、内容逐渐丰富、主题不断深化、研究持续深入，几度增删，数易其稿，终成此篇，直至付梓。

本书旨在通过对国际、国内政治经济格局与区域协调发展大势的梳理把握，全面系统剖析当下河南省区域经济社会发展态势，对新时代河南经济社会发展的重点任务和主攻方向，以及在中部崛起和黄河流域高质量发展中应有的担当进行深入研究并给出相关建议。第一章首先从经济格局、治理体系、贸易格局、金融体系和能源体系等五个方面简要梳理了当今国际发展格局的变化趋势；第二章从战略逻辑、历史脉络、总体框架和发展趋势四个维度回顾并分析了我国区域协调发展战略的历史演进路径及当下特征；第三章则通过大量数据分析，采用图文并茂的形式，全面剖析了中部地区和河南在全国区域协调发展大局中的方位，并对河南省内部区域板块间的经济社会协调发展态势进行了重点诊断；第四章在前文基础上，分析了新时期我国区域协调发展的战略重点，并提出了对河南“十四五”时期区域协调重点导向任务和部分重点发展问题的理解与认识；第五章从区域战略、产业政策、载体平台、生态文明、前瞻研判等五个方面给出了河南今后一段时期区域协调和经济社会发展的相关对策建议。本书具体分工如下：第一章，张长星、郭林涛；第二章，李守辉、张泽民；第三章，张长星、李守辉、周鑫、王超亚、王梁、冯书晨；第四章，张长星、王超亚；第五章，王超亚。最后由张长星、郭林涛负责审核定稿。

本书的撰写出版受到河南省宏观经济研究院全体职工的大力支持，相关材料、数据的获取以及本书研究过程得到了河南省发展和改革委员会相关领导同志的支持与建议，在此一并表示感谢。由于研究水平有限、编撰时间仓促，不足和疏漏之处在所难免，恳请关心河南发展和改革事业的各级领导、专家学者以及广大读者批评指正并提出宝贵的意见。

编 者

2019 年 10 月